JULIÁN LÓPEZ PINEDA

EL GENERAL MORAZÁN Y OTROS ESCRITOS

ERANDIQUE
COLECCIÓN

EL GENERAL MORAZÁN Y OTROS ESCRITOS
JULIÁN LÓPEZ PINEDA

©Colección Erandique
Supervisión Editorial: Óscar Flores López
Diseño de portada: Andrea Rodríguez
Administración: Tesla Rodas
Director Ejecutivo: José Azcona Bocock
Primera Edición
Tegucigalpa, Honduras— Diciembre 2025

CONTENIDO

ÑÑ

PRESENTACIÓN DE ESTA OBRA

He dispuesto reunir, en varios volúmenes, algunos de mis escritos cuya lectura pudiera ser útil.

Gran parte de mi producción literaria se ha perdido. De los libritos que publiqué de 1904 a 1910, en San Salvador, República de El Salvador —COSAS SIN ALMA (crónicas), VIDA Y DOLOR (poemas), MARINA (novela) y ALBA (novela)— no poseo ningún ejemplar. Tampoco tengo lo que publiqué, en el mismo lapso, en EL DIARIO y EL DIARITO, cuyas colecciones desaparecieron. De esa época solamente conservo dos ejemplares de LECCIONES ELEMENTALES DE GRAMÁTICA CASTELLANA, segunda edición (1910).

En el primer volumen de esta recopilación figuran escritos de diversos géneros literarios —crítica, ensayos, discursos, artículos—, algunos inéditos y otros publicados en periódicos o revistas. Para las producciones de carácter político, económico y social, destinaré dos o tres volúmenes. Los poemas formarán un solo volumen.

Como escribiera Ortega y Gasset, refiriéndose a él, "he hecho que mi obra brote en la plazuela intelectual, que es el periódico".

La mayor parte de mi obra ha sido improvisada, a tono con los acontecimientos de mi tiempo. Durante muchos años, casi todos los sucesos importantes, nacionales e internacionales, han sido registrados por mi pluma de periodista. Pero también he dedicado algún tiempo a estudios sociales y económicos, con el objetivo de que ellos contribuyan a la solución de los problemas de mi país. Y he dedicado, asimismo, no pocos ratos al cultivo del arte literario, en estudios de crítica, de exégesis y otras exploraciones en el campo de la eterna Belleza.

JULIÁN LÓPEZ PINEDA

Tegucigalpa, D. C., enero de 1956.

LOS GRANDES INSTRUCTORES DEL MUNDO

Aquel que fue Rama, Krishna, Buda, Cristo y Chaitanya es ahora Ramakrishna. Evangelio de Ramakrishna.

Abordaré un tema bastante escabroso, por cuanto se refiere a conocimientos trascendentales que escapan a los medios de observación y de experimentación de la Ciencia.

Se les llama Instructores del Mundo a ciertos seres excepcionales que llegan a la Tierra para promover una revolución moral y social con sus enseñanzas.

Para los filósofos de la India, cualquiera que fuere la religión a que pertenezcan, la doctrina de la reencarnación es una de las verdades fundamentales de la vida. También lo es para algunos filósofos de Occidente que han estudiado a fondo las religiones de la India.

Algunos orientalistas occidentales, como Max Muller y Romain Rolland, han ahondado en la filosofía de aquellas religiones, sin reconocerles un carácter científico, pero juzgándolas con elevado criterio en sus manifestaciones externas como verdaderos monumentos de espiritualidad y como expresión de una moral pura y de un sublime sentimiento religioso en la concepción de Dios.

Es indudable que, en la concepción filosófica del Mundo y de la Divinidad que lo gobierna, sorprenden por su lógica las doctrinas expuestas por los grandes Maestros de la India, que han venido sucediéndose en el decurso de los siglos.

Los Grandes Instructores del Mundo son avatares o avataras, es decir, encarnaciones de Dios.

Cuando se habla de estos seres excepcionales no suele usarse el término reencarnación, sino simplemente encarnación. Se comprende que así sea porque la Divinidad no está sujeta a las leyes de la reencarnación.

La Divinidad, o sea Dios mismo, el Increado, el Eterno, encarna en un cuerpo humano, de tiempo en tiempo, cuando considera necesario enderezar los caminos de la humanidad.

Los avataras o Grandes Instructores no deben confundirse con los Maestros o Gurús, encargados de divulgar la filosofía y los preceptos de las religiones positivas.

Un pasaje de Swami Vivekananda, quien fue uno de los más vigorosos instructores de las religiones hinduistas, dará idea de la diferencia entre los instructores comunes (mathamas) y los avataras. Dice así:

"Encima de todos los otros instructores, y más nobles aún que ellos, están los Avataras (encarnaciones de Dios). Ellos pueden transmitir la espiritualidad por un toque, o simplemente por un solo deseo. A su mandato, el más bajo y más degradado de los hombres se convierte instantáneamente en un santo. Ellos son los Maestros de todos los Maestros, las más altas manifestaciones de Dios en cuerpo humano. Nosotros no podemos ver a Dios más que por ellos. No podemos dejar de adorarlos, y, en verdad, solamente a ellos tenemos que adorar. Ningún hombre puede realmente ver a Dios, si no es en estas manifestaciones humanas".

Los Grandes Instructores tienen un claro concepto de su personalidad y de su misión en la Tierra, y se identifican con Dios. El apóstol Felipe le dijo a Jesucristo: "Señor, muéstranos al Padre". Y el Maestro le respondió: "Quien a mí me ha visto ha visto al Padre".

Krishna dijo a Arjuna: "Numerosos han sido mis nacimientos y renacimientos ¡oh príncipe!, y muchos han sido también los tuyos. Pero yo recuerdo mis vidas pasadas, mientras que tú has olvidado las tuyas.

"Escucha este profundo secreto: Aunque trasciendo la rueda de los renacimientos y soy el Señor de cuanto existe, porque todo emanó de Mí, me manifiesto en mi Universo, y nazco por mi poder, mi pensamiento y mi voluntad.

"Has de saber que cuando la virtud y la justicia decaen en el Mundo y se entronizan el vicio y la injusticia, entonces Yo, el Señor, me manifiesto como un hombre entre los hombres, y mediante mi influencia y enseñanzas destruyo el mal y la injusticia para sustituirlas con la virtud y la justicia. He aparecido muchas veces y aun apareceré muchas más".

Ramakrishna, considerado como un avatara, nacido en 1836 y muerto en 1886, tenía también plena conciencia de su divinidad.

"Aquel que fue Rama, Krishna, Buda, Cristo y Chaitanya es ahora Ramakrishna" —les dijo a sus discípulos—. "Mi divina Madre me ha mostrado que el retrato de este cuerpo será puesto sobre los altares y adorado en diferentes casas como son adorados los retratos de otros avataras. Mi divina Madre me ha mostrado también que tendré que volver otra vez y que mi próxima encarnación será en Occidente".

Como explicó Krishna, recordaba sus vidas anteriores y anunció su nueva encarnación.

No conocemos todas las encarnaciones de la Divinidad ocurridas desde los más remotos tiempos. La de Krishna se conoce como la séptima encarnación de Dios (Vishnú) y la de Buda como la octava.

La doctrina de Krishna, cuyo evangelio ha llegado hasta nuestros días, se halla contenida en el poema Bhagavad Gita. La encarnación del Señor en Krishna ocurrió probablemente 1.400 años antes de Jesucristo.

Se dice que Krishna nació en una cueva cuando el rey Kamsa, de Mathura, había decretado el degüello de todos los recién nacidos. Su padre Masudeva, para salvarlo de las iras del rey, lo confió a un pastor, y creció apacentando ganados, entre pastores y zagalas (las gopis).

Krishna es presentado como un personaje de regia estirpe, por lo cual era perseguido en su infancia por el rey Kamsa, celoso de que pudiera arrebatarle el trono.

A Jesús, el Evangelio le hace nacer en un pesebre, rodeado de pastores, y en su infancia es perseguido por el rey Herodes, porque estaba anunciado por los profetas que un descendiente de David ocuparía el trono. Y como Kamsa, temeroso de Krishna, ordenó la degollación de los niños, Herodes ordenó el degüello de los nacidos dentro de los dos años a contar del advenimiento del Salvador del Mundo anunciado por los Profetas y por los Magos del Oriente. Ambos Instructores estaban llamados a ocupar un trono y ambos lo rehusaron, diciendo: "Mi reino no es de este mundo".

La leyenda ha unido en su origen a los dos grandes Instructores, y las sagradas escrituras los han unido en su enseñanza. Muchos puntos de contacto tienen la doctrina de Krishna y la de Jesús.

El nacimiento del Instructor Contemporáneo, Ramakrishna, tiene su leyenda que le hace aparecer como un enviado del Cielo. Dice al respecto Romain Rolland:

"En Bengala, en la aldea de Kamarpukur, uno de esos pueblecillos de construcciones cónicas, rodeados de palmeras, de estanques, de arrozales, vivía una pareja anciana brahmínica, ortodoxa, que se llamaba Chattopadyaya. Él era excesivamente pobre, pero infinitamente piadoso, y se consagraba al culto del heroico y virtuoso Rama. El padre, Kudiram, de probidad antigua, se dejó desposeer de cuanto tenía por haberse negado a servir de testigo falso a beneficio de un rico propietario, a quien servía. Le visitaban los dioses. Siendo ya sexagenario, fue en peregrinación a Gaya, la tierra santa señalada con el pie de Vishnú. Por la noche se le apareció el Gran Salvador y le dijo: "Vuelvo a nacer para salvar a la humanidad".

"En el instante que esto ocurría, a su mujer, Chandramani, en Kamarpukur, en su solitario lecho, el sueño la transportaba a los brazos de un Dios. En el templo de Siva, frente a su choza, la divina imagen cobraba animación ante sus ojos. Un rayo de luz la penetraba, y ante el acoso, Chandramani, anonadada, desfallecía. Al despertarse, la presa del Señor estaba encinta. Su marido, al regresar, la encontró transfigurada. Chandramani oía voces. Llevaba en su seno a un Dios".

Todos los avataras tienen puntos de contacto. La esencia de su doctrina es la misma. Para ellos la difunden con diferentes modalidades, y, con su expresión personal, la renuevan y le dan mayor espiritualidad.

La enseñanza de Krishna fue superada por la de Jesucristo, en algunos aspectos sorprendentes, como el mandamiento sobrehumano: "Amad a vuestros enemigos". Y el otro de una altura espiritual inalcanzable: "Si alguien te hiere en la diestra mejilla, vuélvele también la otra".

Refiriéndome a estas dos enseñanzas, hice el siguiente comentario, para exaltar la divinidad de Cristo, en un artículo de Navidad:

"He ahí una revelación que no se había escuchado antes de Jesús. Es el más rotundo esfuerzo de perfección humana. Es la doctrina de la paz entre los hombres y entre los pueblos. Es el desarme de las pasiones por el amor y la resistencia pasiva ante las acometidas del mal. Es la tolerancia creadora frente a la iniquidad destructora, el poder divino con que la virtud domina al pecado.

Ni Krishna, ni Buda, ni Sócrates, que revelaron secretos recónditos de la vida, enseñaron este aspecto sublime de la doctrina del amor: Amad a vuestros enemigos, no ofendáis a quien os ofende.

La práctica de este precepto haría imposible el reinado de la violencia. Jesús señaló el camino, y la humanidad habrá de recorrerlo para llegar a la cima donde se alza el trono de la paz, iluminado de símbolos gloriosos: el amor, la tolerancia, la remisión de los pecados".

"Vosotros sois la luz del Mundo" —enseñó Jesús—.

Es esta una revelación que hicieron también los Grandes Instructores de la India. El sentido oculto de esta revelación es que cada persona humana lleva en sí misma la luz para guiarse en el camino de la vida. Es decir, como enseñaron Krishna, Buda y otros avataras, Dios está en todos los seres humanos, enseñanza que Ramakrishna extendió a todas las cosas animadas e inanimadas.

Voy a presentaros algunos aspectos de Ramakrishna, este admirable Maestro que no se educó en escuelas y que no aprendió en los libros su sabiduría.

Fue un niño alegre, risueño y puro, poseído del don de la poesía. A los ocho años dirigía a un grupo de niños de su edad que representaban obras teatrales adecuadas.

Casto durante toda su vida, su matrimonio fue puramente espiritual. Tenía veintitrés años de edad. Su misticismo, su adoración a la Divina Madre (Kali) le había inducido a un estado de embriaguez espiritual que no le permitía atender al servicio que desempeñaba como sacerdote del Templo de Kali, ni hacer ningún esfuerzo para mantener su vida física. Su mente estaba concentrada en la visión de Dios. Fue entonces cuando su madre natural le invitó a pasar una temporada a su casa de Kamarpukur, y le propuso el matrimonio con una niña de cinco años. No opuso ninguna resistencia, y las nupcias fueron celebradas. En aquel tiempo en la India eran corrientes los matrimonios entre niños o entre un adulto y una niña.

Después del matrimonio, la esposa volvió a casa de sus padres, Ramakrishna al Templo de Kali, donde continuó su sacerdocio.

Llegó a adquirir poderes divinos maravillosos. Podía curar a los enfermos, limpiar las conciencias de los pecadores, con solo el contacto de sus manos o con solo que le tocaran sus pies o su vestido. Pero él no quiso hacer uso de estos poderes sino por extrema necesidad.

Cuenta él mismo[1] algunos incidentes de su vida, en que se materializan estos poderes espirituales en forma sorprendente. "Yo practiqué austeridades —dice— durante mucho tiempo. Me cuidaba muy poco del cuerpo. Por aquel tiempo, cualquiera cosa que deseaba llegaba a suceder. Una vez tuve el deseo de construir en el panchabayan[2] una pequeña cabaña para la meditación, y colocar una valla alrededor. Inmediatamente vi un voluminoso haz de cañas de bambú, cuerda, bramante y hasta un cuchillo, echado todo allí enfrente por la marea. Un sirviente del templo, al ver estas cosas, corrió hacia mí con gran alegría para contármelo. Era la cantidad exacta de material necesario para la cabaña y el cercado. Cuando estuvo hecha la construcción, nada quedaba sobrante. Todos estaban asombrados en presencia de aquel prodigio".

La renunciación a todo placer mundano, a los bienes terrenales y a cuanto constituye la felicidad de los simples mortales, ha sido uno de los fundamentales preceptos de los Grandes Maestros como medio de alcanzar a Dios. Pero Ramakrishna llevó el rigorismo de este precepto a tales extremos que no admitía ninguna dádiva y le tenía horror a la moneda.

Refiere Vivekananda, el iluminado discípulo de Ramakrishna, que, en cierta ocasión, mientras su Maestro estaba dormido, le rozó levemente en la mano con una moneda, y automáticamente cerraba la mano y el cuerpo todo se le paralizaba.

Cuando su esposa Saradadevi llegó a la pubertad, fue a buscar a su marido. Al presentársele, Ramakrishna, postrándose a los pies de su esposa, le dijo:

"La Divina Madre me ha mostrado que reside en toda mujer, y así he aprendido a ver a la Madre en toda mujer. Este es el único concepto

---

[1] Evangelio de Ramakrishna.
[2] Era un sitio de contemplación a orillas del Ganges, donde cinco árboles sagrados formaban un boscaje. Allí todavía existe la choza que el Ganges le regaló al Maestro.

que tengo de ti. Si quieres llevarme al mundo, como soy tu marido, me pongo a tu servicio".

Saradadevi, que había cumplido los catorce años, le dijo a su marido que siguiera su misión, que ella solamente le pedía que le permitiera acompañarle y recibir sus enseñanzas. "Así llegó a ser ella —dice Vivekananda, uno de sus más fervientes discípulos— y lo reverenció como a un ser divino". Su mujer le sobrevivió cuarenta años, y fue siempre casta y pura. Ella era la intermediaria entre su esposo y los discípulos de este siempre que intentaban realizar alguna obra en bien de la humanidad. Los discípulos de Ramakrishna la llamaban la Santa Madre y le rendían veneración.

Rama, el héroe del gran poema El Ramayana, es reverenciado en la India por millones de devotos. Era, como Krishna, de regia estirpe, y estuvo casado con Sita, venerada por las mujeres indias como el prototipo de esposa, y tuvo de ella dos hijos, Kusa y Lava. Krishna era casado con Rhada, y tuvo hijos. Pero en ambos, el matrimonio no fue un obstáculo para el cumplimiento de su misión. La castidad se practica dentro del matrimonio, tal como lo explica León Tolstoy. Lo que la ley divina prohíbe es la lujuria y la fornicación, es decir, el vicio carnal y la infidelidad en el matrimonio.

Ramakrishna —dice su discípulo predilecto— consideró la lujuria tan peligroso enemigo como la avaricia. "El verdadero hombre es un alma —decía— y el alma no tiene sexo". Logró desarraigar de su mente la idea de sexualidad.

Buda, cuando se llamaba príncipe Siddhartha, fue casado con la princesa Yasodhara y vivió algún tiempo con ella en el esplendor de la corte de su padre el rey Suddhodana. Y la abandonó para consagrar su vida a su gran misión. Desde entonces practicó la castidad absoluta, como Jesucristo y Ramakrishna.

Ramakrishna reconocía entre los avataras a Chaitanya, y una vez le dijo a su discípulo Vivekananda: "Yo fui Chaitanya en una encarnación anterior".

Chaitanya vivió de 1485 a 1553. Era contemporáneo de Lutero. Sus grandes trabajos se dirigían a la enseñanza de las doctrinas de Krishna. Pero fue en seguida un reformador religioso que predicaba contra el formalismo de la religión, y proclamó la creencia nueva de amor basada en la unión mística con Dios. La nueva creencia llamaba a hombres y mujeres de todas las religiones, de todas las castas y de todas las condiciones: musulmanes, indostánicos, parias, ladrones, mujeres perdidas, todos los elementos necesitados de auxilio, de protección moral y de esperanza.

Chaitanya era un gran poeta, que con Chandidas y Vidyapati fueron los inspiradores de Rabindranath Tagore. Por ellos se apasionó Ramakrishna, y le servían de modelo, sobre todo el primero, para sus poemas apasionados a la Divina Madre.

Como antes dijimos, Ramakrishna no estudió en colegios ni leyó los libros sagrados. Un cierto día se le presentó una mujer bella, como de treinta y cinco años, devota, de gran cultura, instruida en los textos sagrados, según Romain Rolland, diciéndole a Ramakrishna que su existencia le había sido revelada por el Espíritu y que había sido comisionada para llevarle el mensaje. No dio su nombre, solo se la conocía por la Monja Brahman (Bhairaví Brahmani). Vivió tres años con el Maestro en relaciones de madre a hijo. Como un niño le confió él sus angustias y sufrimientos, le dijo que muchos le tenían por loco, y le preguntó si lo era realmente. Ella le asistió con todo amor maternal, y le dijo que se regocijara porque había alcanzado por sus propios medios uno de los más altos estados. Había conquistado en pocos años (tenía 24) realizaciones que la ciencia mística había tardado siglos en conquistar. La Monja le dio la dirección que le faltaba por el desconocimiento de las sagradas escrituras. Y así se iluminó para él el camino que había recorrido a ciegas. Ante una asamblea, la Bhairaví impuso a las autoridades teológicas al nuevo avatara.

Tres años después se presentó ante Ramakrishna un syannasín, conocido por Totamuri (el hombre desnudo), monje extraordinario que llevaba vida de asceta, que había alcanzado la última revelación en cuarenta años de ascetismo, y le dijo:

—Hijo mío, ya veo que has adelantado mucho en el camino de la verdad. Si quieres, yo puedo ayudarte a llegar a la etapa próxima. Yo te enseñaré el Vedanta.

Con entera confianza, Ramakrishna se sometió a la dirección del monje, quien comenzó por hacerlo sufrir la prueba de la iniciación, que consistía en obligarlo a renunciar a todos sus privilegios, a sus esperanzas, sus afectos, sus ilusiones, al Dios personal, a toda recolección de frutos de su amor y de su sacrificio aquí abajo y en todas partes, entonces y siempre.

Después de la iniciación, pudo vestir las ropas amarillentas de los sannyasines3. Pasada la iniciación, Ramakrishna entró en el Nirvikalpa samadhi, el éxtasis que semeja la muerte, en que el sujeto alcanza la supraconciencia y se identifica con Dios, el absoluto Brahama. Ramakrishna pasó tres días en ese estado. "Un día —dice Romain Rolland— le fue preciso para realizar lo que a Totamuri le costó cuarenta años. El asceta, sorprendido por el experimento que él mismo había provocado, contemplaba, sobrecogido, aquel cuerpo cuajado durante tres días en una inmovilidad de cadáver, que, al llegar al término del conocimiento, irradiaba la serenidad soberana del Espíritu. Totamuri, que no pensaba permanecer allí más de tres días, se quedó once meses para conversar con el discípulo que le superaba".

Hemos mencionado el éxtasis o samadhi. Es un estado de supraconciencia en que se pierde toda conciencia de la vida y del mundo, y el espíritu entra en comunicación con la Divinidad, y da testimonio de lo que ha visto, oído y sentido.

Ramakrishna, a la edad de seis años, tuvo su primer éxtasis. El mismo Ramakrishna cuenta así este primer caso: "Transitando yo estrecho sendero por entre arrozales. Levanté los ojos al cielo mientras comía mi arroz, y vi una tormentosa nube oscura que aumentaba de tamaño rápidamente y cubrió todo el cielo. De pronto, surcando aquella nube, por encima de mi cabeza cruzó una bandada de grullas blancas como la nieve. Era tan bello el contraste que mi ánimo se extravió en lejanas regiones. Perdí el conocimiento y caí al suelo. El arroz cocido se desparramó. Alguien me levantó y me llevó en brazos a casa. Me aniquilaba el exceso de gozo. Fue aquella la primera vez que me quedé en éxtasis".

Después, durante toda su vida, caía con frecuencia en samadhi, por cualquiera emoción. Pero el éxtasis supremo, en el cual el espíritu alcanza la radiante presencia del Dios sin forma, el Absoluto Brahama, es el Nirvikalpa samadhi, que está rodeado de graves peligros.

------

3 Los sannyasines son ascetas que han renunciado a todas las cosas del mundo, y sólo reconocen como realidad al Absoluto Brahma.

El sujeto tiene todas las señales de un cadáver, y puede no despertar nunca a la vida terrena. Ya vimos que Ramakrishna estuvo tres días en ese estado. Si esto le ocurriera, como pudo haberle ocurrido, a un santo occidental habría sido declarado muerto por los médicos.

El éxtasis en su primer grado debe ser algo magnífico, pero en su grado superbo, el de Nirvikalpa samadhi, ha de sobrepasar esta ponderación de maravilla. Es un estado que ansían todos los grandes espíritus religiosos, los grandes místicos, cualquiera que sea la religión que profesen.

Plotino, filósofo neoplatónico alejandrino, enseñaba en Roma una doctrina basada en la unión del alma con Dios, mediante el éxtasis y la contemplación. Vivió de 205 a 270 años después de Cristo.

Porfirio, también filósofo alejandrino, dijo de Plotino lo siguiente:

"Se le apareció ese Dios que no tiene forma ni figura, que está por encima de la inteligencia. Yo mismo, Porfirio, me acerqué una vez en mi vida a ese Dios, y me uní a él. Tenía entonces sesenta y ocho años. Esta unión era lo que más deseaba Plotino. Disfrutó cuatro veces ese divino gozo mientras estuve yo con él. Lo que ocurre entonces es inefable".

J. A. Symonds, citado por William James, habla del éxtasis así:

"El espacio, el tiempo, la sensación desaparecían gradualmente, rápidamente... El Mundo perdía sus formas y su contenido. Pero mi yo subsistía en su terrible agudeza, sintiendo, angustiado, que la realidad iba a aniquilarse del mismo modo que revienta una pompa de jabón... El miedo a una disolución cercana, la espantosa convicción de que aquel momento era el último, de que había llegado al borde del abismo, a la certidumbre de eterna disolución, me sacaron de mi ensueño. El primer sentido que recuperé fue el tacto. Me consideraba feliz por haberme salvado del abismo".

Pero el caso del señor Symonds no es lo que generalmente sucede. Lo corriente es que el sujeto no solamente no tiene miedo de morir ni se alegra de haberse salvado, sino que siente un gran atractivo por la prueba y desea repetirla.

Narendranath Dutt, que realizó su obra bajo el nombre de Vivekananda, el discípulo predilecto de Ramakrishna, ascendió rápidamente por la escala de la perfección y llegó a las mayores alturas de espiritualidad. Pero sentía ansiedad por experimentar el estado de éxtasis llamado Nirvikalpa samadhi. Varias veces le había pedido a su Maestro que le permitiera esta prueba trascendental, a la cual Ramakrishna siempre se opuso.

En cierta ocasión supo Ramakrishna que su discípulo había entrado en éxtasis, únicamente para probar su potencia espiritual, y el Maestro le reprendió acremente: "No malgastes tu fuerza con un propósito frívolo. Se prohíbe atentar contra la libertad del espíritu. Tienes que ayudar a los demás".

Mas Naren insistió en alcanzar el Nirvikalpa samadhi, y lo consiguió. Un día, meditando, tuvo la sensación de una luz cuyo foco estuviera detrás de su nuca, y de pronto perdió el conocimiento, y se sumió en el terrible y suspirado Nirvikalpa samadhi, que siempre le había negado su Maestro. Al cabo de muchas horas volvió en sí, y le parecía que no tenía cuerpo. Se palpaba la cara y exclamó: "¿Dónde está mi cuerpo?" Cuando estaba inerte como un cadáver, los demás discípulos le avisaron a Ramakrishna lo que ocurría, y él les dijo:

—Bueno. Que esté así algún tiempo. Bastante me ha mortificado.

Cuando Naren volvió a su estado normal, se sintió inundado de felicidad y de una paz indescriptible. Fue a ver al Maestro, quien le dijo:

—Ya te lo ha enseñado todo la Divina Madre. Pero esa revelación debe estar guardada bajo llave, y la llave queda en mi poder. Cuando hayas realizado el trabajo que Dios te ha encomendado volverás a encontrar ese tesoro.

Y le dio consejos para su salud y el régimen de los días sucesivos.

Ramakrishna murió al día siguiente de esta prueba de Vivekananda, y este fue el heredero de los grandes poderes espirituales del Maestro y el encargado de hacerle vivir eternamente en sus obras.

Vivekananda no volvió a intentar las prácticas del éxtasis, que habían sido condenadas por el propio Maestro, diciendo: "Estas prácticas no son para nuestro tiempo ya. No tienen más finalidades que la concentración del espíritu, y esta la consigue fácilmente quien medita con devoción".

A un joven bengalí que luchaba por la concentración espiritual le dijo Vivekananda:

—Hijo mío, si quieres creerme, empieza por abrir la puerta de tu cuarto, y mira a tu alrededor en vez de cerrar los ojos. Si anhelas la paz del espíritu, sirve a los demás.

Según Ramakrishna, el hombre que se concentra puede hablar mientras no pasa la Kundalini (1) del cuarto centro, que es el corazón. Luego sobreviene el silencio. A través de las cejas se produce en samadhi la visión del Alma Suprema, el Paramatman. Un velo único y tenue separa del Ser Absoluto. Cree uno —dice— que se ha fundido en él. Pero no hay tal. Todavía se puede volver a bajar hasta el cuarto escalón, no más abajo.

En el séptimo plano, donde se oye el OM, el sonido total que abarca la inmensa sinfonía del Universo, concluye todo. Aquello es el Nirvikalpa samadhi, de donde solo un milagro puede retornarnos a la vida.

El éxtasis ha sido una práctica en los más elevados espíritus místicos: en los santos de todas las religiones, los monjes cristianos y los monjes budistas y sanyasines, en hombres y en mujeres que se dedican a la devoción, desinteresados de la vida mundana.

El éxtasis significa una violenta crisis del organismo. Discípulos de Ramakrishna han referido que el Maestro sentía un hormigueo en la sangre al comenzar la crisis, luego veía moscas de fuego, nieblas luminosas de metal en fusión. El pecho se le ponía rojo, conservaba un color de ladrillo, tenía el cuerpo todo abrasado. Cuando sus éxtasis apasionados por Krishna, brotaban de su piel gotitas de sangre, su tez se ponía dorada y el cuerpo parecía irradiar luz. Cuando salía del estado de éxtasis tenía los ojos inyectados, "como si se los hubiesen picado las hormigas".

Hemos mencionado varias veces a la Divina Madre. He aquí cómo la concebía Ramakrishna:

"La Divina Madre no es otra cosa que Brahma, el Absoluto. La Divina Madre es la primitiva energía. Cuando está inactiva, yo la llamo Brahma. Pero cuando crea, preserva y destruye el mundo fenomenal, yo la llamo sakti (energía) o Divina Madre. Aquello a que llamáis Brahma es igual a mi Divina Madre".

Esto enseñó en una conversación con sus discípulos, y en otra plática se expresó así: "Toda mujer representa la divina Maternidad.

La misma Divina Madre aparece en todas las mujeres bajo diferentes formas".

Uno de los aspectos más elevados de la doctrina de Ramakrishna es su criterio respecto a las religiones. Todas ellas, lo mismo que todas las sectas, son caminos para llegar a Dios, enseñaba. Esta enseñanza era el resultado de su experiencia personal. Se incorporó sucesivamente a todas las religiones y sectas de la India durante algún tiempo, practicando el ritual de todas con el fervor de un creyente. Y de su experiencia dedujo que en cada una de ellas es posible realizar a Dios por medio de la perfección espiritual.

En varias de sus pláticas dio tal enseñanza. Tomamos del Evangelio de Ramakrishna lo siguiente:

"Dios es el regulador interno de todo. Abandonad el egoísmo, rendid vuestra voluntad a su voluntad, y conseguiréis todo lo que deseáis. Cuando os mezcléis con otras personas debéis amarlas a todas, ser absolutamente uno con ellas. No odiéis a nadie. No reconozcáis casta ni credo. No digáis que este hombre cree en un Dios personal, aquel en un Dios impersonal, que este adora a un Dios con forma y aquel a Dios sin forma; que este es indio y aquel cristiano o mahometano. No censuréis a los otros. Esas distinciones (las de sectas religiosas) existen porque Dios ha hecho que los diferentes pueblos le comprendan de diferentes maneras. La diferencia está en la naturaleza de los individuos. Sabiendo esto, os mezclaréis con todos tan estrechamente como os sea posible, y los amaréis tan tiernamente como podáis. Después, cuando volváis a casa, gozaréis dicha y felicidad en vuestra alma. Encended la antorcha de la sabiduría en la cámara secreta de vuestro corazón. Con esa luz veréis la cara de mi Absoluta Madre, y con esa luz también veréis la verdad y naturaleza de vuestro Yo real".

Debemos reconocer que Ramakrishna no pretendió establecer una nueva religión. Sus prédicas, su maravilloso razonamiento acerca de la Divinidad y de las religiones y sectas existentes en su tiempo, tienden únicamente a establecer en la Tierra la Unidad de todas las religiones. La Unidad de todas las manifestaciones de la vida en el Todo, en el Absoluto Brahma, el Dios único, el incognoscible, el principio de todo cuanto existe, el origen de los mundos y de los seres, a cuyo conocimiento no puede alcanzar la mente humana. Su visión era el establecimiento de la Religión Universal bajo la égida del amor, de la comprensión y la bondad, la tolerancia y el perdón.

Su enseñanza acerca de la renunciación de la mundanidad tiene un sentido humano que traspasa toda regla de ascetismo y coloca al hombre en la familia, sin que ello impida su ascensión espiritual hacia Dios.

Uno de sus discípulos, que era padre de familia, le preguntó:

—Bhagaván4, ¿qué es lo justo, renunciar al mundo con la idea de evitar los cuidados y sufrimientos mundanos o adorar a Dios viviendo con la propia familia?

El Maestro se refirió a la doctrina del Gita (se recordará que el Gita relata la historia de Krishna), y dijo:

"Aquel que vive con su familia, pero no está ligado a las relaciones y cosas del mundo, que ejecuta sus deberes sin buscar el resultado de sus obras, obtiene a Dios, de la misma manera que aquel que ha renunciado al mundo después de conocer que las relaciones y objetos terrenales son transitorios e irreales. Aquellos que renuncian al mundo simplemente por eludir los cuidados y sufrimientos pertenecen a una clase inferior de sannyasines. Aquel que ha obtenido a Dios viviendo en el mundo es como el hombre que reside en un palacio de cristal y ve todo lo exterior como también lo interior de este".

Es decir, la familia no es un estorbo para realizar a Dios. El estorbo consiste en la ostentación, la vanidad, el lujo, el egoísmo, el odio, todas las pasiones mundanas que no dejan lugar al hombre para la meditación y la devoción, ni para cumplir los deberes de ayudar a los demás, que es el mejor camino para llegar a Dios.

Se explica así la frase de Jesucristo: "Deja todo lo que tienes, y sígueme". El Divino Maestro de Galilea daba a entender que el adorador de Dios debe abandonar todos los atractivos mundanos, descargarse de riquezas y pasiones y presentarse puro de corazón. Lo cual debe entenderse sin perjuicio del cumplimiento de los deberes para con la familia y la humanidad.

---

4 Bhagaván es un título honorífico que significa todopoderoso, sapientísimo, y solo se aplica a los muy insignes instructores.

Krishna dio el ejemplo de santidad, no obstante que formó una familia, y Rhada, su esposa, le veneró como al Supremo Brahma.

La siguiente frase de Ramakrishna concentra todo el drama de la salvación por el amor de Dios: "Dios no puede nunca aparecer donde están la vergüenza, el odio y el miedo".

Los discípulos de Ramakrishna eran doce. Muchos de ellos —dice el Evangelio de Ramakrishna— eran jóvenes de nobles familias y graduados en la Universidad de Calcuta. Habían dejado sus casas y parientes por seguirle a él. Su único objeto en la vida era servir a su Maestro, el Dios viviente en la Tierra, encarnación de la Divinidad en forma humana. Había también discípulos jefes de familia, como Suresh, Balaram, Girish, Ram, Mahendra y otros, que solían ir frecuentemente a visitar a Ramakrishna y a servirle proveyendo la casa con las cosas necesarias.

A Cristo también le seguían doce discípulos completamente entregados al Maestro, que habían abandonado toda relación con los bienes terrenales, con parientes y amigos, para consagrarse a servir al Maestro en su gran misión. Pero muchos otros discípulos le servían y le rodeaban, sin haberse desprendido de sus relaciones mundanas.

Hablando de la presencia de Dios encarnado, explicó Ramakrishna lo siguiente:

—Dios se encarna en forma humana. Es cierto que él reside en todas partes, en todas las criaturas vivientes, pero los deseos del alma humana no pueden ser plenamente satisfechos excepto por un avatara o encarnación divina. Los seres humanos ansían verle, tocarle, estar con él y gozar de su divina compañía. Para satisfacer plenamente esos deseos, es necesaria la encarnación de Dios. No obstante, cuando un avatara o divina encarnación desciende, la mayoría de la gente no le conoce. Solo es conocido por unos pocos discípulos elegidos. Cuando el Supremo Señor se encarnó como Rama, solo doce sabios le reconocieron. Los otros Santos y Sabios le conocieron como el príncipe del Rajá Dasaratha. Pero aquellos doce sabios le oraban diciendo: ¡oh Rama, tú eres la indivisible Existencia-Inteligencia-Dicha! Tú has encarnado en esta forma humana. Por tu propio poder, tú apareces como ser humano, pero en realidad tú eres el Señor del Universo.

El amplio espíritu de Ramakrishna aprobaba la adoración de imágenes, cuestión que ha suscitado en la historia penosos acontecimientos por luchas entre los religiosos que propiciaban el culto a las imágenes y los iconoclastas o rompedores de imágenes. Los hebreos, apegados a la letra del Antiguo Testamento, no admiten imágenes en su culto. Lo mismo ocurre con algunas sectas cristianas, apegadas a la letra del Nuevo Testamento.

A la pregunta de uno de sus discípulos, Ramakrishna se explicó así:

—El Señor reside en el templo del cuerpo humano. Él conoce nuestros más recónditos pensamientos. Si hay algún mal en adorar imágenes, ¿no conocerá que toda adoración está dirigida a él? La aceptará gustoso sabiendo que es para él. ¿Por qué os preocupáis por cosas que están más allá de vuestro alcance? Procurad realizar a Dios y amarle. Este es vuestro primer deber. Habláis de imágenes hechas de arcilla. Bien. Con frecuencia hay la necesidad de adorar imágenes y símbolos. En la Vedanta se dice que Dios compenetra el Universo y se manifiesta a través de todas las formas. ¿Qué mal hay en adorar al Absoluto por medio de imágenes y símbolos? Vemos niñas pequeñas con sus muñecas. ¿Cuánto tiempo juegan con ellas? Mientras son pequeñas. Después ponen a un lado aquellas muñecas. De la misma manera, nosotros necesitamos imágenes y símbolos, mientras no hemos realizado a Dios en su verdadera forma. Es Dios mismo quien ha dado esas diversas formas de adoración. El Maestro del Universo ha hecho todo esto adaptado a los diferentes hombres en sus distintos grados de conocimiento y crecimiento espiritual.

A quienes adoran imágenes se les ha reprochado de idólatras. Efectivamente, no hay nada anómalo en el culto a las imágenes. Ellas simbolizan el ser divino a quien va dirigido el pensamiento y el sentimiento de los devotos. En todos los templos católicos y en los hogares se adoran imágenes. Y algunas, en menor o mayor grado, son milagrosas y llevan consuelo a los creyentes afligidos por la adversidad, y esperanzas a quienes les piden su protección henchidos de fervor devocional. Las imágenes no realizan por sí mismas estos prodigios. Los realiza la Divinidad que se halla representada en ellas. El pensamiento de los creyentes, que es una fuerza divina, construye los caminos del milagro, y este se ofrece resplandeciente a los ojos agradecidos de los devotos.

Los católicos, adorando imágenes, y los judíos y protestantes, rechazándolas como ídolos vanos, van por diferentes senderos a la realización de Dios, como lo explicara Ramakrishna. Dentro de cada grupo religioso hay oportunidad de ascender a la mayor altura espiritual, si los devotos adoran a Dios y sirven a la humanidad con desinterés. Los secos de corazón, los egoístas, los que odian, los que difaman, los indiferentes ante la miseria y la desgracia de sus semejantes, jamás alcanzarán la cima, a pesar de su gran devoción.

Al devoto que le rogaba a Buda que le enseñara el camino que debía seguir, el Gran Maestro le contestó así:

—Haced el bien y sed bueno.

Buda, como Cristo, fue un reformador. En su tiempo, la religión había degenerado en un vano formulismo, en discusiones sempiternas entre los brahmanes y en un poder tiránico del sacerdocio, tal como ocurría en Israel en tiempos de Jesús de Nazareth, con la religión derivada del Antiguo Testamento.

Buda no expresó su designio de revolucionar la estratificada religión. Cristo tampoco; al contrario, dijo: "No he venido a derogar la Ley, sino a que se cumpla". Ambos, sin embargo, fueron reformadores de la Ley.

Condenó Buda los sacrificios, el ascetismo, los rituales, la hechicería, la astrología y toda suerte de supersticiones y formulismos, proclamando el reinado de la verdad.

Predicó su doctrina en la India, pero, como a Cristo los sacerdotes, los grandes de la Iglesia judía le combatieron, los sacerdotes, los maestros de todas las sectas hinduistas. Y sucedió que el budismo, que es una de las religiones que tienen más adeptos, no pudo hacer muchos prosélitos en el territorio de la India, tal como el Cristianismo en Judea. El budismo domina en China, en el Japón, en Birmania, en el Tíbet, dividido en varias sectas, cada una de las cuales ha ido desfigurando la doctrina del Maestro, practicando como religión los preceptos adulterados de aquel maravilloso Instructor, rodeando su ejercicio de un ritualismo ostentoso manejado por altas autoridades eclesiásticas. Se han establecido conventos de monjes y monjas budistas que practican un ascetismo riguroso, contra la predicación del Maestro.

Así ha ocurrido con todas las religiones. Se dividen en sectas, pierden su primitiva pureza, degeneran en prácticas mecánicas de adoración a Dios en el fausto de los rituales y pierden de vista la espiritualidad que les diera vida bajo la mirada radiosa del Señor de los Mundos.

Una escena conmovedora en la vida de Buda es su regreso al hogar abandonado hacía siete meses. Se había alejado de la corte de su padre, el rey Suddodana, quien mandó a llamarle para verle antes de morir.

Buda era el heredero del trono con el nombre de príncipe Siddhartha. El padre le dijo:

—Quería ofrecerte mi reino, pero harías tanto caso de la oferta como de un puñado de cenizas.

Buda le contestó:

—Sé que el corazón del rey rebosa de amor y que está profundamente triste a causa de su hijo. Pero los amorosos lazos que te ligan al hijo que perdiste te han de ligar con igual bondad a todos los seres, y en vez de ese hijo recibirás otro mayor que Siddhartha. Recibirás al Buda, el Maestro de la Verdad, al Predicador de la Justicia, y la paz del Nirvana inundará tu corazón.

El rey se sintió libre de toda pesadumbre. "Encontraste el sendero —le dijo— y ya puedes predicar la verdad al mundo anheloso de liberación".

Luego Buda habló a la multitud, sentado a la derecha del rey. En derredor se agrupaban los magnates de la corte, y a los pies del Señor Buda la dulce Yasodhara, quien con su plateado manto cubrió los pliegues del amarillo sayal de su esposo.

La esposa nada reclamó al marido que volvía al hogar deshecho, por amor a Dios, para servir a la humanidad.

El óctuple sendero de Buda para eliminar el sufrimiento es el siguiente:

1° Recta comprensión.

2° Recto propósito.

3° Palabra veraz.

4° Rectitud de conducta.

5° Recta pureza.

6° Puro pensamiento.

7° Soledad pura.

8° Paz de ánimo.

Y explicando estas etapas del sendero, dijo:

"Caminad al cumplimiento del deber, evitando todo agravio. Pensad en la ley de causa y efecto, en la ley del Karma que forja el destino del hombre y domina vuestros sentidos". Tal es la doctrina de la recta comprensión.

"Sed benévolos con todo cuanto vive. Matad la malevolencia, la codicia y la ira, de modo que os parezcáis al soplo de las suaves brisas". Tal es el recto propósito.

"Cuidad de vuestros labios como si fuesen la puerta del palacio de un rey. Que todas vuestras palabras sean mesuradas, francas, sinceras y corteses". Tal es la rectitud de palabra.

"Que cada una de vuestras acciones elimine un vicio y fomente una virtud. Como se entrevé el hilo de plata entre las cristalinas cuentas de un collar, así ha de mostrarse el amor en cada buena acción". Tal es la recta conducta.

Para recorrer las otras cuatro etapas, dice que "solo pueden hollarlas los pies que ya no han de pisar caminos mundanos. Almas cuyas alas no tienen plumaje todavía, no intentéis volar hasta el sol. El aire de las regiones inferiores os es suave, y conocidos y seguros os son los niveles domésticos a que estáis acostumbrados. Tan solo los seres vigorosos pueden abandonar el nido que cada cual se fabrica. Valiosos son el amor de la mujer y del hijo. Lo sé. Agradables son las amistades y recreos de la vida. Útiles las compasivas cualidades de una conducta virtuosa. Vivan así quienes a ello estén obligados. Haced de vuestra debilidad una escala de oro, y ascended por la diaria convivencia con estas ilusiones hasta las verdades más dignas de ser amadas. Así alcanzaréis más serenas cumbres, será menos penosa vuestra ascensión, no os pesarán tanto vuestras culpas y fortaleceréis la voluntad para quebrantar las ligaduras de los sentidos, y entrar al Sendero".

Luego explicó que él anduvo por veredas de error, ligado durante muchas vidas por la cadena del deseo, cómo llegó a la perfección, habiendo entrado en el nirvana, fuera de todo deseo, de toda inquietud, librándose de entrar de nuevo en la rueda de nacimientos y muertes (Samsara).

Dio la pauta de vida para las gentes ligadas todavía a los atractivos mundanos. Ellos pueden ser comprensivos, de propósitos rectos, de palabra veraz y de recta conducta, campo de perfeccionamiento, donde pueden prepararse para continuar su ascensión en sus vidas futuras.

JESÚS DE NAZARETH EN EL OCULTISMO

Conocemos la personalidad de Jesús de Nazareth, al través de los Evangelios, y sabemos así que el Divino Maestro dio al Mundo la doctrina más estupenda de los siglos. Pero no conocemos la persona humana de Jesús como una encarnación de Dios, sino como el Hijo de Dios. El Ocultismo nos enseña el esotérico origen del Maestro de Maestros.

En la antigüedad existían las Fraternidades de Maestros, Sabios o Adeptos, que cultivaban las ciencias ocultas, es decir, las que explicaban el Cosmos, el origen de los mundos y la evolución de la existencia humana. Por el movimiento y posición de los astros podían predecir los acontecimientos futuros.

Los profetas hebreos y los ocultistas habían vaticinado el advenimiento del Señor. Los magos de Oriente, desde hacía largo tiempo, habían esperado la encarnación del Gran Maestro profetizada desde muchos siglos atrás.

En la religión cristiana se conserva el relato de la visita que tres Reyes Magos de Oriente le hicieron a Jesús en su niñez. De esta visita dan testimonio los Evangelios.

Los magos eran maestros de sabiduría que profesaban el ocultismo. Su ciencia esotérica les había revelado que el Maestro esperado había nacido en Judea, y, en representación de la Orden de la Fraternidad Universal, partieron en busca del lugar donde el Señor había nacido como hombre.

La astrología les había revelado que la señal de nacimiento del Maestro de Maestros sería una conjunción de planetas. Los magos observaron la conjunción de Saturno y Júpiter en la constelación de Piscis, a los que después se agregó Marte, formando un espectáculo maravilloso de luz, una estrella de inusitado fulgor.

Según la astrología, la constelación de Piscis presidía la existencia nacional de Judea, de lo cual dedujeron que el Maestro había nacido en un lugar de la nación judía. He ahí por qué los reyes magos emprendieron la marcha hacia el país donde aquel acontecimiento debía haberse efectuado.

El viaje de los tres reyes magos duró casi un año. Cuando llegaron a Jerusalén, informaron que buscaban al Maestro de Maestros que había nacido en un lugar de Judea. Los judíos les informaron que el Mesías esperado debía nacer en Bethlehem, según lo habían anunciado los profetas.

En Jerusalén corrió la noticia de la llegada de los magos en busca del Mesías que había nacido en Bethlehem, lo que llegó a oídos del rey Herodes, quien se preocupó grandemente por aquella noticia, pues temía que el recién nacido le arrebatara el trono. El Evangelio de San Mateo dice al respecto:

"Y oyendo esto el rey Herodes, se turbó, y toda Jerusalén con él".

Herodes reunió a los príncipes de los sacerdotes y a los escribas, y les pidió que le refirieran lo relativo a la llegada del Mesías, y en dónde esperaban que naciese. Ellos le respondieron: "En Bethlehem, de Judá, porque así está escrito por el Profeta".

Temeroso de que aquel niño recién nacido le arrebatara la corona, llamó a los reyes viajeros a su palacio, y en consulta privada inquirió el objeto que los había impulsado a tan penoso viaje.

Juan el Bautista perteneció a una de estas fraternidades ocultas: la de los esenios, fundada por Moisés y por los patriarcas hebreos. Sus miembros vivían en las afueras de los pueblos, entregados al culto divino y a la práctica de las perfecciones espirituales.

Juan, hijo de Zacarías y de Isabel, primos de María, prima de Jesús, fue uno de los líderes de la fraternidad. Los discípulos le llamaban Juan el Bautizador. Atavíos y costumbres de asceta; vivió en el desierto hasta la edad de treinta años, cuando salió para anunciar "la venida del Señor al Mundo", como lo habían vaticinado los profetas.

Un grupo de discípulos le seguía, sometidos a reglas severas relativas al ayuno, al culto, al ceremonial. Entre ellos predicaba ante las grandes multitudes que acudían a oír su palabra de fuego y a recibir el bautismo, ceremonia que tenía un profundo significado oculto y que era practicada por los esenios.

Jesús se presentó para ser bautizado por Juan, y este se negaba, porque —le dijo— no era costumbre de las Fraternidades que el inferior bautizase al superior. Lo cual refiere el Evangelio de San Mateo así:

"Mas Juan lo resistía mucho, diciendo: 'Yo he menester ser bautizado de ti ¿y tú vienes a mí?'"

Jesús insistió en que Juan lo bautizara, diciendo que, con aquella ceremonia, quería demostrar que se consideraba como un hombre entre los hombres y que iba a vivir la vida de los hombres.

El Nuevo Testamento, como las tradiciones ocultas, concuerdan en afirmar que, cuando Jesús recibió el bautismo, se oyó una voz del cielo que dijo:

"Este es mi Hijo muy amado en quien tengo puestas todas mis complacencias".

JESÚS ENTRE LOS DOCTORES

Cuando Jesús cumplió los doce años de edad, sus padres le llevaron a Jerusalén para estar presentes en las fiestas de Pascua que se celebraban anualmente con mucha pompa. Después de tres o cuatro días de viaje llegaron a la gran ciudad, a donde acudían millones de peregrinos.

El niño Jesús, ajeno a las diversiones mundanas de la fiesta, se introdujo al cenáculo donde los Doctores de la Ley y de la Cábala aleccionaban a sus discípulos. Y llamó la atención por la agudeza de sus respuestas y la elevación de sus argumentaciones. Los padres de Jesús estaban desesperados porque el niño no aparecía, y estaban ya ansiosos de regresar a su tierra. Después de tres días de pesquisas, lo encontraron entre los Doctores.

Desde este incidente, los Evangelios nada dicen de la vida de Jesús, hasta que dio comienzo a su obra a la edad de treinta años.

Los ocultistas dicen que en los archivos secretos de las Fraternidades hay informes de que la educación del niño les fue confiada a los magos de la misma Fraternidad oculta de donde procedían los reyes de Oriente, quienes le iniciaron en la sabiduría oculta y le facilitaron viajar por diferentes lugares. Lo llevaron a la

India, a Egipto, a Persia y otros países, dándole oportunidad para instruirse en las escuelas de enseñanza esotérica.

Refieren que algunas órdenes egipcias conservan la tradición de un joven Maestro que habitó en aquel país. Lo mismo en Persia, en la India y aun en las congregaciones religiosas del Tíbet y los Himalayas. Brahmanes, budistas y parsis conocen la tradición de un joven maestro extranjero que enseñaba entre ellos admirables verdades y provocó la oposición de los sacerdotes de la India y Persia, porque predicaba contra el sacerdocio y el formalismo de las religiones y arremetía duramente contra la organización de castas.

Hay tradición de que desde los veintiún años hasta cerca de los treinta, Jesús desempeñó una misión en la India, Persia y países colindantes.

Dice el escritor Yogi Ramacharaka, en su obra Cristianismo Místico:

"Jesús fue siempre amigo de los pobres y los humildes y rechazaba a los soberbios y autoritarios. Según las enseñanzas ocultas, fue Jesús un Instructor Mundial en vez de un particular profeta judío. El Mundo fue su sala de audiencia y todas las razas sus oyentes". Y agrega este comentario: "El verdadero cristianismo no es un simple credo religioso, sino una capital verdad humana y divina que se sobrepone a todas las mezquinas distinciones de raza y credo, y que al fin ha de iluminar igualmente a todos los hombres congregados en un solo abrazo de fraternidad universal".

LOS PRIMITIVOS CRISTIANOS Y LA REENCARNACIÓN

El profeta Jeremías habla de la existencia de las almas antes de la concepción. Dijo: "Fue, pues, palabra del Señor a mí diciendo: Antes de que te formases en el vientre te conocí, y antes que salieses de la matriz te santifiqué, te di por profeta a las gentes".

El Doctor Colley, archidiácono y rector de Stockton, en el condado inglés de Warwick, señala este caso de la preexistencia del alma, y aporta otras informaciones al respecto.

"Cuando el fundador de nuestra religión —dice— encontró en el templo al enfermo a quien poco antes había sanado después de padecer treinta y ocho años, le dijo: 'He aquí, has sanado. No peques más porque no te venga alguna cosa peor'".

Es inverosímil que aquel hombre en su niñez hubiese cometido un pecado tan horrendo para recibir un castigo tan prolongado y cruel. Sus pecados deben haber correspondido a su encarnación anterior.

Cita, asimismo, el caso de un ciego de nacimiento. Los discípulos le preguntaron a Jesús: "Rabí, ¿quién pecó, éste o sus padres, para que naciese ciego?" Jesús respondió: "Ni éste pecó ni sus padres". Debe interpretarse la respuesta en el sentido de que al ciego le alcanzó el Karma de una vida anterior de él mismo.

El profeta Malaquías anuncia la presencia de Elías en la Tierra antes de la venida del Señor, diciendo: "He aquí yo os envío a Elías el profeta, antes que venga el día del Señor, grande y terrible". Jesús afirmó que aquel enviado era Juan el Bautista. Esto dice el Evangelio de San Mateo:

"Dijo Jesús de Juan el Bautista: Y si queréis recibir, él es aquel Elías que ha de venir".

Lo cual es admitir la encarnación de Elías en San Juan el Bautista.

La preexistencia del alma humana fue también admitida por San Pablo en su Epístola a los Efesios. "Bendito de Dios —dijo— y padre del Señor Nuestro, Jesucristo, el cual nos bendijo con toda bendición espiritual en lugares celestiales en Cristo, según nos acogió en él antes de la fundación del Mundo".

Y el mismo Jesús dijo a sus discípulos: "Antes de Abraham, yo era".

San Jerónimo enseña la necesidad de tener otra vez cuerpos materiales antes de que, como santos y hombres tan perfectos como perfecto es nuestro Padre en el cielo, gocen una vez más en el mundo angélico su anterior bienaventuranza.

San Justino Mártir, hablando del alma que habita más de una vez en cuerpo humano, dice que al trasladarse de las esferas invisibles a la vida terrenal, no se les permite el recuerdo de las pasadas experiencias.

San Clemente de Alejandría recuerda la enseñanza de Cristo: "Os es necesario nacer de nuevo".

Los testimonios de los primitivos cristianos son muchos en cuanto a la preexistencia del alma humana y sus renacimientos sucesivos para alcanzar la perfección.

Ramakrishna reconoció que dos de sus discípulos lo habían sido también de Jesucristo.

LA TEOSOFÍA

La Sociedad Teosófica se fundó hacia 1876. Uno de sus discípulos le preguntó a Ramakrishna qué pensaba de la Teosofía. Y contestó así: "Si los teósofos poseen la devoción al Ser Supremo, la Teosofía es buena. Si sus aspiraciones son la realización de Dios, están en lo justo". Parece que Ramakrishna no estaba bien informado sobre las actividades de los teósofos.

Cuando le dijeron que los teósofos creen en los mahatmas, contestó que eso no basta. Le preguntaron si él creía que los mahatmas son seres reales, contestó sí.

Pero la Teosofía se dedica a la investigación y no a la devoción. Cree en los mahatmas como adeptos de la Gran Fraternidad, que dirigen los acontecimientos de la humanidad y enseñan los secretos de la sabiduría divina. Los mahatmas a que se refirió Ramakrishna son seres que han recibido las iniciaciones de la Fraternidad para llegar a la calidad de adeptos o instructores. Los más notables son espíritus desencarnados, pero hay muchos en cuerpo físico.

ORIGEN Y EVOLUCIÓN DEL CASTELLANO

Entre las cosas más interesantes de la literatura española, considero esencial conocer el origen y la evolución de la lengua castellana, que ahora es el idioma español.

El castellano es una de las lenguas romances, derivadas del latín como el francés, el italiano, el portugués, el gallego, el valenciano, el leonés, el andaluz, el catalán, el aragonés.

La enumeración que antecede nos advierte que en España se hablaban varias lenguas romances, entre ellas el romance castellano, todas ellas dialectos derivados del latín. No existía, pues, un solo romance español, sino varios, los cuales tenían la afinidad que resulta del origen común.

Cuando los conquistadores árabes se adueñaron de la Península, el idioma culto o literario que se hablaba y escribía como idioma nacional era el latín. Pero, desde el siglo V, el pueblo no hablaba esa lengua, sino el romance, que no era una lengua uniforme. El romance se hablaba según la región donde se había formado.

Los pueblos hispanovisigodos conquistados por los árabes hablaban el romance de su respectiva región, y bajo la dominación arábiga continuaron hablando en romance, al mismo tiempo que hablaban el idioma de los conquistadores. A los españoles que convivieron con los conquistadores se les llamó mozárabes.

Como la dominación arábiga se extendió por casi todas las regiones de España, los idiomas romances españoles no evolucionaron. Desde 711 o 729, los principales centros de la cultura romanogótica situados en la parte meridional de la Península quedaron bajo la dominación arábiga durante varios siglos.

No podríamos formarnos idea de lo que era el romance hablado por los mozárabes, pues ellos no dejaron ningún testimonio escrito del lenguaje que hablaban. Muchas palabras mozárabes fueron introducidas al idioma árabe por los conquistadores, pero es difícil reconocerlas a través de los escritores arábigos a causa del consonantismo y del impreciso vocalismo del alfabeto del idioma árabe. Sin embargo, algunas palabras han podido identificarse como típicamente españolas.

Y los escritores mozárabes, entre ellos el poeta cordobés Ben Guzmán, que escribían sus obras en árabe, usaban muchos términos de clara extracción española.

Es solamente por los escritos de autores árabes o mozárabes que es posible darnos cuenta del romance que estos hablaban, aunque no de la pronunciación que le era peculiar debido a que fueron adaptadas a la grafía y a la fonética arábigas.

De los testimonios de los escritores mozárabes, puede inferirse que entre las lenguas romances que ellos conocían no figuraba el romance castellano, y más bien las analogías de los vocablos corresponden a los romances portugués, leonés, aragonés y catalán.

Según esos testimonios, los mozárabes conservaron la j inicial del latín, como en januarius, genesta, que pronunciaban yenair, yenexta, mientras que el romance castellano no usaba la j o la g delante de e o i inacentuadas, como en enero, bienies-ta, binojo, belar, enebro.

Las otras lenguas romances españolas, a juzgar por dichos testimonios, no usaron la j, que es una invención del romance castellano derivada de los sonidos ly, cl y gl, del latín. En vez del vocablo castellano cerraja, usaban xarralla o xarralya.

Tampoco se encuentra en los romances mozárabes el uso de la ch, que es propia del romance castellano, sonido que corresponde a los latinos ct o lt. Las otras lenguas romances decían feito, en vez de hecho; leite, en vez de leche; noite o nueite, en vez de noche.

Otra característica del romance castellano es la prescindencia de los diptongos ai y ei, los cuales eran usados por los mozárabes, según puede notarse en los escritos arábigos que se servían de vocablos españoles, como en el siglo XII el citado poeta Ben Guzmán escribía pandair por pandero. A la caída de Granada, los moros, que habían tomado palabras de las lenguas romances españolas, decían escalaira por escalera, zapatair por zapatero, y pronunciaban nombres de pueblos con el diptongo, que no es castellano, como en Capileira, Pampaneira, Junqueira, Lanteira.

Aduciendo tales testimonios, el insigne filólogo D. Ramón Menéndez Pidal llega a la siguiente conclusión: "Creo que el habla de los mozárabes, ora de Zaragoza y Valencia, ora de Córdoba,

Granada o Toledo, tenía ciertos caracteres comunes que la distinguían de la después cultivada en Castilla, y que no podía poseer sino como continuación de los caracteres propios del idioma usado en la generalidad del reino visigodo. Creo, en suma, que el habla toledana, usada por los nobles y el pueblo de la corte del Rey Rodrigo, se parecía antes bien al gallego y al asturiano o leonés occidental que al castellano".

Puede asegurarse, y es la tesis que nos proponemos sostener, que entre las lenguas romances que hablaron los mozárabes no figuró la castellana.

El romance castellano se hallaba en una pequeña región del extremo oriental del reino de Oviedo, gobernada por algunos condes, que la defendían de las incursiones musulmanas. En el siglo IX, esa pequeña región del reino asturiano comenzó a llamarse Castella (los castillos). La Cantabria, la región del alto Ebro y del alto Pisuerga, es lo que ahora se llama Castilla.

Del poema Fernán González se cita el siguiente dístico:
Entonces era Castiella un pequeño rincón
era de castellanos Montes d'Oca mojón.

La capital de esa pequeña región era Amaya, a orillas del alto Pisuerga. El primer Conde de Castilla, Diego Rodríguez, fue comisionado en 884 por el rey de Asturias Alfonso III para ocupar la parte llana y poblar a Burgos y a Obierna. Comienza entonces la expansión de Castilla y del romance castellano. En 912, Núñez, Conde de Castilla, continuó la expansión poblando a Roa, y otros condes extendieron el territorio, entre ellos Gonzalo Fernández, Conde de Burgos, padre del héroe Fernán González, protagonista del poema de gesta que lleva su nombre.

La capital del reino asturiano fue trasladada a León, lo que causó un acto de rebeldía de los castellanos, quienes protestaron de la dependencia judicial de Castilla, nombraron jueces propios independientes del reino de León, prescindieron del Fuero Juzgo, que era la ley que regía en toda España visigótica, y adoptaron la ley consuetudinaria para el juzgamiento de los asuntos civiles y criminales.

El Conde de Burgos Fernán González, hijo del Conde Gonzalo Fernández, se sublevó contra el rey Ordoño II, hacia 943, y contra

García el Temploso, rey de Navarra. Esta hostilidad contra los dos reinos cristianos, hacia 960, le dio a Castilla un sitio preponderante. Fernán González agregó a su Condado de Burgos los condados de Castilla, Asturias de Santillana, Cerezo, Lantarón y Álava, y así se formó el gran Condado de Castilla, capital Burgos.

Estos avances de la reconquista llevaban consigo la difusión del romance castellano en los territorios musulmanes, pero no en los territorios cristianos de León y de Navarra, que continuaban desarrollando sus propios romances. En los primeros años del siglo XI, la lengua castellana no ejercía influencia en leoneses y navarros. Pero, bajo Sancho García, nieto de Fernán González, quien recuperó el esplendor del Condado de Castilla, que había sido opacado por la invasión de Almazor, el gran caudillo musulmán, y que se revelara como un sagaz político, había casado a una de sus hijas con Sancho el Mayor, de Navarra, vinculación que determinó la definitiva preponderancia política y lingüística de Castilla.

Hacia 1029, el infante García, hijo del Conde Sancho García, fue asesinado en León cuando iba a contraer matrimonio, lamentable suceso cantado en un poema escrito en castellano, que fue una muestra de que el dialecto castellano había llegado a ser una lengua literaria.

Con la pérdida del infante García, heredero del Condado de Castilla, Sancho el Mayor heredó este Condado y anexó a Navarra la Castilla Vieja. Sancho el Mayor erigió el reino de Castilla para Fernando, su hijo segundo, en 1032. Fernando heredó el reino de León en 1038, y reivindicó para Castilla los territorios que su padre le había segregado para el acrecentamiento de Navarra.

El centro avanzado de la lengua de Castilla había llegado a ser Burgos, entonces capital del reino. Pero al Norte, en Castilla Vieja, se había conservado el castellano arcaico, poco diferenciado del romance galaico-portugués. Conservaba la grafía gg por j, así como el sufijo eiro, como en luneiro, la u final, como en otru, en vez de otro, pedagu en vez de pedazo. También usaba los sufijos ueco, ieco, como en peñueco y cañarieca. Y, aunque en limitado territorio, había casos de diptongación ante yod, como en cuejan por cojan. Formas todas que habían desaparecido del castellano burgalés.

En la región Sudeste del Condado de Castilla se hablaba un dialecto también diferenciado del castellano por la persistencia de formas que habían desaparecido hacía mucho tiempo del castellano burgalés. Por los siglos X y XI, se encuentran —en las Glosas Silenses, como en las Glosas Emilianenses— formas como la ll en conceillo (concejo), collitura (cogedura), así como el uso de la t en lugar de ch castellana, tal en muito por mucho.

Las diferencias apuntadas, que procedían de la influencia riojana-navarra, desaparecieron después por la anexión de la Rioja a Castilla y la expansión del romance castellano en el Sur.

El dialecto burgalés fue el verdadero romance castellano, innovador, revolucionario, que sagazmente descubrió la virtud fonética de las palabras y les dio vida en la frase, hasta constituir la lengua castellana que ha llegado a ser el instrumento literario más ágil, sonoro y bello entre todos los romances españoles, y sin exageración podríamos decir entre todas las lenguas romances. Es ahora el castellano el idioma español.

En 1150, un poeta alaba la rebeldía de Castilla: Castellas vires per secula fuere rebelles. Y hace el primer elogio que se conociera de la lengua castellana: Illorum lingua resonat quasi tympano tuba (Su lengua resuena como trompa con timbal).

Rebelde en política, conquista su independencia y adquiere una personalidad dominadora; revolucionaria en lingüística, eleva el romance castellano sobre las otras lenguas romances españolas e impone sobre ellas su hegemonía.

"El dialecto castellano —dice Menéndez Pidal— representa en todas sus características una nota diferencial frente a los demás dialectos de España, como una fuerza rebelde y discordante que surge en la Calabria y regiones circunvecinas".

En romance castellano fueron escritos los primeros poemas heroicos de que hay noticia, sobre sucesos acaecidos en los siglos IX, X y XI, de los cuales se sabe por la Crónica Najerense, escrita hacia 1160. No se conocen, ni por referencias, poemas heroicos escritos en alguna otra de las lenguas romances españolas, en ese tiempo.

En el siglo XI, Castilla asume la dirección de la reconquista contra los musulmanes, en la cual se destaca la figura homérica del Cid

Campeador, Rodrigo Díaz de Vivar, bajo los reinados de Sancho II y de Alfonso VI.

Entonces el romance castellano se difundió por todas las zonas reconquistadas, en las cuales las primitivas lenguas romances, habladas pero no escritas por los mozárabes, se conservaban en el mismo estado en que se hallaban al consolidarse la dominación arábiga, adulteradas por la inclusión de términos y giros del lenguaje de los conquistadores.

El Poema del Cid o Cantar de Mio Cid relata algunas hazañas del héroe Rodrigo Díaz de Vivar, nacido a mediados del siglo XI, en cuya segunda mitad tuvo su figuración.

Este poema es el documento literario más antiguo que se conoce como obra completa de la lengua castellana. Fue escrito hacia 1140 por autor desconocido, y copiado por Pedro Abbat, quien lo tomó de una copia y no del original, y fue publicado por primera vez en 1779 por Tomás Antonio Sánchez.

El siguiente pasaje del Poema de Mio Cid, que se refiere a la despedida del héroe cuando iba al destierro por orden del rey Alfonso VI, da idea del romance castellano del siglo XII:

De los sos ojos —tan fuertemientre llorando,—
tornaba la cabeza —i estávalos catando.
Vio puertas abiertas —e ucos sin cañados
alcándaras vázias —sin pielles e sin mantos
e sin falcones —e sin adtores mudados.
Suspiró Mio Cid, —ca mucho avié grandes cuidados.
Fabló Mio Cid —bien e tan mesurado:
"¡Grado a Ti, Señor Padre, —que estás en alto,
Esto me en buolto —míos enemigos malos!"

La versión literal de estos versos al castellano moderno sería así:

De sus ojos, que lloraban fuertemente,
tornada la cabeza, y mirando vio puertas abiertas y huecos sin candado,
perchas vacías, sin pieles y sin mantos,
y sin halcones y sin azores repuestos.
Suspiró Mio Cid, pues tenía grandes cuidados.
Habló Mio Cid, bien y mesurado:
"¡Acudo a Ti, Señor que estás en alto,

por esto que han urdido mis enemigos malos!"

Una de las características del romance castellano, desde fines del siglo X, es la pérdida de la f inicial en palabras como fablar, que se escribía con b en vez de f, como ahora. Como se ve en el ejemplo que hemos insertado arriba, en el Poema de Mio Cid, escrito en la segunda mitad del siglo XII, todavía no había desaparecido la f inicial.

En el siglo X, el sufijo iello había sido transformado en illo, en las regiones de Castilla del Norte y en Burgos. El uso de la j, en vez de ll o y, era corriente como típico del romance castellano del siglo X, y en el XI se había extendido a varias regiones del Sur. Muller en vez de mujer; oriella en vez de oreja. La x, que fue reemplazada por el sonido j, continuó usándose aun por los grandes escritores del Siglo de Oro (Quevedo, Cervantes). La t se extendió a varias regiones del Sur, donde antes dominaba la ch. Muito en vez de mucho.

Toledo fue reconquistada por el rey Alfonso VI de Castilla y de León, en 1085. Los castellanos impusieron su lengua en el reino reconquistado, pero varias regiones conservaron su dialecto mozárabe y fueron reacios a la castellanización. A fines del siglo XII empleaban la ll en vez de la j castellana: "Con sus mulleres e con sus fillos". Repugnaban el diptongo ue y aceptaban el ie: "A los que vinieren de diestro, ke lo lieven al lugar sus nietos". Varios mozárabes usaban la u final: "Sobrinu de Tomé". El mbr castellano desaparece, como en nomme, nombre; omme, hombre, forma que perdura hasta el siglo XVI en escritos literarios, como puede verse en el Arcipreste de Hita:

"El ome de mal sesso…"

No se duplica la m, y se ha perdido la n que seguía a la m, pero no se usa el castellanismo mbr, como en hombre.

Muchas formas arcaicas persisten, a pesar de la difusión y la extensión dominadora del romance castellano. La f inicial en vez de b, la x en vez de j, la u en vez de v, la v en vez de u, formas que se usaron aun cuando ya el idioma había alcanzado un enorme progreso literario.

Cerca de Tablada,
la sierra pasada,
falleme con Alda
(Arcipreste de Hita, primera mitad del siglo XIV)

Falleme en vez de bálleme

Moza tan fermosa

non vi en la pradera

(Marqués de Santillana, primera mitad del siglo XV)

Fermosa en vez de hermosa

"No sólo parece que formó todos los actos vn ingenio."

(Cosme Gómez Tejada de los Reyes, hablando de Fernando de Rojas, autor de La Celestina. Siglo XVI)

"Vnos dezían que era prolixo…

Vnos les roen los huessos…

Los mocos con las letras…

Dexando pasar por alto…

Pues acabava en tristeza…

avnque contra mi voluntad…

No ha de faltar nueuos detractores a nueua edición…"

Estas últimas citas pertenecen al prólogo que para una nueva edición aumentada de La Celestina escribiera su autor, Fernando de Rojas (primera mitad del siglo XVI).

En estos pasajes se ven los vocablos avnque, vnos (con v en lugar de u), dexando y prolixo (con x en lugar de j), mocos (con cedilla, en lugar de z), acabaua, nueuos, nueua (con u en vez de v). En cuanto a la ç, hay que advertir que en el siglo XVI lo corriente era el uso de la z, pero se usaba la cedilla en ciertas palabras, ignorándose por qué razón prosódica.

Las formas arcaicas dichas y otras muchas persistieron en literatura hasta el siglo XVIII, cuando ya existía la Real Academia Española de la Lengua, que se encargó de la depuración del idioma.

Muchas ediciones de obras clásicas se han hecho en el presente siglo, de las cuales han desaparecido los arcaísmos apuntados y otros, lo que es —a nuestro juicio— una anomalía, pues los lectores de nuestro tiempo, que no conocieron las ediciones anteriores, no pueden darse cuenta de lo que era el castellano literario del Siglo de Oro y los que le procedieron desde que fue escrito el poema de Mio Cid.

Sólo en ediciones del siglo XVII, XVIII y XIX podemos saber cómo escribieron Alfonso X el Sabio, el Arcipreste de Hita, el Marqués de Santillana, Juan de Valdés, Santa Teresa de Jesús, San

Juan de la Cruz, Fray Luis de León, Francisco de Quevedo y Villegas, Lope de Vega Carpio, Miguel de Cervantes Saavedra y otros autores de las épocas preclásica y clásica de la literatura española.

A contar de la literatura del Poema de Mio Cid, el romance castellano no había alcanzado mayores progresos hasta Alfonso X el Sabio, nacido en 1221 y cuya obra fue escrita en la segunda mitad del siglo XIII.

La figura de Alfonso el Sabio llena toda una época literaria, como poeta, como historiador, como hombre de ciencia y como legislador. De él dice el señor Antonio G. Solalinde en el prólogo de la Antología de Alfonso X el Sabio:

"El lenguaje constituía una noble preocupación de Alfonso. Gracias a este interés, la prosa castellana, reducida a traducciones infelices y documentos notariales, da un gigantesco paso. Las obras del rey Sabio, por la variedad de sus asuntos, por la multiplicación de sus fuentes obligaban a la creación de un vocabulario abundante. Así, los científicos, que forman los libros astronómicos o el Lapidario, adaptan y traducen una buena cantidad de palabras árabes o latinas; y en el Libro de Ajedrez se introducen multitud de neologismos. Y nada digamos de la enciclopedia medieval Las Partidas, donde se tocan todos los puntos esenciales de la vida, sin que en su expresión se eche de menos la palabra precisa; o las obras históricas, en que por la misma calidad del asunto y por los modelos que habían de imitarse o traducirse —Oviedo, Lucano, Paulo, Orosio, Plinio, los escritores bíblicos y sus comentaristas— hubo que forjar todo un nuevo léxico literario".

No damos una muestra de sus cantigas, que constituyen un tesoro poético admirable, porque fueron escritas en gallego, lengua que se consideraba más dulce para la expresión de sentimientos delicados. Ofrecemos, en seguida, un ejemplo del castellano del rey Sabio, refiriéndose a la conquista de España por los árabes:

"Pues que la batalla fue acabada desventuradamente, et fueron todos muertos, los unos et los otros, ca en verdad non fincara ninguno de los cristianos en la tierra que a la batalla non viniese, que dell un cabo, que dell otro, dellos en ayuda del rey Rodrigo, dellos del cuende Julián, fincó toda la tierra vacía del pueblo, llena de sangre, bañada de lágrimas, conplida de apellidos, huéspeda de los estraños, enagenada de los vecinos, desamparada de los moradores, vivda et desolada de sus fijos, confonduda de los bárbaros, esmedrida por la llaga, fallida de fortaleza, flaca de fuerza, menguada de conort et desolada de solaz de los suyos".

"Allí se renovaron las montardades del tiempo de Hércules, allí se refrescaron et podresceron las llagas del tiempo de los uándalos, de los alanos et de los suevos, que comenzaran ya a sanar. España, que en ell otro tiempo fuera llagada por la espada de los romanos, pues que guaresciera et cobrara por la melezina et la bondad de los godos, entonces era crebantada, pues eran muertos et aterrados cuantos ella criara".

Los adverbios terminados en mente tenían la terminación mientre, como en el Poema de Mio Cid. Se seguía usando ca por pues, fincar por quedar, cuende por conde. Se usaba unas veces dell y otras del. La v continuaba usándose por u (vivda por viuda), y la u por v, como en uándalos, aunque a veces no era así, notándose la tendencia a usar invariablemente la v y la u con su propio valor gramatical. La palabra conort, por consuelo, parece un neologismo, como también esmedrida por desmedrada, que ahora son arcaísmos. Melezina por medicina todavía se usa en León y Salamanca. Podrescer por podrir o pudrir tiene aún vigencia, habiendo perdido la s (podrecer).

Eran obligadas, en el siglo XIII, ciertas consonantes finales como en segunt.

Juan Ruiz, llamado el Arcipreste de Hita, nacido a fines del siglo XIII, tuvo figuración literaria en la primera mitad del siglo XIV. Su lenguaje es el mismo del rey Sabio, con algunas pequeñas diferencias. Alfonso usaba omme por hombre, y el Arcipreste ome; éste usaba sy y syn, y Alfonso si y sin; el Arcipreste usaba la conjunción e en lugar de et que usaba el rey. Pero, en general, el lenguaje de ambos es el mismo. Las diferencias suelen ser consecuencia de que no había reglas gramaticales, y ocurría que el mismo autor, aun en el mismo trabajo, escribía los vocablos con diferente ortografía.

En seguida damos una muestra del lenguaje del Arcipreste:
**De lo que dize el sabio non devedes dudar,
ca por obra se prueva el sabio é su fablar.
Sy lo dexies' de mio, sería de culpar.

Que dize verdat el sabio claramente se prueva.
Quiere, segunt natura, conpaña siempre nueva,
é muncho más el ome, que de toda criatura.
El ffuego siempre quiere estar en la ceniza.
Passando una mañana
El puerto de Malangosto
Salteome una sserrana…**

El Arcipreste usa la grafía ffuego y sserrana, duplicando las consonantes al comienzo de la palabra, lo cual no se ve en el rey Sabio. Lo mismo puede decirse respecto a la duplicación de la s entre dos vocales, que es común en el Arcipreste y que no usa el rey Sabio. Este ha suprimido la terminal t o d de segund, que el Arcipreste conserva. El rey Sabio escribe indistintamente ome y omne, mientres el Arcipreste escribe uniformemente ome.

El castellano no evolucionó gran cosa durante el siglo XIV.

En el siglo XV se escriben muchos romances, forma literaria que es la manifestación típica de la poesía española. Y el idioma adquirió más flexibilidad, enriqueciéndose con numerosos vocablos. Pero no es sino a fines de ese siglo cuando el castellano alcanzó cierta uniformidad, sujetándose a reglas. Pues, hasta el tiempo de los Reyes Católicos, como dijo Nebrija o Lebrija, había llegado "suelto y fuera de regla".

Fue la Reina Isabel la Católica quien le dio a don Antonio Nebrija la comisión de escribir una gramática del castellano. El sabio humanista cumplió la comisión, y cuando terminara su trabajo se lo presentó a la reina con estas palabras:

"Vengo agora, muy esclarecida Reina y Señora, a lo que Vuestra Alteza, por sus letras, me mandó para algún remedio de tantas faltas, que aquellas introducciones de la lengua latina que yo no había publicado y se leían ya por todos vuestros reinos, la volviese en lengua castellana, contrapuesto el latín al romance".

Fue el primer intento que se hizo para fijarle normas gramaticales al romance castellano, que desde los tiempos del rey Sabio había sido consagrado como idioma oficial de España.

Don Juan de Valdés, otro insigne gramático y escritor español que figurara en la primera mitad del siglo XVI, siendo casi coetáneo con

Nebrija, en su célebre Diálogo de la Lengua, desconoce la autoridad de este eminente lingüista en cuanto a su capacidad como maestro del habla castellana. Reconoce que Nebrija era muy docto en lengua latina, pero que no podía ser autoridad en cuanto al castellano porque él era andaluz.

"Dejando aparte la ortografía —dice—, en la declaración que hace de los vocablos castellanos en los latinos se engaña tantas vezes, que sois forçado a creer una de dos cosas: o que no entendía la verdadera significación del latín (esta es la que yo menos creo), o que no alcancaba la del castellano, y esa podría ser, porque él era de Andaluzía, donde la lengua no está muy pura.

"Si no los queréis creer —continúa—, id a mirarlo, y hallaréis que por aldeano dize vicinus; por cecear y ceceoso, butire y balbus; por loçano, lascivus; por moço para mandados, amanuensis; por mote o motete, epigrama".

El siglo XVI, con justicia llamado el Siglo de Oro de la Literatura Española, le dio al idioma castellano un esplendor inusitado, que se inicia con La Celestina y El Lazarillo de Tormes, obras con las cuales se caracteriza toda una época de la literatura española, tanto en la novela como en el teatro. Es en ese mismo siglo cuando florecen los grandes ingenios españoles en la novela picaresca, de profundos alcances sociales, y en las más estupendas obras dramáticas, con don Francisco de Quevedo, don Miguel de Cervantes, don Lope Félix de la Vega Carpio, conocido por Lope de Vega, Fray Luis de León, y tantos otros célebres escritores y poetas que colocaron a España en el sitio más prominente de las letras europeas de aquel tiempo.

El idioma castellano, no solamente se hallaba constituido, sino también experimentado como un maravilloso instrumento artístico, de difícil superación.

PERSONALIDAD DE SOR JUANA INÉS DE LA CRUZ

México sintió una extraña y dulce vibración en las vértebras luminosas de su historia, algo como un presagio divino que estremeciera de promesas el siglo XVII.

Se había abierto a la vida, en el cielo límpido de San Miguel de Nepantla, una estrella que irradiaba sobre las eternas nieves del Popocatépetl y del Ixtacíhuatl.

Había llegado al mundo Juana Inés de la Cruz, arrebuja-da en la negra cabellera de una noche eglógica.

El 12 de noviembre de 1651, el hogar de los esposos Manuel de Asbaje y Vargas Machuca e Isabel Ramírez de Cantillana recibió el presente de aquella niña encantadora marcada con el signo de la Divinidad.

En la villa aldeana, el silencio florecía abierto al aire palpitante de ritmos y de aromas.

Una alondra disparada del Cielo fue a posar su cansancio en aquel hogar humilde y obscuro, iluminándolo con un mensaje llameante de misterio.

A los tres años de edad, Juana Inés había aprendido a leer, a escondidas de su madre, acompañando a la escuela a su hermana mayor.

A los siete años, había ganado un premio en un concurso escolar, escribiendo una loa, género poético muy en boga en las celebraciones religiosas y en los acontecimientos sociales de la época. Y sabía cuanto se enseñaba en la escuela.

Al cumplir los ocho años, sus padres la enviaron a casa de unos parientes que vivían en la ciudad de México, capital del virreinato de Nueva España.

Su alma infantil se pobló de visiones y augurios, al contemplar la gran urbe colonial, la antigua Tenochtitlán, que se había transformado en una metrópoli de tipo español, brillante y suntuosa.

Cien años antes de que en ella se posaran los grandes ojos negros de Juana Inés, la ciudad era un centro de civilización hispano-indígena, tan adelantada como cualquiera de las urbes de aquel tiempo.

El más influyente poeta y escritor mexicano, Bernardo de Balbuena, 1568-1627, incluyó en su obra La Grandeza Mexicana una descripción de la ciudad de México, que da idea del esplendor de aquella metrópoli en el último tercio del siglo XVI.

"La ciudad —dice— está bañada por un templado y fresco viento que se levanta en los límpidos lagos: hay torres, cúpulas y palacios, y bajo un cielo diáfano se desparraman o extienden jardines y umbrosas avenidas. Una multitud abigarrada va de una a otra parte: arrieros, oficiales, contratantes, caballeros, galanes, clérigos, frailes, todos de diverso color y de diferentes lenguas y naciones. Las calles son como tableros de ajedrez. El cristal de las aguas arde en llamas de belleza. La ciudad, flor de ciudades, es gloria del Poniente. Dulce es el habla. En maneras, la gente es afable y cortesana. Las damas son retrato de la beldad misma, y además honestas y recatadas. Entre los caballeros abundan los sutiles ingenios morosos".

La Universidad, en aquella urbe fastuosa, con más de cien años de existencia, era el centro de la cultura colonial y contaba con cuarenta eruditos encargados de la docencia.

Había en la ciudad numerosos escritores, muchos de ellos de gran valía, entre españoles y criollos.

Testimonio de la gran cultura mexicana del siglo XVI es el Concurso del Tercer Concilio Provincial celebrado en 1585, al cual concurrieron trescientos poetas, entre ellos Bernardo de Balbuena, que fue uno de los laureados.

Un español del siglo XVII constató que había "no menos de trescientos poetas auténticos solamente en la ciudad".

El esplendor de la metrópoli mexicana puede colegirse de las palabras de un informe de Fray Agustín de Vetancourt, escrito en 1697. "En lo que respecta a fiestas —decía— no se terminan nunca. Se queman en un mes más velas que en todas las ciudades de Europa. Hay veinte mil mujeres españolas en la ciudad, y la más pobre de ellas cuenta con perlas y joyas".

Los ocho años de Juana Inés se abismaron en el sortilegio de la gran ciudad, que la absorbiera para siempre. Y todos sus anhelos y sus sueños se precipitaron en la inmensidad de su destino, en un vuelo de esperanzas.

Ella buscó el camino de la Universidad, y lo encontró bloqueado de prejuicios y supersticiones. Como las mujeres estaban excluidas de aquel centro de sabiduría, Juana Inés solicitó de sus parientes que le permitieran vestir traje masculino para franquear las puertas de aquel ambicionado templo del saber.

Habiendo fracasado en sus intentos de estudiar bajo la dirección de los maestros, se dedicó a instruirse sin ellos, y no hubo libro de ciencias y literatura que no pasara ante su férvido anhelo de saber.

No entraban a las colonias las obras profanas escritas en español. Pero no había censura para las escritas en latín, en portugués o en italiano. Juana aprendió latín, portugués e italiano.

Así conoció a Ovidio, Horacio, Juvenal, Séneca, Platón, Aristóteles, Terencio y otros, en ediciones hechas en latín, sin excluir las obras pecaminosas como El Asno de oro y El Satiricón. Y numerosas obras italianas y portuguesas acrecentaron sus conocimientos, como las del Dante, Petrarca, Bocaccio y el licencioso Aretino.

Se instruyó en matemáticas, ciencias naturales, música, pintura, teología, profundizando sus conocimientos científicos y literarios a un grado tal que no había en su tiempo hombre o mujer que pudieran superarla.

Cuenta Juana Inés sus experiencias en el afán de instruirse. Dice:

"Empecé a deprehender gramática (latina), en que creo no llegaron a veinte lecciones que tomé. Y era tan intenso mi cuidado, que siendo así que en las mujeres (y más en la florida juventud) es tan apreciable el adorno natural del cabello, yo me cortaba de él cuatro o seis dedos, midiendo hasta donde llegaba antes, imponiéndome ley de que si cuando volviese a crecer hasta allí no sabía tal o cual cosa que me había propuesto deprehender en tanto que crecía, me lo había de volver a cortar, en pena de la rudeza. Sucedía así que él crecía y yo no sabía lo propuesto, porque el pelo crecía apriesa y yo aprehendía despacio, y con efecto le cortaba, en pena de la rudeza, que no me parecía razón que estuviese vestida de cabellos cabeza que estaba tan desnuda de noticias, que era más apetecible adorno".

Su saber era tan extenso y tan hondo, que no había en el virreinato ningún humanista que pudiera competir con ella. Cuando acababa de cumplir los quince años, siendo Dama de Honor de la Virreina, la Universidad creyó necesario hacer una investigación sobre los conocimientos de Juana Inés, y la hizo comparecer ante el claustro universitario, donde fue interrogada por cuarenta doctores especializados en diversas disciplinas. Y ella alcanzó un triunfo sensacional ante el asombro de aquellos eminentes profesores.

Ella no hizo alarde de su hazaña. Veinticuatro años después escribió su poema en alabanza de Santa Catalina de Alejandría, en el cual se ha creído que hizo alusión a su presencia ante los doctores de la Universidad. Se refiere el poema al caso en que Santa Catalina "refuta, convence y convierte a los sabios de Egipto enviados a la prisión de la santa para enredarla y confundirla". Este incidente —según comentario de Sor Juana Inés— "viene a probar que el sexo nada tiene que ver con la inteligencia". "Lo milagroso del caso —añade— con una amable malicia, es que los sabios admitieron sinceramente su derrota".

Treinta años después de la prueba a que fuera sometida Juana Inés en la Universidad, el Marqués de Mancera, haciendo recuerdos de acontecimientos ocurridos cuando él ejerciera el Gobierno del virreinato de Nueva España, escribía lo siguiente:

"A la manera que un galeón real se defendería de pocas chalupas que lo embistieran, así se desembarazaba Juana Inés de las preguntas, argumentos y réplicas que tantos, cada uno en su clase, le opusieron".

JUANA INÉS EN LA CORTE DE LOS VIRREYES

Los parientes de Juana Inés, cuando ella había cumplido los trece años —dice el Padre jesuita Diego Calleja— "se dieron cuenta de que corría el riesgo de hacerse antipática por sus muchos conocimientos y la víctima de molestias por su gran belleza. Por lo tanto, trataron de hallar para ella un lugar seguro en la Corte, y lograron presentarla a Sus Excelencias los Virreyes. Así es como, poco después de la llegada del Marqués de Mancera, se convirtió en una joven Dama de Honor de Doña Leonor".

Era Juana Inés, cuando llegó a la Corte de los Virreyes, una jovencita apenas núbil, sensitiva y delicada, dueña de fantásticos dones naturales, una inteligencia sobrehumana y una belleza deslumbrante.

Físicamente, era un modelo de perfección femenina. Su cuerpo, fino y ágil, resplandecía como un sueño. Su rostro ovalado, como fundido en un troquel de cuento de hadas, con sus ojos negros, dulces y grandes, cuyos párpados dijéranse esfuminados por la hábil fantasía de un pintor celeste y cuyas pupilas parecieran fuentes encendidas disparando fulgores; la nariz como labrada por un artífice divino, señor de la medida y el ritmo; la frente límpida, amplia y abultada, como si tras ella las ideas se apretujaran en un intento de expansión; y la boca cincelada con primor en mármol carmesí extraído de las canteras del beso. Sus manos de radiosa blancura, arquetipo de escultores y pintores, rivales afortunados de las manos que inmortalizara en el lienzo el genio de Leonardo de Vinci.

Toda ella era un conjunto armonioso, una vibración de hechizo y de milagro, como si la Suprema Inteligencia hubiera querido presentar a la admiración de los siglos un ejemplo de su gran poder creador.

Así se explica la preocupación de sus parientes por colocar a tan extraordinaria criatura bajo la égida de la Corte, donde pudiera lucir sus gracias divinas y encontrar un compañero digno de sus encantos.

Pasó por la Corte como un deslumbramiento. Aquella jovencita de trece años, que sabía de aristocracia y refinamiento más que las aristócratas de rancios pergaminos, tomó el cetro de la mundanidad, con la soltura y el donaire de una gran dama acostumbrada a la frívola exquisitez de aquella vida esplendorosa.

Su belleza y su singular ingenio eran el más preciado atractivo de la Corte, y Doña Leonor, la Virreina, se encariñó de tal suerte con su joven dama, que no se separaba de ella.

La ilustre escritora Elizabeth Wallace, exploradora afortunada de las culturas de Europa, Asia y América, dedicó un libro a Sor Juana Inés, publicado en 1944, del cual tomamos las frases siguientes que se refieren a la permanencia de la gran poetisa en la Corte de los Virreyes. Dice:

"Juana de Asbaje llegó a ser muy popular, a pesar del inconveniente de su gran saber. Poseía, además, otras cualidades más preciosas en una mujer: era bella, encantadora y afable, y tenía mucho ingenio. Nadie sabía conversar como ella, en el lenguaje elaborado y preciosista de las damas de Corte. Podía contestar a los caballeros galantes con versos tan frívolos y artificiosos como sus propios enamoramientos. Podía ser mundana con los mundanos. Escribía comedias que se representaban en las casas de los ricos. Iba a los bailes. Concurría a las fiestas y a las corridas de toros, hasta el punto de llegar a desatar alrededor de ella apasionados comentarios, a veces admirativos, pero otras llenos de reprobación".

En aquel ambiente cortesano, Juana Inés compuso poemas religiosos y algunos líricos.

Se puede conjeturar que varias de sus poesías amorosas nacieron bajo el influjo del ambiente fastuoso y galante de la Corte, donde jóvenes garridos y refinados le rendían pleitesía.

Se ha creído que sus versos amorosos fueron escritos en la celda conventual. Y la señora Wallace piensa que fueron inspirados en sus recuerdos románticos de sus rosados días en el mundo profano.

Sea cual fuere el origen sentimental de sus versos fragantes de amor, sea cual fuere el sitio donde se escribieran, lo cierto es que no son sueños de la fantasía, ni creaciones en el aire, sino el grito de la sangre joven y ardorosa, la vibración inquieta de un alma apasionada por un ser real, cuya imagen la obsesionara y la absorbiera humana y plenamente.

No es posible concebir tan desgarradores acentos, tan sublimes transportes, tan coloreadas y vívidas emociones, en la evocación de fantasmas, de recuerdos espectrales, o en las fantasmagorías creadas por una imaginación incendiada.

Sus versos revelan la existencia real y presente de un elegido de su corazón y de otros no elegidos que asediaran sus encantos y que pasaron muy cerca de su llama pasional o ardieron en ella.

Sus poemas de amor son indudablemente los más valiosos, los más espontáneos, desnudos de todo artificio, frescos y primaverales, como una eclosión de rosas estallando en aromas.

Parece que el ideal de toda su juventud fue un personaje de encumbrada posición, de grandes méritos, a quien los prejuicios de la época y la razón de Estado no le permitían contraer matrimonio con una muchacha a quien amaba con pasión enardecida, pero que no había nacido en el seno de una familia linajuda.

Probablemente, este amor imposible decidió a Juana Inés a separarse de la Corte para entregarse a la vida religiosa del claustro, siguiendo el consejo de su confesor.

No satisface la explicación que, a los cuarenta años de edad, en su carta al Arzobispo de Puebla, dio Sor Juana Inés a su determinación de abandonar el mundo y consagrarse a Dios. Dice ella:

"Entréme religiosa, porque aunque conocía que tenía el estado cosas (de las accesorias hablo, no de las formales) muchas repugnantes a mi genio, era, para la total negación que tenía al matrimonio, lo menos desproporcionado y lo más decente que podía elegir, en materia de la seguridad que deseaba de mi salvación".

El motivo de su aversión al matrimonio no se ha explicado. Pero sus versos no dejan lugar a duda respecto a la influencia de un amor imposible. He aquí algunos fragmentos reveladores.

Se dirige al amado ausente:
Amado, dueño mío,
escucha un rato mis cansadas quejas...
Óyeme con los ojos,
ya que están tan distantes los oídos.
Así es que, Fabio amado,
saber puedes mis males sin costarte
la noticia cuidado.

Ven, pues, mi prenda amada,
que ya fallece mi cansada vida
de esta ausencia pesada.
Ven, pues, que mientras tarda tu venida,
aunque me cueste su verdor enojos,
regaré mi esperanza con mis ojos.
Se dirige al amado celoso:
Pues que estoy condenada,
Fabio, a la muerte, por decreto tuyo...
Si a otros ojos he visto,

mátenme, Fabio, tus airados ojos;
si a otro cariño asisto,
asístanme implacables tus enojos;
y si otro amor del tuyo me divierte,
tú, que has sido mi vida, me des muerte.
No muera de rigores,
Fabio, cuando morir de amores puedo...
Perdón, en fin, te pido
de las muchas ofensas que te he hecho
en haberte querido;
que ofensas son, pues, a tu despecho,
y con razón te ofendes de mi trato,
pues que yo, con quererte, te hago ingrato.
Su amor, a pesar del enojo, sigue firme:
Escucha, Fabio, mis males,
cuyo dolor, si se mide,
aun el mismo padecerlo
no lo sabrá hacer creíble.
Oye, mi altivez postrada,
porque son incompatibles
un pundonor que se ostente
con un amor que se humille.
Que, si después de escucharme,
rigor en tu pecho asiste,
informaciones de bronce
te acreditan de insensible.
Aun a mitad de mi enojo
estuvo mi amor tan firme
que a pesar de mis alientos,
aunque no quise, te quise.
Pensé desatar el lazo
que mi libertad oprime,
y fue apretar la lazada
al intentar desasirme.
No, pues, permitas, mi Fabio,
si en ti el mismo afecto vive,
que un leve enojo blasone

contra un amor invencible.

Lucha de su corazón ante el amado que se le escapa y el enamorado a quien no ama:

Manda la razón de Estado
que, atendiendo a obligaciones,
las prendas de Fabio olvide,
las prendas de Silvio adore...
Cómo podré yo mostrarme,
entre estas contradicciones?
A quien no quiero, de cera;
a quien adoro, de bronce.
Qué te costaba, Hado impío,
dar, al repartir tus dones,
o los méritos a Fabio
o a Silvio las perfecciones?
Y, en fin, cuando en mi favor
no hubiera tantas razones,
mi voluntad es de Fabio;
Silvio, y el mundo perdone.

Despedida al amado que va a partir:

Ya que para despedirte,
dulce, idolatrado dueño,
ni me da licencia el llanto
ni me da lugar el tiempo...
En fin, te vas ¡ay de mí!
dudosamente lo pienso,
pues si es verdad no estoy viva,
y si viva no lo creo.
¡Ay, mi bien, ay, prenda mía,
dulce fin de mis deseos!
¿Por qué me llevas el alma
dejándome el sentimiento?
Y adiós que, con el ahogo
que me embarga los alientos,
ni sé ya lo que te digo
ni lo que te escribo leo.

Se queja de haber perdido al amado:

Porque ¿a quién sino al Cielo,
que me robó mi dulce prenda amada,
podrá mi desconsuelo
dar sacrílega queja destemplada?
Ni Fabio fue grosero,
ni ingrato ni traidor, antes amante;
con pecho verdadero,
nadie fue más leal ni más constante.
Parece que Silvio, el desdeñado, triunfó en su corazón:
Cuando mi error y tu vileza veo,
contemplo, Silvio, de mi amor errado,
cuán grave es la malicia del pecado,
cuán violenta la fuerza de un deseo.

A mi mesma memoria apenas creo
que pudiese caber en mi cuidado
la última línea de lo despreciado,
el término final de mal empleo.
Yo bien quisiera cuando llego a verte,
viendo mi infame amor, poder negarlo;
mas luego la razón justa me advierte
que sólo se remedia en publicarlo,
porque del gran delito de quererte,
sólo es bastante pena confesarlo.

Hemos tratado de presentar a Juana Inés de la Cruz, en uno de los aspectos más bellos de su personalidad: la mujer que ama y hace brillar su juventud, cantando al amor y a la vida, y exhibiendo con apasionado desgaire su llama crepitante.

JUANA INÉS EN EL CONVENTO

Cuando tenía quince años y nueve meses de edad, Juana Inés resolvió darle otro rumbo a su vida, abandonando el ruidoso esplendor de la Corte. Por consejo de su confesor, el Padre Antonio Núñez de Miranda, ingresó como novicia al convento de la Orden de San José, a cargo de las Carmelitas Descalzas.

La dura disciplina de aquel claustro le ocasionó serios quebrantos a su salud, que la tuvieron postrada durante seis meses. Para restablecerse volvió a la vida profana, pero poco después entró al convento de San Jerónimo, donde hizo solemne profesión de fe y tomó el velo en una solemnísima ceremonia.

En el convento cumplía sus obligaciones religiosas y dedicaba sus horas libres al estudio y a la poesía. Siguió siendo el poeta de la Corte, y no cortó sus relaciones con los más ilustrados sacerdotes y seglares, que la visitaban para oír su palabra divina o recibir sus consejos o para encargarle trabajos poéticos destinados a las celebraciones religiosas o a las fiestas de sociedad.

No encontró en el claustro la soledad propicia a que ella aspiraba, porque el mundo externo la perturbaba con insistentes reclamos a su dulce poesía y a su vasta erudición. Sus silencios se rompían estrepitosamente por las explosiones interiores de su alma, que estallaba en armonías y en fulgores.

"Pensé yo —decía lamentándose— que huía de mí misma, pero ¡miserable de mí! Trájeme a mí, conmigo, y traje mi mayor enemigo en esta inclinación (a la poesía), que no sé determinar si por prenda o castigo me dio el Cielo, pues en vez de apagarse o embarazarse con tanto ejercicio que la Religión tiene, reventaba como pólvora, y se verificaba en mí el privatio est causa appetitus."

Era tan natural en ella aquel reventar de armonías y de ideas en su interior como lo fuera su ansia inmensa de saber. Su llama interior, inquieta y estremecida, causaba aquel continuo estallar, alimentada por un explosivo comburente: su imaginación ardorosa.

En la fría mudez de su celda se lamentaba de la falta de estímulo para su estudio. "Ya se ve —escribía— cuán duro es estudiar en aquellos caracteres sin alma, careciendo de la voz viva y la explicación del Maestro... el no haber aprovechado ha sido ineptitud mía... lo que sí pudiera ser descargo mío es el sumo trabajo, no sólo en carecer de Maestro, sino de condiscípulos con quienes conferir y ejercitar lo estudiado, teniendo sólo por maestro un libro mudo, por condiscípulo un tintero insensible".

Era profundamente religiosa, quizá por razones del medio en que vivió desde sus más tiernos años, entre gentes católicas extremadamente devotas y por las ideas reinantes acerca de la salvación de las almas.

Pero no era una mística, como lo fueran otras intelectuales religiosas. No tuvo nunca visiones ni éxtasis, como Santa Teresa de Jesús, como sus casi contemporáneas Sor Gregoria de Santa Teresa y Sor Violante do Ceo, y su contemporánea la Madre Castillo, de Tunja, Colombia. Su vocación literaria dominaba en ella sobre cualquiera otra inclinación.

Muchas han sido, en la historia de la literatura, las religiosas que han sobresalido en el cultivo de las letras y dejaron profunda señal luminosa de su paso por el mundo. Pero no hay noticia de ninguna que haya poseído en tan alto grado un incontenible anhelo de exploración intelectual como Sor Juana Inés de la Cruz, desde sus primeros años hasta sus días finales. Ciencias, historia, poesía, música, pintura, cuantos conocimientos eran accesibles a su maravillosa inteligencia, iban acumulándose en su cerebro con una avaricia insaciable.

La vida en el convento tenía para Sor Juana el gran atractivo del estudio y el encanto de recibir visitas de prestigiosas personalidades de la intelectualidad.

"Ella —escribe Elizabeth Wallace— solía tener más visitas en su locutorio que todas las demás religiosas juntas".

Cierto día se le presentó el Padre Franciscano Manuel de Argüello, quien se hallaba en gran apuro porque tenía que sostener una tesis en la Universidad, y no había encontrado un libro para informarse. Le rogó a Sor Juana que le ayudara a salir del compromiso. Ella le hizo algunas preguntas, y obtenidas las respuestas que deseaba, le dijo que había hecho algunas investigaciones sobre el tema, y expuso los argumentos para defenderlo, las objeciones que podrían hacerle y la manera de contestarlas. Argüello asistió a la Universidad y defendió brillantemente la tesis, conquistando aplausos. Y les dijo a sus oyentes que esos aplausos los merecía Sor Juana Inés de la Cruz, a quien él le debía el éxito alcanzado.

El gran humanista y erudito, poeta y escritor, Carlos de Sigüenza y Góngora, la visitaba para mostrarle sus escritos y pedirle que los revisara.

Otros la visitaban para encargarle poesías, comedias, autos o villancicos destinados a las celebraciones religiosas o a cumpleaños y otros acontecimientos sociales.

Aunque las visitas interrumpían sus estudios, las recibía complacida. Pero las interrupciones de sus compañeras de convento le causaban desazón. "Y esto ocurre continuamente —escribía— porque como los ratos que destino a mi estudio son los que sobran de regular a la comunidad, esos mismos les sobran a las otras para venirme a estorbar; y sólo saben cuánta verdad es esta los que tienen experiencia de la vida común".

Una carta del Arzobispo de Puebla de los Ángeles, Manuel Fernández de Santa Cruz, enviada a Sor Juana bajo el pseudónimo Sor Filotea de la Cruz, refiriéndose a la que le había escrito Sor Juana sobre un sermón del Padre Antonio Vieyra, influyó decisivamente en su espíritu para hacerla abandonar sus estudios y sus versos, dedicándose con entero fervor al servicio de Dios. Le envió sus libros, que eran cuatro mil volúmenes, y sus instrumentos de música y de matemáticas, al Arzobispo de México, para que los vendiera y destinara el dinero a socorrer a los pobres. El 5 de marzo de 1694, cuando había cumplido cuarenta años, escribió su renuncia total del mundo, suscribiéndola con su propia sangre, y se sujetó a las más severas disciplinas y penitencias.

Una terrible peste que afligía a toda la ciudad invadió el convento, diezmando a las monjas. Sor Juana se consagró por completo a socorrer y asistir a sus compañeras y, contagiada de la terrible enfermedad, sucumbió el 17 de abril de 1695, a la edad de 43 años, cinco meses y cinco días.

En su celda se encontró un romance inconcluso, dedicado en agradecimiento a escritores europeos que habían elogiado su obra. Fue su última producción poética, probablemente escrita después de su renunciación.

He aquí unas estrofas de este bello romance en que Sor Juana aparece con la humildad que fuera una de las características de su vida:

Cuándo, Números Divinos,
dulcísimos cisnes, cuándo
merecieron mis descuidos

ocupar vuestros cuidados?
De dónde a mí tanto elogio?
De dónde a mí encomio tanto?
Tanto pudo la distancia
añadir a mi retrato?
No soy yo lo que pensáis,
sino es que allá me habéis dado
otro ser en vuestras plumas
y otro aliento en vuestros labios.
A una ignorante mujer,
cuyo estudio no ha pasado
de ratos a la precisa
ocupación mal hurtados.
La imagen de vuestra idea
es la que habéis alabado.
Y siendo vuestra, es bien digna
de vuestros mismos aplausos.

La vida conventual de Sor Juana había terminado en una catástrofe, una epopeya múltiple de muerte, cuyo trágico silencio resonará en la eternidad como un lamento estremecido.

LA POESÍA DE JUANA INÉS

Había llegado a México, como a Lima, a Bogotá y a otras ciudades coloniales de América, la ráfaga innovadora que procedía de D. Luis de Góngora, dejando a su paso un reguero de enigmas y de sorpresas.

Los imitadores del maestro cordobés tejían mallas intrincadas con la ilusión de crear nuevos símbolos y deslumbrar con nuevas armonías. Y la verdadera poesía iba en fuga, perseguida de cerca por implacables enemigos: la obscuridad, el alambicamiento y el artificio.

Como afirma Luis Alberto Sánchez, "la escuela de Góngora radica en el culto a la armonía". "Persiguiendo la armonía —dice— huyó del lenguaje vulgar".

Así es en verdad. El maestro dio la pauta, y sus seguidores encontraron en ella un refugio a su mediocridad, produciendo con ostentosos formalismos y conceptos inextricables una literatura exhibicionista, en que la obscuridad y el alambicamiento encubrían la escasez de numen y de sentido estético.

Fue en el siglo XVII cuando el gongorismo cubrió los horizontes de la América hispana, y fue en aquel muladar culterano —llamado así por Menéndez Pelayo— donde transitaba la poesía mexicana cuando Juana Inés de la Cruz rompió a cantar, con una música libre de estridencias culteranas, en medio de aquella "gurguería de urracas disonantes", de que habla González Peña.

No pudo sustraerse a la influencia culterana. En su poema Primero Sueño, imitando la Primera Soledad de Góngora, y en el Neptuno Alegórico, sobrepasó al maestro, tanto en el formalismo anárquico como en el sutil conceptismo que arroja, bajo la esplendidez armónica, una corriente cargada de tinieblas espesas.

Así, ella demostró la superioridad de su genio para enseñorearse de cualquiera forma artística, aunque fuese la más intrincada y laberíntica.

En sus poesías líricas y en varias de sus obras de teatro dejó señales de una limpidez de conceptos y una sencillez de forma, completamente ajenas al preciosismo y a las sutilezas de artificio que constituían la suprema perfección de la poesía colonial de su tiempo.

Su producción poética, libre de la afectación culterana, coloca a la gran poetisa mexicana en el sitio más alto entre sus contemporáneos de la América hispánica colonial. Así la juzga la crítica. Y Menéndez Pelayo la ubica en una altura eminente, al expresar el siguiente juicio enaltecedor: "La poesía mexicana del siglo XVII se reduce a un solo nombre: el de Sor Juana Inés de la Cruz".

"Ella —dice la señora Wallace— era espontánea, creadora, original, cuando estaba de moda el ser artificial e imitador".

Muchos de sus poemas, sobre todo los hechos de encargo para celebraciones religiosas o para alabar personajes de alcurnia o para ingeniosos pasatiempos de los salones, carecen de consistencia, y sólo pueden apreciarse, según Menéndez Pelayo, como "un curioso documento para la historia de las costumbres coloniales y un claro testimonio de cómo la tiranía del medio puede llegar a pervertir las naturalezas más privilegiadas".

Pero su obra lírica y muchas de sus poesías de carácter devocional, como su auto El Divino Narciso, revelan el genio singular de aquella excepcional mujer, que había nacido —como ninguna otra y como ninguno de sus contemporáneos— con el corazón hecho llamas y la mente poblada de ideas y de ritmos.

Algunos poemas de Sor Juana, recargados de citas mitológicas o bíblicas, revelan su gran erudición, y aparecen repujados de conceptismo diluido en nebulosas o pueriles filosofías. Pero, en lo general, su poesía es límpida y sencilla, como una reminiscencia de San Juan de la Cruz y de Fray Luis de León, sin las sutilezas y pompas que fueran en su tiempo la más bella expresión del arte poético.

"En tal atmósfera de pedantería y aberración literaria —dice Menéndez Pelayo— vivió Sor Juana Inés de la Cruz, y por eso tiene su aparición algo sobrenatural y extraordinario. No porque esté libre del mal gusto, que tal prodigio fuera de todo punto increíble, sino porque su vivo ingenio, su aguda fantasía, su varia y caudalosa, aunque no muy selecta, doctrina, y, sobre todo, el ímpetu y ardor del sentimiento, así en lo profano como en lo místico, no sólo mostraron lo que hubiera podido ser con otra educación y en tiempos mejores, sino que dieron a algunas de sus composiciones valor poético duradero y absoluto".

EL GONGORISMO DE SOR JUANA INÉS

Fue D. Luis de Góngora un revolucionario de la técnica consagrada por el clasicismo del siglo XVI en que le tocara vivir. Descubrió una nueva visión poética, que no fue comprendida en su tiempo, y mereció, por lo mismo, las más acres censuras de sus contemporáneos. Pero, después de su muerte, su procedimiento artístico fue seguido en España y en las colonias españolas por los nuevos poetas, y fue proclamado el Maestro único y el príncipe de los poetas líricos de España.

La poesía no puede estancarse en su expresión. Desde los cantares de gesta, pasando por los romances de los siglos XIV y XV, por el clasicismo del siglo XVI y el culteranismo del siglo XVII, el realismo del siglo XVIII y el romanticismo del siglo XIX, hasta el modernismo de la segunda mitad del siglo XIX y el neomodernismo del siglo XX, se han sucedido las revoluciones en el arte de la poesía, elevándola a

planos superiores, hasta culminar en la actual revolución que ha
estallado con un ímpetu arrollador y desconcertante, que dijérase un
ciego torrente que rompe las normas de todas las escuelas literarias,
salta las barreras de los convencionalismos estéticos de todos los
tiempos, situando a los poetas bajo el cielo sin límites, en el espacio
libre, inalcanzables en su ascensión por las nuevas escalas del arte.

El gongorismo de Sor Juana Inés de la Cruz puede apreciarse en
este pequeño fragmento de su poema Primero Sueño:

> Piramidal, funesto, de la tierra
> nacida sombra, al cielo encaminaba
> de vanos obeliscos punta altiva,
> escalar pretendiendo las estrellas;
> si bien sus luces bellas,
> exemptas siempre, siempre rutilantes,
> la tenebrosa guerra
> que con negros vapores la intimaba
> la pavorosa sombra fugitiva
> burlaban tan distantes,
> que su atezado ceño
> al superior convexo aun no llegaba
> del orbe de la diosa
> que tres veces hermosa
> con tres hermosos rostros ser ostenta,
> quedando solo dueño
> del aire que empañaba
> con el aliento denso que exhalaba.

Sor Juana aventajó a su modelo en obscuridad y en el conceptismo
copioso. Ningún mortal podría alcanzar el esoterismo del poema.

El mundo de la poesía atraviesa actualmente un período de
incertidumbre, de anarquía y desconcierto, resultado de la revolución
que se está operando en la búsqueda de armonías nuevas, en un afán
de exploración de recónditos senderos, adentrándose en los rincones
del alma humana, individual y colectiva, mina inagotable de donde

los poetas extraen las pedrerías que exornan sus alucinantes creaciones.

Hay en las tendencias de la nueva técnica poética un descoyuntamiento de las ideas en inverosímiles creaciones, en las cuales un conceptismo raro, recargado de imágenes extravagantes y de estrafalarias metáforas, desconectadas de la naturaleza de las cosas, produce la sensación de una cabalgata galopante que marcha sin rumbo con la esperanza de un sol presentido tras las azules lejanías.

En medio de la enmarañada fronda, surtida de hojarascas y malezas, la cabalgata avanza desalada, dejando a su paso huellas rutilantes, sorpresas visionarias, ante el asombro y la protesta de las caravanas retardadas.

Se ha abusado tanto de la libertad del arte, que la nueva poesía dijérase a veces una negación del sentido estético, en que la armonía se diluye en prosaísmos y en vulgaridades que no corresponden a la dignidad y a la belleza de la creación poética.

Para citar alguna muestra de la nueva tendencia, que es múltiple y que no podría apreciarse en un solo ejemplo, tomamos dos breves fragmentos de la antología Residencia en la Tierra, de Pablo Neruda, que es uno de los grandes representativos de la poesía revolucionaria actual.

GALOPE MUERTO

Como cenizas, como mares poblándose,
en la sumergida lentitud, en lo informe,
o como se oyen desde el alto de los caminos
cruzar las campanadas en cruz,
teniendo ese sonido ya aparte del metal,
confuso, pesando, haciéndose polvo
en el mismo molino de las formas demasiado lejos,
o recordadas o no vistas,
y el perfume de las ciruelas que rodando a tierra
se pudren en el tiempo, infinitamente verdes.
Aquello todo tan rápido, tan viviente,
inmóvil, sin embargo, como la polea loca en sí misma,
esas ruedas de los motores, en fin.

Existiendo como las puntadas secas en las costuras del árbol,
callado, por alrededor, de tal modo,
mezclando todos los limbos sus colas.
Es que ¿de dónde, por dónde, en qué orilla?
El rodeo constante, incierto, tan mudo,
como las lilas alrededor del convento,
o la llegada de la muerte a la lengua del buey
que cae a tumbos, guardabajo, y cuyos cuernos quieren sonar.
En seguida, un fragmento del poema

CABALLO DE LOS SUEÑOS

Innecesario, viéndome en los espejos,
con un gusto a semanas, a biógrafos, a papeles,
arranco de mi corazón al capitán infierno,
establezco cláusulas indefinidamente tristes.
Vago de un punto a otro, absorbo ilusiones,
converso con los sastres en sus nidos:
ellos a menudo, con voz fatal y fría
cantan y hacen huir los maleficios.

Hay un país extenso en el cielo
con las supersticiosas alfombras del arco iris
y con vegetaciones vesperales:
hacia allí me dirijo, no sin cierta fatiga,
pisando una tierra removida de sepulcros un tanto frescos,
yo sueño entre esas plantas de legumbre confusa.

No condenamos, sino en sus excesos y en sus extravagancias, la
técnica poética revolucionaria. Creemos que está llamada a persistir,
glorificada en originales concepciones y en prodigios de armonía,
señalando rutas insospechadas a la poesía, para colmar la ansiedad de
renovación que bulle en las almas tocadas de infinito.

Sor Juana Inés de la Cruz, en este siglo, habría sido una avanzada
de los nuevos cruzados que marchan hacia la Jerusalén Celeste de la
Poesía Castellana, como lo fuera en su siglo marchando hacia "la
cumbre de la poesía mexicana colonial, escalándola, y ubicándose

para la eternidad en la cima conquistada, sin que ningún otro poeta de su tiempo hubiera logrado seguirla en su ascensión".

Gloria de México y de las letras americanas es la Décima Musa, la divina Juana Inés de la Cruz, a cuya memoria luminosa, a distancia de tres siglos, la Cultura Hondureña le rinde homenaje a la Cultura Mexicana que resplandeciera en el pasado y que resplandece en el presente con el más vívido fulgor.

Noviembre de 1951.

LOS OLVIDADOS: JOSÉ ANTONIO DOMÍNGUEZ

Conocí a este elegante soñador, mi profesor de Literatura Preceptiva en 1898. Joven de veintisiete años, Abogado, Subsecretario de Relaciones Exteriores y después Magistrado en una de las Cortes de Apelaciones.

Vestía impecablemente, siempre de jaquet gris o negro, que concordaba con su distinción, su elegancia, su estatura, su cuerpo delgado y de líneas sobrias.

Era del grupo de jóvenes intelectuales que acompañaron a otro joven idealista y revolucionario, el Doctor Policarpo Bonilla, que entrara triunfante a Tegucigalpa después de tres hecatombes ofrecidas a la libertad, de 1892 a 1894.

Era de la prosapia de Francisco Cálix H., José María Gutiérrez, Marcos y Tiburcio Carías Andino, Julio César Durón, Inés Navarro, Julio César Fortín y otros muchachos luchadores que anduvieron cerca de la muerte en las épicas jornadas por la libertad.

Y, a pesar de su temperamento huraño, melancólico y delicado, a pesar de su educación refinada que le asignaba un sitio en los salones galantes, su espíritu de poeta se vio contagiado por el patriotismo belicoso de la época, y exaltó a la Patria en estrofas ardientes y vibrantes, como las de su HIMNO NACIONAL, que por algunos años se cantó en las escuelas como Himno de Honduras.

He aquí una de aquellas estrofas:
Los que libres patriotas nacimos
la cerviz no inclinamos al yugo;
no tenemos ni rey ni verdugo,
no tenemos los libres, Señor.
Nuestra sola deidad es la Patria,
nuestro culto sus santos derechos,
y no acatan más ley nuestros pechos
que el deber, la justicia, el honor.
El coro es la siguiente cuarteta:

Compatriotas, de Honduras los fueros
con la vida sepamos guardar:
si hay tiranos, también hay aceros,
y es de libres tan solo triunfar.

En José Antonio Domínguez no se nota la influencia del llamado modernismo que se iniciara de 1880 a 1890, que llegó a su plenitud con Rubén Darío en 1896, cuando éste publicara su libro Prosas Profanas, que pudiera llamarse el breviario de los nuevos aedas en el mundo de habla española.

El verso de Domínguez es de factura clásica, y conserva en su plenitud el ritmo de sonoridades fastuosas de Zorrilla, de Espronceda, de Quintana, dentro del más puro romanticismo, que era pauta lírica de la época.

La desconcertante innovación de José Asunción Silva, de Francisco Gavidia, de Gutiérrez Nájera, de Julián del Casal, sellada con el genio de Rubén Darío —quien introdujo en el verso castellano el ritmo grácil del verso francés— no ejerció ninguna influencia en la obra de Domínguez ni en la de los otros poetas de su generación, exceptuando a Juan Ramón Molina, quien —sin seguir a Darío ni a ninguno de los nuevos Mesías del Parnaso, aunque sin desconocerlos— ostentara un modernismo auténtico en sus poemas coloreados de savia nueva y en sus prosas de un ritmo renovado.

Es indudable que Domínguez, tierno y sensitivo hasta el delirio, fue víctima de una pasión amorosa en su temprana juventud, pasión que culminara en una incurable decepción, la cual acaso le alejó para el resto de sus días de todo contacto pasional, asqueado de la vida, arrebujado en un negro pesimismo.

Véase en seguida su soneto AMOROSA, que es un dechado de romanticismo puro, un expresivo mensaje de refinamiento y delicadeza, un homenaje que se deshoja, como un madrigal, a los pies de la amada:

Yo te he visto en esa hora fugitiva
en que la tarde a desmayar empieza,
doblar cual lirio enfermo la cabeza,
la cabeza adorable y pensativa.

Y entonces, más que nunca, sugestiva,
se ha mostrado a mis ojos tu belleza,
como en un claro-oscuro de tristeza
con palidez de luna que cautiva.
Y es que en tu corazón antes dormido,
el ave del amor ha hecho su nido
y entona su dulcísimo cantar.
Y al escucharle, en ondas de ternura,
languidece de ensueños tu hermosura
como un suave crepúsculo en el mar.

Cuando yo le conocí, era Domínguez un desarraigado de la vida corriente, un misántropo, un misterioso espíritu que, errando por las calles de Tegucigalpa, daba la impresión de un descentrado, cuya melancolía le alejaba del mundano ruido y cuyo pensamiento parecía una rotunda aspiración al infinito.

Rara psicología la de este gran poeta. Su decepción amorosa fue para todos sus amigos un secreto cerrado. Jamás se supo la causa de su mal. Porque no puede haber sido la negación, el estrujamiento de su ensueño, por no haber llegado a una materialización tangible, pues en su precioso romance IDILIO hay una revelación que anuncia el triunfo de su amor encendido bajo las alas de la noche cómplice.

Con sus ojos, tan grandes como azules,
clavados en los míos con fijeza
y con sus rubios, destrenzados bucles
sobre sus hombros de nevada seda,
allí a mi lado, en tan dichosa tarde
de sueños y de amor ¡quién lo creyera!
me parecía al verla, enajenado,
entre la mate opacidad de perlas,
una de aquellas rubias hermosísimas
cautivas en obscuras fortalezas,
a quienes nobles y garridos mozos,
al son de su laúd, en triste endecha,
a la luz de los astros que titilan,
en altas horas de la noche quieta,

cantaban inspirados sus amores
bajo el balcón de las caladas rejas.
Yo la miré extasiado: entre las mías
sus manos de alabastro cogí trémulas,
y tímido, convulso y delirante
llevé a sus labios do el amor se acendra,
los míos, de pasión enardecidos,
donde, como en un cáliz de pureza,
los besos que dormían despertaron
para aletear sobre los besos de ella.
La misteriosa noche poco a poco
nos fue cubriendo con sus alas negras:
el mundo se perdió a nuestras miradas,
el cielo mismo descendió a la tierra,
y ya no me pidió romances tristes
de donceles y rubias prisioneras.

Esta poesía amorosa y optimista data de 1894, cuando el poeta contaba 25 años de edad. Después, sin que pasara mucho tiempo, el alma generosa y noble del poeta debe haber recibido un rudo golpe, la decepción incurable de que antes he hablado, y abandonó su poesía llena de claridades celestes y, adoptando un nuevo canon de vida, reclama la abolición del culto de Eros y les señala un puesto de combate a los portaliras en las lides sociales. Una nueva faz del revolucionario que había en él.

He aquí su nuevo Evangelio, en el soneto LA MUSA HEROICA:

Si quieres que tu canto digno sea
de tu misión, del siglo y de la fama,
no derroches el estro que te inflama
en dulce pero inútil melopea.
Lanza las flechas de oro de la idea;
depón el culto de Eros y proclama
otro mejor. La lucha te reclama:
yérguete altivo en la social pelea.
No enerves tu vigor con el desmayo
del femenil deliquio. Ya no es hora

de lágrimas y besos. Doquier mira:
Hoy la estrofa compite con el rayo,
la inspiración es lava redentora
y clava en manos de Hércules la lira.

En este nuevo rumbo que les está señalando a los poetas, se insinúa la lucha por las reivindicaciones sociales, la cual en aquel tiempo no tenía sentido en Centroamérica. No se trataba de la lucha por la libertad de Honduras, pues ésta ya se había obtenido y proclamado con el triunfo de la revolución liberal el 22 de febrero de 1894. Se trataba de una visión del poeta, de un llamamiento a los espíritus superiores, a los hombres de la lira, para que aplicaran su estro a la redención de las masas, a la constitución de una nueva sociedad que el liberalismo triunfante era incapaz de avizorar con los ojos opacos de una revolución sin contenido social y humano.

Esta visión del poeta, surgida entre las espesas tinieblas de la época, es un caso de la videncia atribuida a los hijos de Apolo. Al llamamiento de aquel iluminado han acudido en toda la América numerosos combatientes que han clavado su lira en manos de Hércules y que están librando la gran batalla por la humanidad. Es la legión de poetas revolucionarios, cuyo canto agorero no tendría sentido si no vibraran en él los dolores de la humanidad irredenta.

Es el único poeta hondureño en cuyo espíritu se anticipara un rayo de redención, la divina mónada desprendida de los más remotos círculos interplanetarios, para realizar su evolución en la Tierra.

No fue Domínguez un romántico lacrimoso. Sobrellevó sus grandes dolores sin mezclarlos a la creación de la belleza, manteniendo en alto la dignidad de la poesía, sin humedecer la gracia pura del verso con la salobre vacuidad del llanto. Su sentimentalismo es decoroso y sutil, como una evocación de remotos interiores donde la belleza perdura y se impone con una vibración consciente y eterna.

Su estetismo casi frío y marmóreo es un caso singular en el tiempo en que vivió aquel incomprendido portalira, sobre todo en un medio como el de Honduras donde solamente se escucharon los sollozos y las quejas de una generación enfermiza que no concebía el arte sin lágrimas.

Su concepción del Arte puede vislumbrarse en el siguiente soneto:
Yo me imagino el Arte como un lago risueño
cuyas azules ondas reflejan lo ideal,
y donde en el esquife rosado del Ensueño
va el alma del poeta con sed de lo inmortal.
La ven bogar los cisnes de suave albor sedeño,
la arrullan los registros del aura musical;
y en tanto que así cruza con amoroso empeño,
entona un canto de oro dulcísimo y triunfal.
De pronto, entre las olas, ve el alma del poeta
surgir de una hermosura la mágica silueta,
como del mar un día la diosa del Amor.
Ante ella, al contemplarla, con éxtasis se inclina;
y, mientras que un radioso destello la ilumina,
la ninfa Gloria besa la frente del cantor.
Y va en seguida una muestra de su estetismo marmóreo:
Me agrada el clasicismo de la forma,
la corrección de líneas del trasunto,
la muelle morbidez de los contornos
y el relieve curvado de los músculos;
la frígida expresión de los perfiles
que animados parecen y están mudos;
el tesoro dormido de las gracias
y el nevado candor, casto y desnudo,
que en el bloque de mármol transformado
al golpe del cincel, diestro y fecundo,
ostenta la estatuaria en la flamante
radiosa encarnación de un cuerpo ebúrneo:
Como que tiene la materia tosca
un resplandor de lo divino oculto
que sorprende la mano del artista
y lo presenta deslumbrante al mundo.
Como que existe un fondo de hermosura,
de santidad y sensualismo puro,
que, como alma de todo lo terreno,
emerge alado, incitador efluvio.
La armonía que oculta y cabrillea

acaricia al contacto y tiembla al pulso,
y con su hechizo lánguido que arroba
tienta al deseo y predispone al culto.

Una de las facetas de este gran poeta olvidado, que no se encuentra en otros de su tiempo y quizá tampoco en los que lo siguieron y figuraron o figuran en la pléyade modernista, es la majestad sonora, el resplandor homérico, el soplo épico, la hondura cósmica, el atrevido vuelo al infinito, descorriendo velos y ofreciendo en su complejidad maravillosa la realidad desoladora del destino humano.

En su poema cosmogónico, Himno a la Materia, se revelan al desnudo la filosofía cruel a que le había conducido su ciencia, el vacío pavoroso de la existencia humana, la inutilidad del esfuerzo creador, la desintegración de la vida de los astros como del último infusorio, el espanto de no ser, la inconsistencia de la fe y la ilusión de la muerte.

De ahí su pesimismo negro, su desencanto fúnebre, su indiferencia silenciosa ante el espectáculo de la vida humana, el desgarramiento trágico de sus esperanzas, la fría tiniebla que ensombreciera su espíritu y la visión perenne de su fracaso en el mundo.

Quisiéramos insertar íntegro en este breve estudio el poema Himno a la Materia, tan hondo y hermoso. Pero temo fatigar a los lectores, y solamente copiaré algunos pasajes que dan idea de este monumento de nuestra poesía y que muestran en plenitud el alma sangrante del poeta.

¡Oh, materia sublime, eterna y varia, que con el gran prodigio de tu esencia y el arcano infinito de tus formas, como madre perenne siempre joven a quien su propia fuerza fecundara, llenas la inmensidad del Universo y eres causa y efecto misterioso de cuantos seres bullen y rebullen con aspecto de vida en los espacios donde los vastos mundos y los soles que por la noche brillan como antorchas suspensas en el éter cristalino, hasta los invisibles infusorios que habitan en miríadas y millones en el fondo irisado de una gota de rocío!

¡Oh prolífica y sagrada materia que en el vasto mecanismo de la augusta creación tienes tu imperio de omnímodo poder, y a todas horas ordenas y ejecutas por ti misma las leyes admirables que presiden la vida universal, diversa siempre del coro de criaturas que en ti nacen y a ti vuelven al fin: obras perfectas en cuanto cabe serlo en lo infinito, que ora inmensas cual moles desmedidas, ora medianas, ora imperceptibles, de ti el cuerpo reciben y el aliento que sujeta sus órganos y hace que cumplan por lo menos el destino de nacer y morir!

En ti reside, de ti dimana y hacia ti refluye la vida universal que no se agota y es como inmenso genesiaco río que al recorrer tu seno lo fecunda, porque lleva en sus ondas la simiente de que brotan en mágicos regueros las vidas de que surgen nuevas vidas que al llenar su misión dejan el germen de nuevos seres...

Tú eres lo único eterno, tú no acabas, tú no aumentas, tú no disminuyes: eres principio y fin de cuanto existe, de ti depende todo y a ti torna.

Cuanto alienta, lo mismo en lo pequeño que en lo grande, está sujeto al tiempo: vive y muere, es decir, se transforma y en ti queda, pues la vida del ser sólo es fenómeno de resplandor fugaz. Los mismos soles y los mundos de fábrica tan sólida tienen su fin: tras incontables años llega el día en que, extinto su calórico, giran en los espacios insondables, cadáveres helados e insepultos, en tanto que quizás en otros cielos nuevos mundos se forman donde pronto brotarán nuevos seres.

Lo que el hombre llama muerte y la teme a cada instante, es sólo una apariencia, un accidente que prepara —¡oh materia!— tus desechos a nuevos organismos...

La muerte para ti sólo es acaso como un abono que te das tú misma, tal vez por mantener ágil e incólume de tu vigor el germen, o quizá como un baño en cuyas aguas rejuveneces tus gigantes miembros por los que corre la pujante y nueva savia de eternidad...

Eres tan grande, en realidad tan grande, que delante de ti todo es pequeño. ¡Y pensar que muy pronto yo, si acaso soy átomo que piensa porque vive, dejaré de alentar para perderme y fundirme en tu seno hecho partículas que al combinarse darán vida luego, ora a viles insectos y gusanos, ora a yerbas y arbustos!

¡Pensar que este fenómeno radiante de mi vida infeliz ha de extinguirse cual si no hubiese sido!

Por el año 1900, siendo yo estudiante, vivía en un cuarto contiguo al que ocupara Domínguez, en la casa donde se halla actualmente la Agencia Fasquelle. En ese tiempo, según creo, era víctima de una neurosis profunda que lindaba con la locura. Cierto día hablábamos de Honduras Literaria, segundo tomo, que había publicado recientemente el Dr. Rómulo E. Durón.

—Siento vergüenza —me dijo—. ¿Por qué mi amigo Durón ha tomado para su libro varias de mis composiciones destinadas al olvido? Yo no agradezco la distinción de habérseme incluido entre los poetas de Honduras. Yo no soy poeta.

En otra ocasión, habiéndole preguntado por qué no escribía novelas, me dijo:

—En este país no se puede ser novelista. El medio es cruel. A pesar de ello, me gustaría escribir una novela nacional, pujante y eterna. Pero me faltan fuerzas. Mi vida ya se está despidiendo.

En otro de nuestros encuentros ocasionales, el poeta me hizo entrar a su cuarto, y me habló así:

"—Oigo una voz, una música lejana, ultraterrena, cuyas melodías van más allá de Mozart y de Beethoven, una música angélica cuyas armonías repiten: tú no eres poeta..."

Semanas después de esta triste declaración, en la que cruzaba la sombra de Maupassant, me llamó a su cuarto, y mostrándome una tarjeta manuscrita, me dijo:

—Vea usted, amigo, ¿qué le parece?

Leí acongojado lo siguiente:

"Señor: tengo el honor de participar a usted que hoy a las 10 a. m. puso fin a sus días el joven poeta José Antonio Domínguez. Agradecería la asistencia de usted a los funerales mañana a las 4 p. m.

De usted atento servidor.
José Antonio Domínguez."

La locura había realizado su obra.

En 1901, por ruegos de sus amigos, se trasladó a Juticalpa, su ciudad natal, donde, según se supo en Tegucigalpa, había recobrado su salud, y hasta tomó participación en la lucha electoral de 1902, demostrando cordura y lucidez. Pero acaso la pérdida de su causa política afectó tan hondamente su temperamento sensitivo, que no pudo resistir a la tentación de suprimir su existencia y, como el rey-poeta Luis II de Baviera, "puso fin a su imperio en el mundo".

LA OBRA DE ESPAÑA EN AMÉRICA

Nadie podría disputarle a España la gloria de haber descubierto un Mundo. Lo cual sería suficiente para asignarle en la Historia un puesto culminante, si no hubiera otras hazañas gloriosas que la colocaron a la cabeza de las naciones más poderosas y heroicas.

Es verdad que Cristóbal Colón, descubridor de América, era genovés, pero actuaba como español, en nombre de España, con recursos españoles, con naves españolas y con hombres españoles también. De suerte que la nacionalidad genovesa de Cristóbal Colón sólo se menciona como dato biográfico. Colón fue el instrumento de que se sirvió la Providencia para que España realizara el prodigio que no tiene comparación en la Historia.

Las otras hazañas portentosas de España en América pueden condensarse en estas palabras: exploración, conquista, civilización.

La exploración —al decir del célebre historiador estadounidense Charles F. Lummis— duró varios siglos, y es un acontecimiento que ninguna otra nación ha igualado en región alguna.

Se cree generalmente que, al ser descubierta América, hacia ella convergieron las corrientes civilizadoras de Europa, con el ansia de explorar y de adquirir riquezas en un enorme Continente que había surgido ante los ojos asombrados de la humanidad europea como un presente del cielo, al cual tenían derecho todos los pueblos civilizados del Viejo Mundo. Sin embargo, durante un siglo después del descubrimiento, fue España la única exploradora. Cuando los primeros colonizadores ingleses llegaron a América, habían transcurrido cien años desde la fecha del descubrimiento, y en ese tiempo los españoles habían explorado no solamente las regiones del Centro y del Sur del Continente, sino también no menos de la mitad del territorio que hoy constituye la gran nación llamada los Estados Unidos de América.

Pertenece a España la gloria, que ninguna otra nación podría igualar, de haber descubierto, explorado y colonizado el vasto Continente de América. Es verdad que Inglaterra, recién descubierta

América, se interesó en la exploración de una parte de aquel territorio del que tantas maravillas se contaban en Europa, y envió en 1497 al veneciano Juan Cabot y a su hijo Sebastián encabezando una expedición, la cual se acercó al Continente americano, vio la tierra ignorada, pero no desembarcó en ella, habiendo regresado a Inglaterra sin realizar ninguna hazaña y sin tomar posesión de la tierra avizorada.

El año siguiente, Sebastián Cabot hizo un viaje más afortunado que el primero, pues logró desembarcar en algunos puntos de la costa, probablemente en la Bahía de Hudson, pero en sus estériles excursiones perdió, muertos por el frío, los trescientos colonos ingleses que llevaba para emprender la obra que le había encomendado el Gobierno británico. Otros exploradores ingleses no lograron dejar huella permanente en tierras de América. La primera colonia de Inglaterra en América fue establecida por Raleig en 1590, en Virginia, donde treinta años antes habían estado los españoles. La verdadera colonización inglesa en la América del Norte comenzó en 1602, al establecerse los peregrinos que huían de Inglaterra en busca de libertad, cuando los españoles habían colonizado casi toda la América del Sur, la Central y gran parte de la del Norte.

Francia también intentó establecer colonias en América. El capitán francés Santiago Cartier recorrió gran parte del Río San Lorenzo en 1535 y construyó un fuerte en el mismo sitio que ocupa la ciudad de Quebec, en el Canadá. También estableció Francia una colonia en la Florida, región de la cual se había ya posesionado España. Los franceses fueron desalojados de la Florida por el capitán español Avilés de Menéndez, quien destruyó la colonia francesa y ahorcó a los colonos, habiéndoles colocado a los cadáveres un rótulo que decía así: "Ejecutados, no por ser franceses, sino por herejes".

Esto ocurría en 1560. Menéndez estableció una colonia española y fundó la ciudad de San Agustín. Dos años después se presentó el capitán francés Dominique de Gourges, atacó la colonia española de San Agustín, ahorcó a los colonos y colocó en los cadáveres el siguiente rótulo: "Ejecutados, no por ser españoles, sino por asesinos". Como se sabe, los franceses colonizaron las regiones del Canadá y de la Louisiana en la América del Norte.

Fue el español Vicente Yáñez Pinzón quien descubrió la costa del Brasil y tomó posesión de aquella tierra en nombre de España en 1499. Este gran país fue, sin embargo, colonizado por los portugueses, debido a que, en el año 1500, Pedro Álvarez Cabral fue arrojado por una tempestad a la costa del Brasil, de la cual tomó posesión en nombre de Portugal y estableció una colonia portuguesa.

No cabe, en los límites de este trabajo, referir las hazañas gloriosas de los conquistadores insignes que España mandó al Nuevo Mundo. Pero no dejaremos de mencionar los hechos más resonantes de aquella época de prodigios.

La conquista y colonización de México es una epopeya tremenda en la cual resplandece la figura de Hernán Cortés con los relieves heroicos de las más estupendas figuras militares de la historia. La conquista y colonización del Perú, gloriosa hazaña en la cual se destaca la magna figura de Francisco Pizarro, cuyo genio militar no tiene igual entre los bravos conquistadores españoles, a pesar de que no sabía leer. La conquista y colonización de Chile, cuya figura culminante es la de Pedro de Valdivia, que hizo prodigios de valor y de audacia en una lucha sangrienta contra los bravos araucanos.

El descubrimiento del Océano Pacífico por Vasco Núñez de Balboa en 1513, hazaña heroica realizada después de haber atravesado el Istmo de Panamá, desde el Darién, recorriendo con unos pocos hombres un extenso territorio poblado de tribus belicosas, librando combates y sufriendo penalidades incontables.

El primer viaje alrededor del Mundo intentado por el portugués Hernando Magallanes, al servicio de España, cuya expedición salió de Sevilla el 10 de agosto de 1519 con cinco buques y doscientos sesenta y cinco hombres. Magallanes realizó su propósito de encontrar la comunicación entre los dos océanos de América, atravesando el Estrecho que lleva su nombre, y navegó por las aguas del Océano Pacífico, descubriendo muchas islas, en una de las cuales pereció peleando contra los indígenas.

En este incidente, la expedición de Magallanes quedó reducida a un buque y a dieciocho hombres. El español Juan Sebastián de Elcano, segundo de Magallanes, asumió el mando de la expedición y continuó el viaje hasta terminar la vuelta al Mundo, desembarcando el 7 de septiembre de 1522 en el puerto español de Sanlúcar.

Mucho se ha hablado de la crueldad de los conquistadores y colonizadores españoles. Los conquistadores, cualquiera que sea la raza y la nacionalidad a que pertenezcan, siempre han sido crueles con los países sojuzgados, principalmente si se trata de tribus belicosas y de una civilización primitiva, como ocurría con la mayor parte de los pueblos indígenas de América. Por mucho que se hayan ponderado las dos grandes civilizaciones azteca e incaica, la verdad es que los pueblos de México y del Perú no habían evolucionado gran cosa, y su civilización y su cultura eran fenómenos muy relativos que no dejaron huellas profundas ni en el arte ni en la ciencia, ni en la agricultura ni en las industrias. Llevaban una existencia primitiva, no formaban, como se ha creído, grandes nacionalidades unificadas por instituciones similares, por una ideología avanzada, por el sentimiento de patria, ni por la conciencia de un común destino. Eran únicamente agrupaciones de tribus que vivían en constante lucha unas con otras, obedeciendo a la voluntad de caudillos de fuerza, carentes de todo ideal.

No es cierto que los aztecas en México formaran una nación unificada, un imperio portentoso, una monarquía brillante y bien organizada. Tampoco es cierto que poseyeran edificios suntuosos ni enormes riquezas. El famoso palacio de Moctezuma no era otra cosa que una construcción de adobes, antiestética, sin ningún indicio de arte arquitectónico. La nación azteca era una federación informe de tribus salvajes, y solamente la clase gobernante poseía una cierta cultura. Los aztecas habían olvidado la brillante civilización maya, de la cual no conservaban ningún monumento, ninguna huella, ningún vestigio que pudiera conectarlos espiritualmente con sus ancestros. Y eran tribus aguerridas, a las cuales el mismo Moctezuma, con todo su poder, no había logrado mantenerlas en paz.

El conquistador Hernán Cortés se vio en la necesidad ineludible de emplear la violencia y la crueldad para someter a aquellos pueblos incultos que defendían su tierra contra el invasor extranjero. Pero, una vez sometidos los mexicanos, España se preocupó de educarlos, como lo hizo con los indígenas de todas las regiones conquistadas y como no lo hiciera antes ninguna nación conquistadora con los nativos de los países dominados. Ya en 1524 Fray Pedro de Gante había establecido en México las primeras escuelas para la educación de los indígenas; se habían edificado iglesias y conventos, los cuales tenían anexas escuelas para indios.

A este respecto, el autor estadounidense citado, señor Lummis, dice lo siguiente:

"En 1524 no había entre los innumerables millares de indios de México uno solo que supiese lo que eran letras; pero 20 años después eran tantos los que habían aprendido a leer y escribir, que el Obispo Zumárraga hizo imprimir para ellos un libro en su propio idioma. En 1543 había hasta escuelas industriales para aquellos indios. Ese buen Obispo Zumárraga fue también el que trajo la primera imprenta al Nuevo Mundo, en 1536. El libro más antiguo impreso en América salió de dicha imprenta en 1539.

La mayoría de los primeros libros que allí se imprimieron tenían por objeto hacer inteligibles los dialectos indios, medida de humanitaria educación que no ha sabido copiar ninguna otra nación colonizadora en el Nuevo Mundo. La primera música que se imprimió en América salió también de la misma imprenta en 1548.

Lo más notable de todo, y que demuestra la actitud educadora de los españoles, fue un resultado enteramente singular. No solamente su actividad intelectual creó entre ellos mismos una constelación de eminentes escritores, sino que, al cabo de pocos años, había una escuela de importantes autores indios. Sería una pérdida irreparable para el conocimiento de la verdadera historia de América, la de las crónicas de escritores indios tales como Tezozómoc, Camargo y Pomar, en México; Juan de Santa Cruz, Pachacuti Yamqui Salcamayhua, en el Perú, y muchos otros."

Según el mismo autor, los españoles se dedicaban a toda clase de disciplinas mentales en el Nuevo Mundo. Estudiaban y enseñaban geografía, historia natural, física, química y otras ciencias. En 1579 se hizo la autopsia de un cadáver en la Universidad de México para averiguar la causa de una epidemia, cosa que no se había hecho antes en Europa.

Por otra parte, los misioneros españoles difundían la religión católica entre los indios, y muchos de esos apóstoles obscuros, civilizadores insignes y abnegados, perecieron en manos de los mismos indios a quienes beneficiaban e iluminaban con la luz del Evangelio.

Es de justicia reconocer la obra educadora de España en el Nuevo Mundo, que fue tan vasta y enorme, que todavía en nuestros tiempos está siendo la base de la cultura en la América Hispana. Bajo su influencia vivieron y progresaron los pueblos durante la Colonia, y también bajo su influencia surgieron, se propagaron y se realizaron los ideales de libertad y de independencia.

España preparó a los hombres de la independencia, los próceres visionarios que constituyeron el haz de naciones libres y democráticas de la América Hispana. Eran españoles, nacidos en la Península o en América, aquellos próceres a quienes veneran los siglos y cuyas figuras luminosas se agrandan en la inmortalidad a medida que el tiempo las purifica y las exhibe con mayor gloria.

Bolívar era español nacido en Caracas y educado en Madrid. Españoles eran San Martín, Santander, Sucre, toda la pléyade de libertadores suramericanos. Eran españoles Hidalgo y Morelos, todos los héroes de la independencia de México. Y españoles eran Matías Delgado, Manuel José Arce, José F. Barrundia, Pedro Molina, todos los próceres de la independencia centroamericana.

Y de España recibieron la ciencia, las letras y las ideas de que se sirvieron para actuar en la vida como civilizadores y para realizar la estupenda obra libertadora. De modo que, con toda verdad, puede decirse que también la libertad de la América Hispana es obra de España. Ella nos enseñó a amar la independencia, en su epopeya de trescientos años contra el imperialismo romano, en su épica resistencia de siete siglos contra los árabes invasores, en su gesto heroico contra el poderío de Napoleón.

Es en la historia de España en la que se inspiraron los hombres de la independencia de América, y es la idiosincrasia del genio español —noble, hidalgo, altivo, generoso, leal y abnegado— la que dio a nuestros héroes la capacidad de organizar ejércitos y naciones, de vencer en las lides de la independencia, de dominar a las fuerzas ciegas de la anarquía y el desorden, de incorporar a la vida civilizada a las enormes masas indígenas que jamás habían sentido la amable caricia de la libertad.

Se ha dado en creer que el fenómeno de la independencia en la América española significa la reivindicación de los derechos de las razas indígenas que perdieron su libertad bajo el hierro de los conquistadores. Es necesario colocar en la historia a los indígenas en el lugar que les corresponde. Los indígenas de toda la América española, a la llegada de los conquistadores, no gozaban de libertad. Estaban, como antes lo indicamos, sujetos a la voluntad de ciertos señores que gobernaban sobre grupos más o menos grandes de tribus que no tenían concepto de nacionalidad ni de libertad.

Tribus pegadas a la tierra, como los siervos de la gleba en la Edad Media, lo mismo les daba trabajar para un señor o para otro, de tal suerte que, al cambiar sus señores nativos por los conquistadores o los colonos españoles, continuaban desempeñando su mismo papel de sumisión a extrañas voluntades, y no tenían noción de que existiese una organización política nacida de la voluntad del pueblo funcionando con libertad e independencia. Los indígenas aprendieron de los españoles las primeras nociones de libertad, las primeras nociones de letras y ciencias, las primeras nociones de una vida civilizada.

Antes de la Colonia no hay noticia de que hayan existido artistas, escritores y poetas cuya obra pudiera considerarse como un aporte valioso a la civilización. Pero durante los siglos coloniales fueron muchos los indígenas ilustrados que descollaron como artistas, escritores y hombres de ciencia, lo cual indica sin lugar a dudas que ellos fueron producto de la acción civilizadora de España.

Cuando las gestas de la independencia de América, la población indígena no tomó participación en ellas, ni tan siquiera para formar grupos políticos de lucha contra el régimen colonial. Los gestores de la independencia eran españoles o criollos de sangre española. No se recuerda en la historia a ningún mestizo o indio entre los líderes que luchaban por la independencia. Pero en las guerras por la libertad de América figuran indios, mestizos y zambos bajo la dirección de los libertadores.

El gran mérito de España, en cuanto a las poblaciones indígenas de América, consiste en haberlas incorporado a la civilización, en haberles abierto el camino de la cultura, en haberlas capacitado para entrar sin obstáculos en la corriente evolutiva de las sociedades europeas —cosa que no hicieron los colonizadores anglosajones—.

De modo que aun la población indígena, como fenómeno sociológico, es una obra de España en América. España les enseñó el castellano a las grandes masas indígenas, les inculcó sentimientos religiosos, les enseñó a vivir en centros de población, les enseñó a cultivar la tierra, las disciplinó para el acatamiento de las leyes, las organizó en comunidades para el aprovechamiento de las riquezas naturales y las organizó en municipios para la administración de los intereses comunes y para el cumplimiento de sus deberes cívicos.

Como se comprende, la labor que significa realizar esta obra de redención espiritual y material es verdaderamente asombrosa, principalmente porque los edificadores de esta enorme arquitectura trabajaban con materiales heterogéneos constituidos por una diversidad de razas indígenas, muchas de ellas indomables y refractarias a la civilización, y todas animadas de un espíritu levantisco contra los dominadores españoles.

España fundó Universidades en todos los centros de población importantes de la Colonia. Cien años antes de que los anglosajones se establecieran en el Norte de América, España había fundado ya tres Universidades en la América del Sur. Trajo a América todos los conocimientos que eran patrimonio de la cultura europea. Las ciencias, las artes y las letras florecían, lo mismo que en Europa, en las grandes capitales de la Colonia. Aun en poblaciones de relativa importancia como Guatemala, España estableció universidades y colegios para la educación de la juventud.

Es maravilloso cómo los españoles realizaron la colonización de América. Salían de España con recursos escasos y con pocos soldados; llegaban a regiones desconocidas, venciendo la hostilidad de los nativos, procurándose alimentos de la naturaleza salvaje o cultivando la tierra, y bajo las más azarosas circunstancias fundaban ciudades a su paso, construyendo habitaciones sin más elementos que los escasos materiales llevados de la metrópoli, y tenían tiempo para edificar, para pelear, para poblar y para educar.

Más de trescientas ciudades habían levantado en el primer siglo del descubrimiento de América, cuando en la América del Norte no se había establecido ninguna ciudad de importancia.

Hubiéramos deseado extendernos un poco más sobre la obra cultural de España en América. Pero el tiempo nos ha sido escaso para hacer una conferencia más documentada. Para terminar, baste decir lo que significa la difusión del idioma castellano entre las masas

indígenas de América; baste decir que en todos los países de la
América, aun en los Estados Unidos, se encuentra la huella
imborrable de la civilización española; baste decir que en los países
como Argentina y Chile, cuya población se ha acrecentado con
enormes corrientes de inmigrantes no españoles, el sello típico de
España permanece indeleble al través de todas las adulteraciones y
las transformaciones étnicas. El espíritu de la españolidad no se ha
perdido ni se perderá jamás en las naciones libres que fueron colonias
de España.

Vamos a copiar en seguida, para terminar, un juicio de gran valía
y responsabilidad escrito por Charles F. Lummis, el ya citado autor
norteamericano. Es el siguiente:

"No solamente fueron los españoles los primeros conquistadores
del Nuevo Mundo y sus primeros colonizadores, sino también sus
primeros civilizadores. Ellos construyeron las primeras ciudades,
abrieron las primeras iglesias, escuelas y universidades; montaron las
primeras imprentas y publicaron los primeros libros; escribieron los
primeros diccionarios, historias y geografías, y trajeron los primeros
misioneros; y antes de que en Nueva Inglaterra hubiese un verdadero
periódico, ya ellos habían hecho un ensayo en México ¡y en el siglo
XVII!

Una de las cosas más asombrosas de los exploradores españoles
—casi tan notable como la misma exploración— es el espíritu
humanitario y progresivo que desde el principio hasta el fin
caracterizó sus instituciones. Algunas historias que han perdurado
pintan a esa heroica nación como cruel para los indios; pero la verdad
es que la conducta de España en este particular debiera avergonzarnos
(el autor se refiere a los norteamericanos).

La legislación española referente a los indios de todas partes era
incomparablemente más extensa, más comprensiva, más sistemática
y más humanitaria que la de la Gran Bretaña, la de las colonias y la
de los Estados Unidos, todas juntas. Aquellos primeros maestros
enseñaron la lengua española y la religión cristiana a mil indígenas
por cada uno de los que nosotros aleccionamos en idioma y religión.

Ha habido en América escuelas españolas para indios desde el año
1524.

Allá por 1575 —casi un siglo antes de que hubiese una imprenta en la América inglesa— se habían impreso en la ciudad de México muchos libros en doce diferentes dialectos indios, siendo así que en nuestra historia sólo podemos presentar la Biblia india de John Eliot; y tres Universidades españolas tenían un siglo de existencia cuando se fundó la de Harvard.

Sorprende por el número la proporción de hombres educados en colegios que había entre los exploradores. La inteligencia y el heroísmo corrían parejas en los comienzos de la colonización del Nuevo Mundo."

Noviembre de 1942.

EL GENERAL FRANCISCO MORAZÁN

*(Conferencia leída en el Club Rotario de Managua,
D. N., la noche del 16 de septiembre de 1942).*

Todos sabemos cómo se realizó el nacimiento de la Patria Centroamericana. Y no hay para qué insistir en este acontecimiento, que es el más hermoso de nuestra corta historia.

Morazán aparece en escena como sostenedor de la independencia jurada el 15 de septiembre de 1821. El 28 de ese mes llegaron a Tegucigalpa los pliegos que contenían el Acta de la Independencia, y ese mismo día fue jurada en cabildo abierto por las autoridades y pueblo de la provincia. Entre los asistentes a este acto se encontraba el ciudadano Francisco Morazán, joven distinguido y de prestancia singular que había trabajado con Dionisio de Herrera y otros líderes de la provincia de Tegucigalpa en favor de la libertad de Centroamérica.

Como se consultara a todas las provincias sobre la conveniencia de colocar a Centroamérica bajo la soberanía del Imperio mexicano de Iturbide, el pueblo de Tegucigalpa, unánimemente, acordó sostener en todo su vigor el Acta del 15 de septiembre de 1821.

La provincia de Comayagua, gobernada por José Tinoco y Contreras, no juró el Acta de 1821; sus autoridades se adhirieron al Imperio de Iturbide y se prepararon para someter a la provincia de Tegucigalpa. Morazán acababa de cumplir 29 años cuando se presentó a ofrecer sus servicios en defensa de la independencia, y fue comisionado para formar una compañía de soldados, la cual organizó y entrenó como si hubiera sido un experto militar, comandándola con el grado de Teniente. En seguida fue nombrado ayudante del Primer Batallón.

José Tinoco y Contreras no se atrevió a atacar a Tegucigalpa, y las dos provincias se mantuvieron en armas hasta la caída del Imperio de Iturbide. Los anexionistas centroamericanos, que eran los mismos que ejercían el Poder en Guatemala y que habían aceptado la independencia constreñidos por las circunstancias, se vieron obligados a decretar de nuevo la independencia de Centroamérica, el 1.º de julio de 1823, justificando así la actitud de las provincias rebeldes de Tegucigalpa, León, San Salvador y Los Altos, que se mantuvieron fieles al Acta de 1821. Entonces comenzó a organizarse la Patria Centroamericana.

Las provincias de Comayagua y Tegucigalpa constituyeron el Estado de Honduras.

Primer Jefe del Estado de Honduras fue elegido el ciudadano Dionisio de Herrera, quien —conocedor de los méritos de Morazán— lo nombró Secretario General del Gobierno, la más encumbrada posición política con que el Jefe del Estado podía distinguir a un ciudadano. Morazán tomó posesión de este cargo el 25 de septiembre de 1824, habiéndolo desempeñado con la prestancia y la sagacidad de un consumado político.

El seis de abril de 1826, Morazán fue designado para ejercer la Presidencia del Consejo Representativo, cuerpo que tenía funciones de Poder moderador, encargándose de sancionar las leyes que emitía la Asamblea del Estado y de pasarlas al Ejecutivo para que las hiciera publicar.

En esta posición se encontraba cuando ocurrió la invasión del territorio hondureño por el Coronel José Justo Milla, enviado por el Presidente de la República, General Manuel José Arce, para derrocar al Jefe del Estado, Sr. Herrera.

Caída la plaza de Comayagua en manos de Milla, los principales jefes militares que acompañaban a Herrera, entre ellos Morazán, lograron escapar con dirección a Nicaragua. Pero Morazán, confiado en las garantías que le diera Milla, regresó a unirse con su familia en Ojojona, pueblo cercano a Tegucigalpa, con la intención de retirarse a la vida privada. Milla lo hizo prender y conducir a la cárcel pública. Esta felonía del Jefe invasor determinó el destino de Morazán como caudillo militar. Escapó de la cárcel y se dirigió a Nicaragua, resuelto a luchar por la liberación de Honduras y el restablecimiento de la Constitución Federal.

En Nicaragua, depuesto el Vicejefe Argüello, ciento treinta jefes y oficiales leoneses que le acompañaban se prestaron voluntariamente para seguir a Morazán, quien, con ellos, invadió a Honduras por

Choluteca, donde su ejército se aumentó con numerosos grupos de patriotas hondureños que fueron a ofrecerle sus servicios, así como con un contingente de salvadoreños que le enviara el Jefe del Estado Mariano Prado. Organizó a sus tropas, y el 11 de noviembre de 1827 derrotó a Milla en La Trinidad, a doce leguas de la capital del Estado.

Con esta victoria, que liquidó por completo al invasor, se inicia la fulgurante carrera de triunfos de Francisco Morazán.

Nadie le había enseñado el arte militar, ni se había entrenado en los cuarteles, pero su genio se manifestó desde que comenzó a dirigir soldados, presentándose como un estratega en nada inferior a los grandes capitanes antiguos y modernos, si se toma en cuenta el medio en que él actuaba.

La ascensión vertiginosa de Morazán comienza en La Trinidad el 11 de noviembre de 1827 y culmina en Guatemala el 13 de abril de 1829, cuando se adueñó de la capital de la República y desplazó a las autoridades federales y del Estado de Guatemala que ejercían ilegalmente el Poder. En un año y cinco meses había hecho la revolución más gloriosa que caudillo alguno pudiera realizar y se había colocado en la cumbre más elevada de la Fama y de la Gloria.

No es el caso de reseñar en esta conferencia las hazañas del Héroe para escalar la radiosa cima a donde le condujo su genio militar. Quede esa tarea para los biógrafos del excelso caudillo.

El objeto de la revolución de Morazán fue la reivindicación del sistema democrático, la restauración de la Constitución Federal, la conservación de la unidad de la República y el restablecimiento de las autoridades federales de los Estados de Honduras y de Guatemala.

En Honduras, después del combate de La Trinidad, no pudo restablecer en su puesto al Jefe del Estado, Herrera, porque éste había sido enviado a Guatemala por Milla en calidad de prisionero, y también porque había terminado su período legal. En Guatemala no pudo llamar al General Arce al ejercicio de la Presidencia de la República, porque había expirado el período para el cual fue elegido. Tampoco, por la misma razón, le fue posible permitir que el Vicepresidente Mariano Beltranena continuara en la Presidencia, que había estado ejerciendo de facto. Tampoco pudo restablecer en sus funciones al Jefe del Estado Barrundia, por hallarse ausente y por haber también terminado su período.

Así, para proceder conforme a la Constitución, puso la Presidencia de la República en manos del prócer José Francisco Barrundia, Senador, y la Jefatura del Estado la fue encargada al Consejero Mariano Centeno.

Estos cambios fueron hechos con la aquiescencia de los Jefes de los Estados de Honduras, Nicaragua y El Salvador, a cuyas órdenes actuaba Morazán como General en Jefe del Ejército Aliado Protector de la Ley, y nunca se extralimitó en el ejercicio de los poderes que le habían conferido, ni tampoco en el cumplimiento de la ley.

En todos los acontecimientos ocurridos desde 1827 hasta la rendición de la capital de Guatemala, el General Morazán aparece como la figura central, como la cabeza directora de la política y de los movimientos militares, como el genio de la victoria predestinado a realizar los hechos más gloriosos y memorables en el escenario de la América Central.

Después de Bolívar, de San Martín y de Sucre, no se había visto en la América Hispana un ejemplar de estadista y guerrero comparable al General Morazán. Su figura adquiere relieve continental como libertador de Centroamérica y como reconstructor de la República que habían despedazado las ambiciones de dominación y los odios partidaristas de los serviles de Guatemala, la clase patricia que todavía exaltan los reaccionarios medievales de la última hora.

No es Morazán el caudillo afortunado que lucha por intereses egoístas, ni tampoco el jefe provinciano que pugna por escalar en su localidad el puesto más eminente. Tampoco es el soldado de fortuna que aprovecha las circunstancias para dominar y engrandecerse a merced de los vencidos por su espada gloriosa. Tampoco es el ambicioso de gloria que, a manera de Napoleón Bonaparte, llevara la guerra a los pueblos para oprimirlos y levantar sobre ellos los altares en que habrían de rendirle culto las generaciones presentes y futuras.

Morazán nunca habló de gloria personal, nunca se mostró engreído por sus triunfos, nunca aspiró a recompensas por sus sacrificios, ni puso nada de su parte para obtener el más alto honor de un ciudadano de Centroamérica: la Presidencia de la República.

Siendo el árbitro de los destinos de la América Central, después de la toma de Guatemala, no intentó hacerse elegir Presidente de la

República y rechazó, indignado, la dictadura que le ofrecían de rodillas los "patricios" vencidos. Y, cuando había restablecido el orden, cuando las autoridades funcionaban normalmente, cuando había logrado resolver problemas de carácter político, social y religioso, se trasladó a Honduras para seguir ejerciendo las funciones de Jefe del Estado, en tanto que se efectuarían en toda la República las elecciones para Presidente y Vicepresidente de Centroamérica.

Estas elecciones se practicaron con toda libertad, y obtuvo la mayoría de votos el General Morazán, habiendo sido su contrincante el eminente ciudadano José Cecilio del Valle.

La figura de Morazán había adquirido proporciones gigantescas. No había ningún caudillo ni político alguno que pudieran competir con el prestigio de Morazán en una justa eleccionaria: solamente la brillante personalidad de José Cecilio del Valle, político y escritor de relieve continental, pudo enfrentarse al glorioso caudillo centroamericano para disputarle el favor popular en las elecciones de Presidente de la República.

En el mes de junio de 1830 se hizo el escrutinio de votos, y el Congreso Federal declaró electo Presidente de la República al General Morazán. Comentando el acontecimiento, el Dr. Montúfar escribió estas palabras: "Bastaba para la ambición de Valle haber podido competir desde su bufete de abogado con Morazán en días en que Centroamérica, políticamente hablando, casi no hacía más que tributar elogios al vencedor de Gualcho".

Morazán asumió la Presidencia de la República de Centroamérica el 16 de septiembre de 1830, cuando le faltaban dieciséis días para cumplir treinta y ocho años de edad. En menos de dos años había dominado con su espada a los enemigos de la unidad de Centroamérica, había restablecido la legalidad, había realizado trascendentales reformas políticas, sociales y religiosas, transformando a la República en una de las democracias mejor organizadas y avanzadas de la América Hispana. Además había logrado la pacificación de Honduras, Nicaragua, El Salvador y Guatemala. Se comprende por qué todos los pueblos le rendían homenaje como a un Libertador, como a un enviado de la Providencia para salvar a Centroamérica de la ignominia, del error y de la vergüenza de la guerra civil. Y en verdad que este insigne guerrero, que aprendió estrategia en los campos de batalla, que aprendió la ciencia de gobernar en las luchas arduas por la libertad, dio manifestaciones claras de ser un predestinado cuyas grandes decisiones parecieran dictadas por una inteligencia sobrenatural que le empujara hacia su destino y que le señalara la ruta luminosa por la cual debiera conducir a los cruzados de la democracia.

No era Morazán, como lo sostienen escritores reaccionarios, un caudillo del liberalismo cuyos trabajos se encaminaran a imponer en Centroamérica la ideología liberal. Era un demócrata sincero y definido, liberal doctrinario, exento de todo sectarismo político. Cuando comenzó su carrera militar, iniciando en 1827 la única revolución que ha habido en Centroamérica desde la Independencia, no se presentó como líder del partido liberal, sino como defensor de la ley, violada por el Presidente Arce.

Continuó la revolución, después de restablecer la legalidad en Honduras, interviniendo en favor del Estado de El Salvador, que había sido atacado por fuerzas federales, con manifiesta violación de la Constitución de la República. En las operaciones que se efectuaron entonces hasta la entrada de Morazán a la capital salvadoreña, ni tan siquiera se mencionó el liberalismo, ni se sirvió de él el caudillo como bandera de lucha. Tampoco se amparaban en el liberalismo los gobiernos de Nicaragua, El Salvador y Honduras, que le dieron sus poderes al General Morazán para continuar la revolución y restablecer la normalidad de la vida constitucional de la República. La revolución era pura y simplemente nacional y patriótica, en defensa de las instituciones democráticas amenazadas de muerte por el Gobierno Federal y por la llamada aristocracia guatemalteca.

Cuando Morazán, General en Jefe del Ejército Aliado Protector de la Ley, entró triunfante a Guatemala, en 1829, dictó disposiciones que eran indispensables para restablecer y hacer prácticos los principios básicos de la democracia: libertad e igualdad. Principios deformados y hechos nugatorios por la intervención del alto clero, de los monjes y de la aristocracia guatemalteca en la política nacional y local. Tales medidas fueron necesariamente una consecuencia de la revolución triunfante, que se encontró colocada frente a frente de la reacción clerical y conservadora, no como partido liberal, sino como restauradora del régimen democrático y de las instituciones y leyes violadas por los reaccionarios.

Morazán no organizó jamás un partido liberal, ni hizo alardes de su liberalismo para actuar, ni en la revolución ni en el Gobierno. Dando muestras de su amplitud de criterio, como político, al tomar posesión de la Presidencia de la República en 1830, hizo un llamamiento a todos los elementos humanos capaces para que le ayudaran en la lucha por la prosperidad de la Nación. Y en todos sus actos dio muestras de ser un patriota nacionalista, justo, ecuánime, sincero, leal, y nunca hizo distinciones entre liberales y conservadores cuando se trataba del bienestar, la dignidad, el honor y el engrandecimiento de la Patria.

Naturalmente, existiendo los dos grupos, liberales y conservadores, él no podía actuar sino conforme a las ideas liberales que profesaba.

No se le conoció jamás fobia anticlerical; al contrario, tenía gran respeto por el clero y utilizaba siempre los servicios de muchos sacerdotes en su gestión política y administrativa. Es verdad que en Guatemala se vio en el caso de expulsar a varios miembros del alto clero y a los monjes de tres congregaciones religiosas, porque eran políticos militantes que trabajaban incesantemente contra el régimen que estableció la revolución y contra las instituciones y leyes que ella había restaurado (1). Pero no expulsó a la gran mayoría de los miembros del clero ni a los monjes de los demás conventos, porque se mantenían dentro del orden y de la ley, sin intervenir en la política militante. Estas medidas drásticas no iban dirigidas contra los sacerdotes y los monjes, sino contra los políticos reaccionarios que se ocultaban bajo las sotanas y los hábitos.

Morazán era profundamente religioso, sinceramente católico. Jamás atentó contra la religión, ni tuvo diferencias personales ni religiosas con los ministros de ella. Como en su tiempo los sacerdotes tenían acceso a los puestos públicos, nunca se dio el caso de que Morazán les obstaculizara el ejercicio de este derecho.

En diferentes casos y ocasiones puso de manifiesto su religiosidad y su respeto a la religión católica y a sus ministros. "Respeto a la ley, a la moral, a la santa religión y sus ministros en el sentimiento más íntimo de vuestro compatriota", les decía a los costarricenses en su proclama que les dirigió cuando desembarcaba en el puerto de Calderas. En su testamento hace profesión de fe católica. Y no se encuentra, en su vida pública, un acto, una palabra, un documento que pudieran invocarse como contrarios a la fe que sustentara durante toda su actuación política.

Las palabras de Morazán siempre estuvieron a tono con los hechos. Nadie puede acusarle de haber mentido. Nadie puede reprocharle el haber hablado a los pueblos para engañarlos. Jamás prometió lo que no podía cumplir.

Su gran ideal, la obsesión de toda su vida pública, fue mantener la unidad nacional y restablecerla cuando los Estados centroamericanos se habían disgregado. No habrá conservador o liberal que puedan negar que Morazán es el símbolo del unionismo centroamericano, por cuyo ideal luchó toda su vida y por el cual sucumbió en el cadalso. Solamente un criterio reaccionario, incapaz de colocarse en el terreno de la imparcialidad histórica, puede osar empequeñecer a Morazán colocándole en la historia como simple caudillo de una agrupación política, sin otro ideal ni otro derrotero que la imposición de la ideología de ese grupo. Solamente un criterio reaccionario puede considerarle como enemigo de Dios y de la religión católica, como un sectario impenitente del jacobinismo liberal.

Los reaccionarios del tiempo de Morazán, a quienes la pasión sectaria les llama patricios y libertadores, nunca fueron unionistas en el sentido de constituir una nacionalidad centroamericana independiente: ellos lucharon siempre para evitar la independencia, y cuando ésta se obtuvo, lucharon para poner a Centroamérica bajo la dependencia de una nacionalidad extranjera. Eran monárquicos, y no estuvieron nunca de acuerdo con el sistema democrático adoptado para la constitución de la nacionalidad centroamericana.

Si Morazán no se levanta en defensa de la República, los reaccionarios que, habiendo arrojado del Poder al General Arce, eran dueños de la situación, habrían realizado sus sueños entregando a Centroamérica como colonia de la monarquía española o de otra cualquiera, a fin de gozar de sus privilegios y de dominar como dominaban antes del 15 de septiembre de 1821.

Si ellos eran unionistas, ¿por qué no restablecieron la República al retirarse Morazán voluntariamente de Centroamérica en 1840, cuando casi todos los Estados se encontraban bajo la égida de Gobiernos reaccionarios? Si Morazán era el obstáculo para la unión, ¿por qué continuaron los Estados como entidades independientes cuando el glorioso centroamericano fue inmolado por sus enemigos en 1842? Sencillamente, porque los reaccionarios gobernaban en Guatemala, en Honduras y en Nicaragua, ejerciendo su influencia nefasta en El Salvador y Costa Rica.

Desde que Morazán comenzó a ejercer influencia decisiva en los destinos de Centroamérica fue el sostenedor de la independencia nacional, contrariamente a los reaccionarios que no perdieron ocasión para colocar a Centroamérica bajo el yugo ominoso de la esclavitud. Ellos fueron siempre monárquicos, esclavistas, y si firmaron el Acta de Independencia de 1821, lo hicieron llevados a remolque por la decisión de Gainza y atemorizados por la actitud levantisca del pueblo. Si ellos firmaron, asimismo, el Acta de la segunda Independencia en 1823, fue porque, desaparecido Iturbide, no encontraban otro amo a quien entregarle la libertad de Centroamérica. Ellos enviaron la expedición españolista de Ramón Guzmán, quien en 1831 enarboló la bandera de España en el Castillo de Omoa, habiendo costado a las fuerzas de Morazán seis meses de sitio y de sangre para desalojar de aquel puerto al invasor esclavista.

Morazán fue siempre magnánimo. Pudo cortar las cabezas aristocráticas de los líderes de la reacción que cayeron en sus manos al tomar la plaza de Guatemala en 1829. Pero ellas quedaron en sus puestos, porque Morazán no usó jamás de la violencia ni de la venganza contra los vencidos, porque respetó siempre la vida humana, aunque ella fuera indigna de conmiseración.

En vez de fusilar a los jefes del ejército del General Arzú, vencidos y prisioneros en San Antonio, Morazán los deja en libertad, les da dinero para su regreso a Guatemala y les permite llevar cien hombres armados. En todas las batallas se mostró generoso con los vencidos. No se ha sabido que hubiera aherrojado en prisiones a los combatientes capturados. Siempre los ponía en libertad y los habilitaba para regresar a sus hogares. Con más solicitud que a sus propios heridos hacía cuidar a los heridos del enemigo que caían en sus manos. A los salvajes que peleaban al lado de Carrera, cuando caían prisioneros, no solamente les daba libertad, sino que les ofrecía admitirlos en sus filas, si deseaban acompañarle. Y cuando salió para San Salvador, después de la primera guerra púnica contra Carrera, le dejó a su lugarteniente, General Carballo, salvoconductos para todos los carreristas que cayeran en poder del Gobierno, y aun para el mismo Carrera, en caso de que fuese capturado. Y dejó instrucciones para que fueran castigados como asesinos los que fusilaran a alguno de los carreristas que cayeran prisioneros.

Políticamente, el único grave error que se le puede reprochar al General Morazán es el haber pretendido mantener la democracia en toda su pureza en un país dividido por las pasiones partidaristas, por las ambiciones y por las enormes distancias entre las capitales de los Estados, sin vías expeditas de comunicación; un país constituido por un conglomerado social heterogéneo, mezcla de razas diversas, en estado de barbarie y dirigido por arrivistas extranjeros y criollos, sin orientación, sin cultura y sin ideales. Pueblos anarquizados como los de Centroamérica necesitaban un Gobierno paternal y fuerte, capaz de dominar por el temor los instintos perversos y los impulsos primitivos de las masas soliviantadas por líderes ignorantes, ambiciosos e incomprensivos.

Incapaz de apartarse de la ley ni de quebrantar en lo más mínimo el sistema democrático, Morazán tenía que ser víctima de sus propias virtudes cívicas. Si él hubiera aprovechado el momento psicológico en que tenía a sus plantas, vencidos, a los aristócratas de Guatemala, y absortos de admiración a todos los pueblos del Istmo, aceptando la dictadura que se le ofreciera, haciendo reformar la Constitución Federal, ejerciendo mientras tanto un poder personal y omnímodo, el sistema democrático se habría perpetuado y la unión de los Estados se hubiera mantenido intacta hasta hoy y para siempre.

Si algo tiene que reprocharle la historia a Morazán es el haber sido un repúblico descentrado, fuera de la realidad ambiente, desligado de la tradición política de la Colonia y actuando en una eminencia de civismo a donde solamente podían distinguirle unos pocos espíritus selectos y a donde las multitudes no podían seguirle sin experimentar vértigo.

Morazán es el ser más completo que ha producido la América Central. Irreprochable en su vida privada como en su vida pública, por más que sus malquerientes escarben en la historia, no encontrarían ni la más leve sombra que obscurecer pudiera su personalidad de hombre y de héroe. Austero y noble, nunca dijo una mentira, ni en momentos en que hubiera podido ser útil a su política faltar a la verdad. Nunca engañó a nadie, ni a sus enemigos. Fue entero, valeroso y digno en todas las situaciones de su vida. Y su pensamiento se elevó sobre las miserias y pequeñeces del ambiente siguiendo su trayectoria en la altura, sin desviarse de su órbita, como un sol que vivifica e ilumina a los buenos y a los malos, sin preferencias ni distingos. Tenía todas las cualidades estupendas del genio y ninguna de las fallas temperamentales de otros genios que, como él, dejaran sus nombres, llenos de gloria, en los anales de la Inmortalidad.

Desde que Morazán comenzó a ejercer influencia decisiva en los destinos de Centroamérica fue el sostenedor de la independencia nacional, contrariamente a los reaccionarios que no perdieron ocasión para colocar a Centroamérica bajo el yugo ominoso de la esclavitud. Ellos fueron siempre monárquicos, esclavistas, y si firmaron el Acta de Independencia de 1821, lo hicieron llevados a remolque por la decisión de Gainza y atemorizados por la actitud levantisca del pueblo. Si ellos firmaron, asimismo, el Acta de la segunda Independencia en 1823, fue porque, desaparecido Iturbide, no encontraban otro amo a quien entregarle la libertad de Centroamérica. Ellos enviaron la expedición españolista de Ramón Guzmán, quien en 1831 enarboló la bandera de España en el Castillo de Omoa, habiendo costado a las fuerzas de Morazán seis meses de sitio y de sangre para desalojar de aquel puerto al invasor esclavista.

Morazán fue siempre magnánimo. Pudo cortar las cabezas aristocráticas de los líderes de la reacción que cayeron en sus manos al tomar la plaza de Guatemala en 1829. Pero ellas quedaron en sus puestos, porque Morazán no usó jamás de la violencia ni de la venganza contra los vencidos, porque respetó siempre la vida humana, aunque ella fuera indigna de conmiseración.

En vez de fusilar a los jefes del ejército del General Arzú, vencidos y prisioneros en San Antonio, Morazán los deja en libertad, les da dinero para su regreso a Guatemala y les permite llevar cien hombres armados. En todas las batallas se mostró generoso con los vencidos. No se ha sabido que hubiera aherrojado en prisiones a los combatientes capturados. Siempre los ponía en libertad y los habilitaba para regresar a sus hogares. Con más solicitud que a sus propios heridos hacía cuidar a los heridos del enemigo que caían en sus manos. A los salvajes que peleaban al lado de Carrera, cuando caían prisioneros, no solamente les daba libertad, sino que les ofrecía admitirlos en sus filas, si deseaban acompañarle. Y cuando salió para San Salvador, después de la primera guerra púnica contra Carrera, le dejó a su lugarteniente, General Carballo, salvoconductos para todos los carreristas que cayeran en poder del Gobierno, y aun para el mismo Carrera, en caso de que fuese capturado. Y dejó instrucciones para que fueran castigados como asesinos los que fusilaran a alguno de los carreristas que cayeran prisioneros.

Políticamente, el único grave error que se le puede reprochar al General Morazán es el haber pretendido mantener la democracia en toda su pureza en un país dividido por las pasiones partidaristas, por las ambiciones y por las enormes distancias entre las capitales de los Estados, sin vías expeditas de comunicación; un país constituido por un conglomerado social heterogéneo, mezcla de razas diversas, en estado de barbarie y dirigido por arrivistas extranjeros y criollos, sin orientación, sin cultura y sin ideales. Pueblos anarquizados como los de Centroamérica necesitaban un Gobierno paternal y fuerte, capaz de dominar por el temor los instintos perversos y los impulsos primitivos de las masas soliviantadas por líderes ignorantes, ambiciosos e incomprensivos.

Incapaz de apartarse de la ley ni de quebrantar en lo más mínimo el sistema democrático, Morazán tenía que ser víctima de sus propias virtudes cívicas. Si él hubiera aprovechado el momento psicológico en que tenía a sus plantas, vencidos, a los aristócratas de Guatemala, y absortos de admiración a todos los pueblos del Istmo, aceptando la dictadura que se le ofreciera, haciendo reformar la Constitución Federal, ejerciendo mientras tanto un poder personal y omnímodo, el sistema democrático se habría perpetuado y la unión de los Estados se hubiera mantenido intacta hasta hoy y para siempre.

Si algo tiene que reprocharle la historia a Morazán es el haber sido un repúblico descentrado, fuera de la realidad ambiente, desligado de la tradición política de la Colonia y actuando en una eminencia de civismo a donde solamente podían distinguirle unos pocos espíritus selectos y a donde las multitudes no podían seguirle sin experimentar vértigo.

Morazán es el ser más completo que ha producido la América Central. Irreprochable en su vida privada como en su vida pública, por más que sus malquerientes escarben en la historia, no encontrarían ni la más leve sombra que obscurecer pudiera su personalidad de hombre y de héroe. Austero y noble, nunca dijo una mentira, ni en momentos en que hubiera podido ser útil a su política faltar a la verdad. Nunca engañó a nadie, ni a sus enemigos. Fue entero, valeroso y digno en todas las situaciones de su vida. Y su pensamiento se elevó sobre las miserias y pequeñeces del ambiente siguiendo su trayectoria en la altura, sin desviarse de su órbita, como un sol que vivifica e ilumina a los buenos y a los malos, sin preferencias ni distingos. Tenía todas las cualidades estupendas del genio y ninguna de las fallas temperamentales de otros genios que, como él, dejaran sus nombres, llenos de gloria, en los anales de la Inmortalidad.

No ha habido hasta hoy, en ningún país, un conductor de pueblos que pueda comparársele en cuanto a la entereza de su carácter, a la nobleza de su espíritu, a la pureza de sus acciones, a la sencillez de sus costumbres, en las más altas posiciones como en el infortunio, en los salones de sociedad como en las agrestes campiñas donde brillaran su talento y su espada vencedora.

Aunque algunos le niegan hasta su capacidad para escribir, los documentos que Morazán redactara y que son reliquias recogidas por la posteridad revelan que su autor sabía escribir con donaire y corrección, haciendo gala de un estilo sencillo, llano, elegante y discreto en que el pensamiento se enmarca como en un cuadro severo en cuyos bordes lucieran "el oro del Guayape y las perlas del Golfo de Nicoya". Era un escritor fuerte y vibrante, con más sindéresis que muchos de sus detractores que blasonan de literatos y de críticos.

Un hombre en cuya vida no se encuentra una mancha y cuyas virtudes resplandecen en todos los momentos, un hombre desapasionado y tolerante, que a nadie ofendió, que a nadie le hizo mal, que no reconoció enemigos, que perdonó a sus asesinos y que supo cumplir sus deberes con entereza y con lealtad, que jamás ejerció la violencia ni la ira y que tuvo la bondad como un apostolado, merece el claro nombre de Santo.

NACIMIENTO DE LA UNIVERSIDAD DE HONDURAS

Discurso pronunciado en nombre del Consejo Universitario en la celebración del Primer Centenario de la Fundación de la Universidad de Honduras.

Desprovisto de méritos para representar en esta tribuna a la más alta institución cultural de la República, me presento con el alma llena de temor e incertidumbre, abrumado por el peso de la tremenda responsabilidad que significa para mí el haber aceptado la honrosa misión que el Honorable Consejo Universitario me confiara al designarme para pronunciar el discurso de apertura de este acto memorable.

La fundación de la Universidad se halla vinculada al recuerdo de dos personalidades ilustres: el Padre José Trinidad Reyes y el Dr. Juan Lindo. Pero también al recuerdo de cinco estudiantes que iniciaran y realizaran el establecimiento de una academia llamada Sociedad del Genio Emprendedor y del Buen Gusto: Yanuario Girón, Máximo Soto, Miguel Antonio Rovelo, Alejandro Flores y Pedro Chirinos, cuyos nombres han pasado a la historia tocados de inmortalidad.

Aquella Sociedad no era una simple unión de estudiantes para discutir asuntos científicos y literarios. Era un establecimiento de educación para la enseñanza del Latín y la Filosofía.

Los jóvenes iniciadores de esta academia, que sería el origen y el fundamento de la Universidad de Honduras, pusieron su obra bajo el patrocinio y autoridad moral del Padre Reyes, a quien le confiaron el cargo de Rector y le encomendaron el discurso de inauguración.

En su discurso el Padre Reyes encomió el esfuerzo patriótico de aquellos jóvenes que habían sido sus discípulos antes de pasar por la Universidad de León, Nicaragua, en la cual obtuvieron diplomas de Bachiller. Se expresó así el abnegado apóstol de la educación:

"Unos jóvenes que, uniendo a sus talentos una infatigable aplicación al estudio, han merecido los honrosos títulos con que los condecoró la acreditada Universidad de León de Nicaragua, consagran hoy a la Patria sus tareas y vienen a pagarle las primicias de sus luces, haciéndole un servicio de clase superior a la de cuantos pueden prestarle sus más amantes hijos.

Su misma ilustración les ha hecho conocer que las ciencias contribuyen, sobremanera, a hacer felices a los hombres y a los pueblos, y que, en los países donde por fortuna se han adoptado los principios democráticos, son ellas de absoluta necesidad; y he aquí el don precioso que vienen a ofrecerle.

Ven la falta de establecimientos de enseñanza; advierten, no sin dolor, que en Honduras las ciencias están todavía encerradas bajo los pergaminos y encapilladas, y no pueden ser indiferentes al malogro y desperdicio de talentos privilegiados que se quedan sin cultivo, cuando debieran ser la honra de la Patria".

No había en Honduras establecimientos de enseñanza, ni públicos ni privados, en donde pudieran recibir educación los hijos del pueblo. Existía en Comayagua un Colegio Tridentino, en el cual se enseñaba Latín, Teología y rudimentos de ciencias y letras, pero tal enseñanza era un privilegio para las clases superiores de la sociedad, únicas que tenían acceso a las ciencias "encerradas bajo pergaminos y encapilladas". Las puertas del Colegio Tridentino estaban herméticamente cerradas para los humildes hijos del pueblo como el Padre Reyes y los jóvenes iniciadores de la Sociedad del Genio Emprendedor y del Buen Gusto, quienes tuvieron que buscar en la Universidad de León un refugio de luz a sus aspiraciones.

El Padre Reyes, primero, y sus discípulos, después, trajeron de León sus antorchas, y las encendieron en el corazón de Honduras, convencidos de que "las ciencias contribuyen a hacer felices a los hombres y a los pueblos" y que "son de absoluta necesidad en los países donde por fortuna se han adoptado los principios democráticos", tal como lo expresara en sencillo y profundo lenguaje aquel luminoso visionario al referirse a la obra con la cual sus jóvenes discípulos le hacían a la Patria un "servicio superior a cuantos pueden prestarle sus más amantes hijos".

En concepto del Padre Reyes, no hay servicio superior al de abrir un templo del saber, no hay servicio superior al de franquearle a la juventud el acceso a la sabiduría. He ahí que un sacerdote y cinco muchachos, salidos de las tinieblas por su propio esfuerzo, se empeñaran en llenar de claridades a la Patria obscurecida por las inclemencias de la vida colonial. Hay que admirar la abnegación de aquellos nobles espíritus que enseñaban gratuitamente, sin apoyo oficial, sin perspectivas de lucro, animados de un patriotismo encendido y de una fe sin resquicios.

El 10 de marzo de 1846, por gestión de la Municipalidad de Tegucigalpa y a iniciativa del Jefe del Estado, Don Coronado Chávez, el Poder Legislativo expidió el decreto cuyo texto es el siguiente: "La Cámara Legislativa del Estado declara su protección al establecimiento literario de Tegucigalpa, el cual tendrá por nombre 'Academia Literaria de Tegucigalpa'".

El Dr. Antonio Bermúdez M., en su discurso pronunciado el 11 de junio de 1946, en nombre de la Sociedad de Abogados, informó que el Dr. Juan Lindo, Presidente de la República, para preparar el advenimiento de la Universidad, había decretado que "en la Academia Literaria se enseñaría a leer y escribir con perfección y principales reglas de Aritmética, las lenguas Castellana y Latina, los idiomas Inglés y Francés y Filosofía, cuyo curso comprendía Matemáticas puras, Retórica y Geografía, y se enseñaría, asimismo, Medicina, Leyes y Cánones".

Así la Academia venía a ser una verdadera Universidad.

Las Universidades de la Edad Media, en Europa, hacia el siglo XIII, comenzaron por establecimientos destinados a estudios generales, y se conocían con los nombres de Academia o Studium. Se usaba la palabra Universitas para designar una comunidad de maestros y discípulos que se dedicaban a estudios generales, a saber: los rudimentos de las ciencias y las letras, los idiomas, la filosofía, la medicina y las leyes. Exactamente como la Academia Literaria de Tegucigalpa.

La autonomía de la Universidad, de que tanto se habla como base de la reforma universitaria, no es una novedad de nuestro tiempo, pues en la Edad Media no llevaban el nombre de Universidad sino los centros de enseñanza general que se organizaban y funcionaban con independencia del Poder Público.

La Universidad se establecía con autorización del poder religioso (bula pontificia) o del Estado (decreto real) o de ambos poderes. Un Studium Generale no era Universidad mientras no adquiriera su autonomía. Así, la Academia General de Palencia, creada por Alfonso VIII, ni el Estudio General de Salamanca establecido por Alfonso IX, aunque comprendían toda clase de conocimientos y constituían una comunidad de maestros y discípulos, no tenían el carácter de Universidades porque eran una dependencia del Poder Real. El Estudio General de Salamanca se transformó en Universidad cuando el Rey Fernando III le dio una organización independiente, asignándole rentas y otorgándole privilegios, en cédula expedida en Valladolid el 6 de abril de 1244. Así tuvo España su primera Universidad, la cual adquirió gran renombre, de suerte que era consultada por Papas y Reyes y fue, con las Universidades de Bolonia, París y Oxford, uno de los cuatro estudios generales del mundo.

La autonomía universitaria ha seguido siendo la regla en todos los países. Pero son muchas las Universidades que han sido organizadas como dependencias del Poder Público, sobre todo en la América Latina, donde sería la Universidad independiente del Gobierno un centro de política banderiza, en el cual los partidos sectarios estarían en lucha perenne para obtener preponderancia en la dirección ideológica y en la administración del Alma Máter, con grave perjuicio para la juventud estudiosa y para la cultura del País.

La autonomía no es esencial a la reforma universitaria. Con autonomía o sin ella, la reforma ha de llegar a todas las Universidades latinoamericanas, como ya se está realizando en varias de ellas, a fin de que cumplan una función social y humana en toda su integridad y amplitud, como eje de la cultura en todos sus aspectos y en todos los medios.

Nuestra Universidad, como las de la Edad Media, comenzó como Estudio General desde que se iniciara la Sociedad del Genio Emprendedor y del Buen Gusto. Continuó como establecimiento del mismo tipo al transformarse en Academia Literaria por el citado decreto legislativo del 10 de marzo de 1846. Pero, desde entonces, tenía todos los caracteres de Universidad por la enseñanza de humanidades y demás ramas del conocimiento. Respondía a las exigencias y necesidades de la época, y era un centro docente como las demás universidades europeas y americanas.

He ahí la obra de aquellos luminosos varones que —en celeste connubio— engendraron una estrella de eternidad y de prodigio; que alzaron el telón espeso y lúgubre para mostrar el escenario vistoso de la naturaleza donde actúan los grandes artistas de la sabiduría, enardecidos de amor en la locura trágica de combatir las tinieblas y llenar la escena de presagios de redención y de esperanza.

Es conmovedor el gesto del Dr. Juan Lindo, quien, como animado por el espíritu civilizador de Pericles, traslada a Tegucigalpa el Gobierno de la República que él dirigía como Presidente en Comayagua, con el objeto de darle vida legal a la brillante arquitectura que habían levantado el Padre Reyes y sus discípulos, con el objeto de revestir con el prestigio oficial aquel incipiente centro de enseñanza, para que pudiera cumplir su gran destino bajo la protección del Estado.

El 1.º de septiembre de 1847, el Presidente Lindo dictó el decreto que dice así:

"El Presidente en quien reside el Poder Ejecutivo del Estado de Honduras, excitado por la Municipalidad y vecindario de Tegucigalpa para ir personalmente a organizar la Academia Literaria establecida en aquella ciudad; queriendo dar una prueba de su deferencia a los deseos de aquellos habitantes y del interés que el Gobierno toma en todo lo que se encamina al fomento de la ilustración, y facultado por el Poder Legislativo en acuerdo de 20 de febrero del corriente año para remover los obstáculos que se presentan al progreso de aquel establecimiento.—Decreta: Art. 1.º — Se trasladará el Gobierno a la ciudad de Tegucigalpa, el día 6 del actual, con el fin de organizar la Academia Literaria de aquella ciudad."

El Dr. Lindo, como Presidente de El Salvador, había fundado la Universidad de aquella República. Y le dio tanta importancia al establecimiento de un centro similar en Honduras, que no solamente trasladó por quince días el Gobierno de Comayagua a Tegucigalpa, sino que comunicó este acontecimiento a las autoridades departamentales del Estado y a los Gobiernos de las hermanas

Repúblicas de Centroamérica. Aquel gran civilizador tenía clara conciencia de que, como lo expresara el Padre Reyes en su citado discurso inaugural de la Sociedad del Genio Emprendedor y del Buen Gusto, ni antes ni después de la Independencia se había presentado un rasgo sin ejemplo de verdadero patriotismo en Honduras. Tenía clara conciencia de la obra inmortal que estaba realizándose, cuyas proyecciones habrían de fulgir gloriosamente en la prolongación interminable de los siglos.

El Dr. Lindo, con todo el personal del Gobierno, llegó a Tegucigalpa y el 13 de septiembre de 1847 dictó el decreto de organización de la Academia Literaria, estableciendo los cursos que debían seguirse y nombrando a los funcionarios y catedráticos, trazando así los lineamientos de la Universidad que fue inaugurada el 19 del mismo mes, entre los aplausos del vecindario y el júbilo de los creadores de la noble institución cuyo primer centenario estamos celebrando agradecidos y esperanzados.

El Dr. Ramón Rosa, en su ponderada biografía del Padre Reyes, lamenta que, "debido a las ideas de la época y a los escasos elementos de la Universidad, no hayan salido de su seno geógrafos, historiadores, físicos, matemáticos, naturalistas, economistas y estadistas, de que tanto necesita Honduras para que alcance a comprender sus verdaderos intereses materiales y morales".

Estas deficiencias que señala el Dr. Rosa eran comunes a las universidades latinoamericanas de aquel tiempo. No había seminarios de investigación, no había institutos de especialidades científicas, ni había técnicos que enseñaran esas especialidades. Y aunque los estudiantes adquirían una base en humanidades y en toda clase de ciencias y estaban capacitados para especializarse por sí mismos en esta o aquella rama del saber, tal como lo hacían en otros centros universitarios, no disponían de medios económicos para dedicarse a tareas científicas que acaso no les proporcionarían recursos para llenar las exigencias materiales de la vida.

Ocurría entonces, como ocurre ahora, el predominio del utilitarismo que se sirve de la ciencia y de las letras como un medio de triunfar en la lucha por la existencia y el bienestar personal, lo cual es muy humano. Y así los jóvenes que pasan por la Universidad tienen como anhelo primordial que se les habilite para ejercer una profesión lucrativa. Sin embargo, en la relatividad de nuestro medio social y económico, no han sido pocos los profesionales que se han destacado como estadistas, historiadores, geógrafos, matemáticos, naturalistas, egresados de la Universidad de Honduras.

El Dr. Rosa tenía la visión de lo que debe ser la Universidad moderna, que no es sólo un centro docente autorizado para expedir títulos profesionales, sino, primordialmente, un campo de investigación científica donde se prepara a la juventud para el estudio y la comprensión de los problemas nacionales e internacionales; un laboratorio inmenso, donde no solamente se estudian y analizan los fenómenos de la materia orgánica e inorgánica, sino también los del espíritu, los de la vida del hombre y de la sociedad, en un afán sin término de arrancarle sus secretos a la naturaleza para el mejoramiento de la existencia humana, en el bienestar material, en la convivencia armónica, en la justicia, en la libertad, en el amor, en la belleza, en la superior realización de los dones radiosos de la humanidad.

La Universidad es la casa de la Ciencia y del Arte. Es el Alma Máter, es decir, la madre fecunda, la madre que alimenta, la fuente de vida, de la cual surgen los elementos esenciales para constituir una nacionalidad y para prolongar su existencia en una agitada marcha hacia la perfección. Alma Máter es una expresión latina que significa Patria, y se aplicó como sobrenombre a Cibeles, madre de los dioses, y a Ceres, diosa de la agricultura. Su significado es profundo y universalista. Congloba la esencia de la vida, la actividad creadora, la nutrición de los seres, la naturaleza en movimiento y el espíritu en ascensión, la clara y fúlgida vertiente en que se abrevan las almas con sed de grandeza, de alas y de estrellas.

Como su nombre lo indica, la Universidad comprende la universalidad de los conocimientos humanos. A sus ojos siempre despiertos no escapa ningún fenómeno, por insignificante que parezca, de cuyo estudio pudiera derivar beneficios la humanidad. De ella deben salir los técnicos del Derecho, de la Medicina, de la Química, de la Farmacia, de la Ingeniería, de la Odontología. Pero también los técnicos de la Agricultura, de las Industrias, del Comercio, de la Banca, de la Economía y de las Finanzas, los especialistas en todas las ramas del saber, los literatos, los poetas, los artistas, los sociólogos, los historiadores, los geógrafos, los creadores e investigadores, los exploradores todos de la naturaleza en sus manifestaciones utilitarias y espirituales.

Este concepto de Universidad, que es el concepto ecuménico que privara en los comienzos de esta clase de centros docentes, y al cual responden con más o menos amplitud las universidades de los Estados Unidos, de Europa y de varios países latinoamericanos, en las cuales no solamente se preparan profesionales, sino también toda clase de expertos para las artes, las industrias, el comercio, la economía, las finanzas, y también los maestros de educación y los obreros especializados.

Para realizar esta enorme labor, las Universidades disponen de Institutos, Seminarios, Laboratorios, Gabinetes de Física, toda clase de elementos de investigación, de análisis, de comparación y de control en el estudio de los más variados fenómenos.

Es indudable que la cultura se halla en crisis. Ella no ha sido capaz de dominar los instintos bárbaros de la humanidad, para afirmar las nacionalidades sobre cimientos de paz, de confraternidad, de solidaridad, de igualdad, de libertad y de justicia. La unidad ecuménica, que es el ideal puro de los grandes pensadores, no ha podido mostrarse como una realidad sociológica, como una vinculación espiritual irrompible. Las culturas individuales de los países más poderosos se han encontrado, asombradas y erizas, en los campos de muerte, en las dos últimas guerras mundiales, y hánse destrozado mutuamente, han destruido enormes riquezas materiales acumuladas por los siglos, han sacrificado monumentos de arte y, lo que es más triste y decepcionante, han aplastado la fe en una cultura universal, en la unidad intelectual de los pueblos, en la obra brillante, fastuosa, límpida y eterna, que es la aspiración de los más altos espíritus y que ha de ser la meta de la humanidad en su penosa ascensión.

Pareciera que faltara un lazo común, un lazo espiritual de fuerza divina, capaz de unir las culturas individuales sobre una base metafísica, una mística universalista que responda en todas partes a la ansiedad de los pueblos, al grito múltiple que clama por una paz orgánica, permanente e inmutable.

El Profesor Juan Mackay, Decano de la Facultad de Teología de la Universidad de Princeton, refiriéndose a los Estados Unidos, dice que "uno de los más grandes educadores, el Presidente de la Universidad de Chicago, ha declarado que lo que hace falta a la cultura americana, en estos momentos, es una idea luminosa que dé sentido, unidad y dirección a la cultura, porque, según él, tal idea no existe". Y propicia que "una teológica, la más grande de las ideas, la de Dios, ha de ser la anhelada". El Profesor Mackay comenta este tópico así: "Desde la cultura griega en adelante, todas han estado inspiradas en una religión. Sólo la nuestra, la contemporánea, ha carecido de ese fundamento. Y la falta de la idea luminosa se nota, se advierte, en la literatura, en la poesía, en el arte".

A pesar de la negación del Profesor estadounidense, la idea luminosa ha existido y existe en todas las culturas: la exaltación humana a la Divinidad, la aspiración ansiosa al infinito, el sentimiento religioso que vibra en todos los conglomerados humanos, aun en los más primitivos; el temor hacia los poderes desconocidos, el respeto supersticioso ante los fenómenos cuya explicación escapa a la sabiduría de los hombres; en una palabra, el místico irreductible que cada hombre lleva en su interior y que rige sus destinos como político, como filósofo, como escritor, como artista, como profesional, como artesano, como proletario, en todos los aspectos de su actividad individual y colectiva.

Lo que falta a la cultura es una idea luminosa, diáfana y libre de sectarismos, sin diferencias religiosas ni políticas, que sea aceptada como norma única metafísica, espiritual, por todas las culturas, para que constituya el vínculo de unificación de la humanidad en su eterno devenir y en sus tanteos para escalar la cumbre donde la luz eterniza sus fulgores.

La elaboración de la cultura moderna se hace en las universidades. De ellas surgen las directivas para los pueblos, en forma de ciencia y arte, personificadas en conductores de la sociedad, en modalidades de la masa humana, en dispensadores del bien y la justicia, espíritus predestinados para realizar nuevas obras de regeneración y de progreso, para levantar el nivel moral de las multitudes, elevándolas a planos superiores de dignidad y de civismo.

Nuestra Universidad tiene la gloria de haber dado esas directivas, a las cuales han obedecido los estadistas conscientes de su responsabilidad y en cuyas manos el pueblo hondureño ha confiado sus destinos. De ella ha emergido ya, para nuestra cultura, la idea luminosa que está guiando a los hondureños hacia la unidad ecuménica de los intereses materiales y espirituales. La idea luminosa, la idea que modela y anima la cultura hondureña, es la paz de la nación, vínculo sagrado que va apretando en un haz de esperanzas a los hondureños y que habrá de hacerse cada día más fuerte y vigoroso al despertar del patriotismo y la comprensión.

El actual Presidente de la República, Dr. Carías Andino, espíritu modelado en las aulas de nuestra Universidad, típico exponente del hondureñismo, es quien ha encontrado y mantenido la idea luminosa de la paz, que va llenando de claridades el ambiente nacional y va tomando consistencia orgánica en los espíritus, sobre todo en la juventud, que es la esperanza, y en los hombres de pensamiento y de acción, que son la realidad presente y viva, y se ha infiltrado como nueva mística en el corazón de las multitudes, en el alma popular que constituye el sólido y firme baluarte de la nacionalidad y de las instituciones.

Esta idea luminosa, esencia extraída de nuestra Alma Máter, eclosión divina del espíritu universitario, ha iniciado en Honduras una nueva era: la era del progreso fecundo, de la construcción perenne, del movimiento en ascenso; la era del bienestar social, de la vida plácida, de la renovación de valores humanos, de la revolución intelectual y moral, de la adaptación a normas definitivas de la mentalidad del pueblo hondureño que abomina del pasado sangriento y lúgubre y que abre sus alas resplandecientes y ágiles en el espacio libre, ávidas de horizontes y de astros.

La reforma visionaria del Dr. Rosa, bajo el Gobierno civilizador de Marco Aurelio Soto, hizo de nuestra Universidad un centro científico organizado de acuerdo con las ideas filosóficas de la época, emancipándola de la influencia teológica y de la influencia metafísica, que imperaban en la enseñanza antes y después de 1847.

Tal fue la innovación esencial de nuestra Alma Máter. Las otras innovaciones consistieron en darle nuevos planes de estudio y establecer las Facultades de Medicina y Farmacia y de Ciencias, además de la de Jurisprudencia y Ciencias Políticas. Desde entonces hasta hoy, nuestra Universidad ha sido un grupo de Facultades para la formación de profesionales.

Es indudable que el plan del Dr. Rosa era de amplias proyecciones culturales. Pero fracasó casi totalmente en el curso de veinticinco años. La única Facultad que en ese tiempo funcionó con regularidad fue la de Jurisprudencia y Ciencias Políticas. Las otras no fueron debidamente servidas. La Facultad de Medicina dio esporádicamente algunos médicos, y la de Ciencias algunos ingenieros topógrafos. No salieron de la Facultad de Ciencias los peritos mineros, químicos, constructores, agrónomos, que el Dr. Rosa avizorara como principal factor para el desarrollo de nuestra economía.

Fuera del sentido positivista de la reforma, puede asegurarse que la Universidad continuó realizando la misma obra de antes como una escuela para la preparación de profesionales del Derecho, con la desventaja de haberse reducido el estudio de Humanidades, bajo el signo de un agnosticismo que ha limitado los vuelos del espíritu y ha cerrado a la juventud los horizontes amplios de la investigación.

La Facultad de Medicina comenzó a funcionar con cierta regularidad desde la reforma de 1906, que le dio a la enseñanza general un nuevo rumbo. Las demás continuaron estacionarias. Debemos reconocer que el auge actual de la Facultad de Medicina, de la Facultad de Química y Farmacia y de la Facultad de Ingeniería es de reciente data y corresponde a la administración del Señor Presidente Carías Andino.

"El nuevo Código —decía el Dr. Rosa en su fascinante discurso del 26 de febrero de 1882— establece para la enseñanza, lisa y llanamente, el sistema positivo." Y, con una brillantez incomparable, enjuicia los sistemas teológico y metafísico que privaran en las Universidades hasta muy avanzado el siglo XIX.

El progreso que revela la reforma de 1882, al descartar de la enseñanza la teología y la metafísica, debe considerarse como un avance cultural de enorme trascendencia, en cuanto tendía a libertar al espíritu de prejuicios y supersticiones, enmarcando sus actividades en un plano de utilitarismo realista, fuera de toda disquisición sobre el origen de los mundos y de los seres, sobre la constitución íntima de la materia y del alma, sobre todos aquellos fenómenos que escapan a la observación y la experiencia.

La enseñanza universitaria no debe someterse a la disciplina de ningún sistema filosófico. Ella no debe ser ni teológica, ni metafísica, ni positivista. Ha de ser libre, abierta a todas las corrientes de la sabiduría, a todos los medios de investigación, sin detenerse ante ningún obstáculo en sus afanes de encontrar nuevas verdades, nuevos instrumentos de acción para mejorar las condiciones de la humanidad. La Universidad de Chicago, sometida al agnosticismo positivista, no habría dado con el secreto de la bomba atómica.

Las Universidades tuvieron la teología como vínculo de unidad del pensamiento humano; después, la metafísica; después, la filosofía positiva, que tuvo su expresión en una mística del liberalismo. En los tiempos actuales, las Universidades, en un plano de libertad, se acogen al concepto social de la vida como vínculo de unidad del pensamiento, para servir a la humanidad en sus múltiples actividades y manifestaciones de cultura. Condensando sus ideas sobre la Universidad de hoy, el Dr. Luis Alberto Sánchez, Rector de la Universidad de San Marcos de Lima, Perú, dijo lo siguiente en memorable conferencia dictada el año recién pasado: "La Universidad tiene por base un gran deber humano, un gran deber social y un gran deber nacional". No se trata, pues, de adoptar este o aquel sistema filosófico, sino de elaborar, utilizar y difundir la cultura para cumplir aquellos deberes.

Nuestra Universidad sigue siendo un grupo de Facultades profesionales. Pero ya va tomando los contornos de Universidad moderna, impregnándose del concepto social que ha de darle unidad al trabajo universitario. Consciente de sus deberes de servicio a la comunidad, trata de utilizar los elementos de que dispone para la investigación, la cooperación y la extensión de la cultura a las masas. Ya dispone de laboratorios y clínicas, y es de esperar que han de crearse institutos especiales y seminarios de investigación científica, para darle los contornos de Universidad moderna.

Para terminar, séame permitido decir unas frases de desagravio y de justicia a la memoria límpida del Padre Reyes.

El Dr. Ramón Rosa, en su biografía del Padre Reyes, ha hecho un exaltado panegírico de este apóstol egregio de la civilización y la cultura, pero le apunta ciertas fallas de carácter personal y algunos defectos en su labor poética.

Le reprocha el Dr. Rosa el haber endiosado con su poesía a personajes que fueron después por él mismo vilipendiados. En verdad, es un defecto que no se compagina con la austeridad del sabio y la investidura del sacerdote. Pero hay que tomar en cuenta que el poeta actuaba en un medio social atrasado y en un medio político de gran agitación, de frecuentes mutaciones escénicas, de tal suerte que los personajes eran enfocados por él según el momento de su actuación y según le pareciera ésta buena o mala. Por otra parte, sus panegíricos o sus denuestos para ciertas figuras políticas de la época no fueron escritos con intención artística y no deben figurar entre las obras poéticas del autor: son la expresión interesada de la pasión política de ciertos círculos sectarios que encontraron eco en la traviesa, risueña y dúctil musa de aquel espíritu genial, en cuya alma seráfica solamente tuvo cabida el amor al prójimo, manifestado en luchas y sacrificios para servir a su Patria y a su pueblo.

En cuanto a los defectos de versificación, como la presencia de asonancias y consonancias en la misma estrofa o la inclusión de un verso heptasílabo terminado en palabra aguda, la crítica del Dr. Rosa carece de consistencia, ya que, si el poeta se salió del rigorismo retórico, acogiéndose a una libertad inusitada en su tiempo, no se apartó del ritmo que hace el encanto y la seducción de su poesía. La técnica actual del verso nada tiene que reprocharle por sus rebeldías contra la retórica inflexible de la época.

He aquí una de las estrofas condenadas por el crítico:

Cuántas veces oíste

de su voz el acento

y cuántas repetiste

su graciosa expresión en suaves ecos.

Mas ¡ay! que ya descansa

en profundo silencio,

y no la veréis más,

tristes cipreses y elevados cedros.

Señala el Dr. Rosa la aparente contradicción entre la democracia que profesara el Padre Reyes y su sincera fe religiosa. En verdad, la contradicción no existe. La democracia no es religiosa ni atea, y nada tiene que ver con los sentimientos religiosos de quienes la profesan como ideología política. La democracia ha existido en países paganos, como existe en países católicos, protestantes, budistas, musulmanes, confucionistas.

No había paradoja en el espíritu del Padre Reyes, como demócrata y como sacerdote católico. La democracia como ideología política y como sistema de Gobierno convive con los cultos religiosos, sin interferencias ni choques, en una armonía beneficiosa para la cultura y el progreso de la humanidad. Y es que la democracia, como manifestación social y como forma de Gobierno, es la voluntad divina expresada por medio del pueblo, justificando el proverbio de que la voz del pueblo es la voz de Dios.

Difícilmente podría encontrarse en Honduras una figura histórica como la del Padre Reyes. Y debemos exaltarla como un símbolo de la virtud. Un símbolo de la cultura hondureña. Porque fue el civilizador, el patriota, el apóstol recio de bondad y de amor cuyo espíritu se resolviera en claridades seráficas. He ahí el Padre de la Universidad de Honduras.

Tegucigalpa, D. C.,
19 de septiembre de 1947.

TEORÍA DE LOS ESTATUTOS

Antecedentes Históricos

En los tiempos antiguos, los pueblos organizados bajo un régimen territorial y cuya mutua compenetración sólo podía efectuarse en virtud del derecho de conquista, no conocieron manifestaciones del derecho internacional privado. Cada pueblo o nación tenía su ley, la cual se desarrollaba dentro del territorio, modificándose por el influjo de las costumbres y del progreso o bajo la presión del conquistador, pero no trascendía en forma alguna a los demás pueblos o naciones.

El jus gentium de los romanos no era una ley internacional. Regulaba las relaciones jurídicas de los extranjeros que eran habitantes del Imperio y que pertenecían a los pueblos conquistados. Como expresa la Instituta de Justiniano, el jus gentium es el conjunto de reglas que la razón natural ha dictado en todas las legislaciones. Es el derecho común a Roma y a los demás pueblos, diferente del jus civile, que es un derecho especial, conjunto de principios y normas únicamente aplicables a los ciudadanos romanos (cives romani). Los extranjeros de toda procedencia que se hallasen en el territorio romano estaban sujetos al jus gentium, y eran juzgados por judices recuperatores, bajo la jurisdicción del pretor peregrinus, para dirimir los asuntos que surgieran entre peregrinos (extranjeros) o entre éstos y los ciudadanos romanos.

Cuando la ciudadanía romana se extendió a todos los pueblos del Imperio (año 212), el jus gentium tuvo una aplicación muy limitada. Tratándose de extranjeros, en caso de conflicto de leyes, se aplicaba el jus gentium; y tratándose de ciudadanos romanos, se aplicaba la ley de la ciudad a que pertenecía el individuo por derecho de origo o de domicilium.

Cuando los germanos conquistaron el Imperio Romano de Occidente, llevaron consigo sus propias leyes, pero respetaron las de los vencidos. El derecho de los germanos era personal y el de los conquistados era territorial; aquel estaba vinculado a los individuos y los seguía a todas partes, en tanto que el otro estaba vinculado a la tierra. Pero esta distinción de derechos personales y territoriales, dentro de la misma nación, no podía considerarse como un vestigio del derecho internacional privado.

La personalidad de las leyes se extendió a todos los pueblos del antiguo Imperio, tanto en Italia como en Francia y España, a tal grado que hubo de establecerse la professio juris, según el cual todo individuo que acudía a un tribunal declaraba cuál era su ley personal, para que conforme a ella se dirimiera la cuestión que le llevaba ante el juez.

Contra este sistema de la personalidad de las leyes se desarrolló el sistema territorial, bajo el feudalismo, según el cual el señor del feudo dictaba las leyes que debían aplicarse en todo el territorio sujeto a su jurisdicción, excluyendo a cualquier otra. Así, el derecho quedó en absoluto vinculado a la tierra.

Como se comprende, unas veces dominaba la concepción de la personalidad de la ley y otras la concepción de la territorialidad. Pero ambas nociones aparecen en la historia, justificando la necesidad de las limitaciones legislativas de un país respecto a los otros. El feudalismo llegó a cortar todo lazo jurídico entre un señorío y los demás, quedando cada uno encerrado como en un círculo infranqueable. No obstante, aunque vagamente, quedaba en los espíritus la noción de las leyes personales, que siguen al individuo cualquiera que sea su residencia, y leyes territoriales o reales, que regulan las relaciones jurídicas del individuo en cuanto se refiere a la tierra en que habita.

Durante la Edad Media, a pesar del feudalismo, florecieron en Italia las ciudades libres, que llegaron a ser el único refugio de las ciencias, las artes, el comercio y la industria. La ciencia del derecho encontró en ellas un campo propicio para su desarrollo.

Aparecieron entonces unas leyes peculiares de cada municipio o de cada provincia libre, y a esas leyes particulares se les dio el nombre de estatutos, para diferenciarlas de la ley general que regía en todo el territorio, constituida por el derecho romano y el lombardo.

LA TEORÍA DE LOS ESTATUTOS

Un alto grado de desarrollo alcanzaron los estudios del derecho en las universidades italianas, centros de elevada cultura, en los cuales los más grandes jurisconsultos de la época enseñaban el derecho romano al mismo tiempo que las leyes particulares o estatutos, precisando cada vez más los conceptos y las reglas de ambos derechos.

Sobre la aplicación de uno y otro derecho surgieron en seguida conflictos o colisiones, provocando controversias entre los jurisconsultos. Para resolver tales conflictos entre la ley particular y la general o entre leyes nacionales de diferentes países, se fue formando la teoría de los estatutos, en la cual se involucraron las doctrinas de los jurisconsultos del siglo XIII al XVIII.

Desde aquel tiempo, el concepto territorial de la ley fue cediendo y suavizándose, y llegó a fijarse el concepto personal del derecho, mediante la expansión de la teoría estatutaria, obedeciendo a las necesidades de las relaciones mercantiles y a la conveniencia de los pueblos cuyo mutuo contacto creaba relaciones jurídicas de diversa índole.

En sus comienzos la doctrina de los estatutos, según el Dr. José Matos, siguiendo a Weiss, llegó a concretarse así:

"Es el soberano de cada país al que, en ejercicio de una jurisdicción exclusiva en todo el respectivo territorio, corresponde fijar las condiciones mediante las cuales todos sus habitantes adquieren, conservan y transmiten los derechos; pero este poder del Estado no llega más allá de sus fronteras y, por consiguiente, su autoridad no se extiende ni a las personas ni a las cosas sobre las que, existiendo algún vínculo anterior, se hallan fuera del territorio".

Era esta una concepción meramente territorial del derecho, influenciada de lleno por el criterio feudal.

Dadas las circunstancias de cosmopolitismo de los pueblos italianos, en los cuales pululaban los extranjeros a millares, atraídos por el movimiento comercial y por la fama de las universidades, no era posible que se mantuviera la doctrina estratificada en su primitiva manifestación, y el legislador hizo concesiones para romper las barreras territoriales, comenzando los estatutos a adquirir una elasticidad en armonía con los hechos y las circunstancias mesológicas. Se hizo la división de los estatutos en reales y personales: conforme a los primeros, el individuo quedaba sujeto a la ley local; y, conforme a los últimos, se admitía que el extranjero quedase sometido a su propia ley. Quedó así establecido el principio, adoptado generalmente en las legislaciones modernas, de que la ley relativa al estado y capacidad de las personas las sigue a todas partes y es la que debe aplicarse para resolver los conflictos que se susciten cuando se trata de las relaciones jurídicas de un extranjero en el territorio nacional. Esta intromisión de una ley extranjera parecía deprimente para la soberanía interna, y los jurisconsultos la justificaron invocando la cortesía internacional o comitas gentium, como ahora se invocan la convivencia de las naciones y su interdependencia como miembros de la sociedad jurídica internacional.

Quedó claramente establecido que el estado y capacidad de las personas debía regirse por el estatuto personal, determinado por la ley del domicilio; y los hechos y actos relativos al régimen de la propiedad, a la transmisión de los bienes, debían regirse por el estatuto real, o sea la ley del país donde están situados los bienes. El locus regit actum se adoptó para la forma de las declaraciones de la voluntad.

La división de los estatutos en reales y personales simplificaba teóricamente la solución de los conflictos, pero no ocurría lo mismo en la práctica. Numerosas controversias se suscitaron entre los jurisconsultos con motivo de la aplicación de los estatutos a casos determinados.

LOS GLOSADORES

Esta denominación se aplica a los jurisconsultos del siglo XIII al XV, que se dedicaron a hacer profundos estudios del derecho romano, para resolver los conflictos suscitados por la aplicación de los estatutos.

Los glosadores contribuyeron notablemente al desarrollo de la teoría estatutaria, distinguiéndose entre ellos el famoso Profesor Bártolo, que enseñaba el derecho en las universidades de Pisa y Perusa. Este jurisconsulto hizo una prolija clasificación de los estatutos, "estableciendo la diferencia entre los que pueden considerarse como de un alcance fuera del territorio y los que deben aplicarse a nacionales y extranjeros por igual dentro del territorio".

Por más que su clasificación no puede considerarse acabada, facilitó bastante la aplicación de los estatutos.

Daré una breve idea de los estudios de este jurisconsulto:

Los contratos.

Sostiene que, respecto a la solemnidad, debe aplicarse la ley del lugar donde se celebró el contrato; en cuanto al procedimiento, debe determinarse por la ley del país del tribunal que conozca del asunto; y en lo relativo al fondo, toma en cuenta las consecuencias directas o indirectas del contrato, siendo aplicables para las primeras la ley del lugar donde se celebró, y para las segundas la ley del país de ejecución.

Las sucesiones.

En el caso de un testador extranjero, puede servirse de las formalidades locales para la parte externa, y en cuanto a la capacidad debe sujetarse a su ley de origen.

Como algunos opinaban que en materia de sucesiones debía atenderse a la ley del lugar donde los bienes se hallaran situados, y otros opinaban que debía preferirse la ley del lugar de origen del causante, Bártolo propuso una fórmula conciliatoria: que, en cada caso, se investigara la naturaleza del derecho sucesorio, de acuerdo con la organización que le ha dado cada legislador; si este tuvo en cuenta los derechos e intereses de la familia, rige el estatuto personal, y si atendió al régimen de la propiedad privada en lo que afecta el interés político, rige el estatuto real. (Champcommunale–Foignet.– Matos)

Los delitos.

Si el extranjero que delinque conoce la ley penal, por tratarse de actos considerados como delitos en todas partes, será castigado conforme a la ley del lugar donde cometió el delito. Pero si se trata de hechos que en su país no se consideran como delitos, necesario es probar que el delincuente tenía conocimiento de la ley que ha de castigarlo.

Estatutos favorables y odiosos.

Hizo Bártolo una importante distinción entre los estatutos favorables y desfavorables u odiosos: los primeros pueden aplicarse fuera del territorio, porque se hallan inspirados en un espíritu de protección; y los otros sólo deben aplicarse dentro del territorio, puesto que se originan de un rigor injustificado.

Locus regit actum.

Adoptó Bártolo esta regla, según la cual es válido el acto jurídico cualquiera que sea su forma, con tal que reúna las condiciones intrínsecas que exige la ley del lugar donde se originó.

Balbo, discípulo de Bártolo, más sagaz que su maestro, realizó estudios minuciosos sobre la teoría estatutaria, contribuyendo en mucho a darle más claridad y consistencia, estableciendo reglas para las diferentes soluciones.

LOS POST-GLOSADORES

Los jurisconsultos de la escuela francesa del siglo XVI pueden ser considerados como post-glosadores, pues, siguiendo las doctrinas de la escuela italiana, la modificaron en parte, haciendo avanzar bastante la teoría de los estatutos.

Carlos Dumoulin, el más eminente de los post-glosadores de la escuela francesa, sostiene el principio de que todas las leyes son reales, admitiendo la necesidad del estatuto personal. Para fijar el estatuto personal atiende al fin de la relación jurídica: si ésta se refiere a la persona, el estatuto es personal; y si se refiere a los bienes, es real. La distinción, que parece tan sencilla y práctica, no salva las dificultades, sin embargo, pues en muchas ocasiones se hace difícil determinar el estatuto que ha de aplicarse, como cuando la relación jurídica se refiere al mismo tiempo a las personas y a los bienes. Para estos casos, Dumoulin acepta la división de estatutos favorables y desfavorables, la cual tampoco es suficiente para la solución de los conflictos que suelen presentarse.

En lo que este jurisconsulto introdujo una verdadera innovación es en materia contractual, sentando que, en esta materia, en cuanto a la substancia y efectos de los contratos, la voluntad de las partes es soberana, y los jueces deben aplicar la ley a la cual han querido referirse los contratantes.

Otro de los grandes jurisconsultos de esta escuela es Bertrán d'Argentré, quien exageró demasiado el principio de la territorialidad de las leyes. Estableció, dice Matos, una distinción entre las leyes de capacidad general, que llama personales, siempre que no produzcan ningún efecto sobre los bienes, y las leyes de capacidad particular, que, para él, en todo caso, son reales. Como en muchos casos las leyes no tienen el exclusivo carácter de personales o el exclusivo carácter de reales, d'Argentré dividió los estatutos en reales, personales y mixtos, división muy difícil de utilizar en la práctica.

Guy Coquille, bastante más avanzado que sus contemporáneos, estableció que para determinar la naturaleza del estatuto debe atenderse siempre a la intención del legislador: si ella tiene en cuenta el interés directo de la persona, la ley debe seguirla a cualquier parte a donde se traslade; y, al contrario, si la intención del legislador no ha tenido en mira el interés directo de la persona, corresponde aplicar la ley territorial.

LA ESCUELA HOLANDESA

También pueden considerarse como post-glosadores los jurisconsultos de la escuela holandesa, en el siglo XVIII, que florecieron en Holanda y en Bélgica.

Esta escuela se distingue por haber extremado la concepción territorial del derecho, al grado que Nicolás de Bourgoigne, uno de los más célebres profesores de la Universidad de Gante, sostuvo la preponderancia de los bienes sobre las personas, asegurando que "no es la persona la que domina las cosas, sino las cosas las que atraen a las personas para imponerles su estatuto". No obstante, reconoció que el cambio de residencia no evita a las personas regir sus actos por la ley de su origen, en cuanto a su estado y capacidad.

Rudenburgh afirmaba que en un sentido estricto todas las leyes son territoriales, pero que el interés del Estado puede autorizar en su territorio la aplicación de leyes extranjeras. Contra la doctrina de Bourgoigne, sostuvo que el estado y capacidad de la persona deben regirse por un estatuto que la siga a todas partes y que produzca efectos sobre los bienes situados en territorio distinto de su domicilio (Matos).

Voet (Pablo), profesor de la Universidad de Utrecht, extremó el concepto territorialista de la ley, reconoció la existencia de estatutos mixtos, entre los cuales incluía los relativos a la forma exterior de los actos. Su hijo Juan, también profesor de la misma universidad, más famoso que el padre como internacionalista, sentó el principio de que "siendo todos los estatutos emanación de la soberanía territorial, carecen en consecuencia de autoridad fuera de los límites de esa soberanía". Pero admitía que los Estados pueden tolerar en su territorio la aplicación de la ley extranjera, en algunos casos, por cortesía y por interés. Propone que esta tolerancia se reglamente por medio de convenciones internacionales.

Otro de los jurisconsultos de esta escuela fue Huberus, quien en su obra De Conflictu Legum da tres reglas para resolver los conflictos de las leyes. Son las siguientes:

Primera.–Las leyes de cada Estado rigen a las personas y las cosas situadas en los límites de su territorio.

Segunda.–Todas las personas que habitan en los límites del territorio de un Estado son consideradas como súbditos de ese mismo Estado, aun siendo su residencia temporal solamente.

Tercera.–La conveniencia recíproca de las naciones ha hecho que estas consientan en que todo trato, de cualquier especie que sea, concluido dentro de su territorio con arreglo a sus propias leyes, se considere válido en todas partes, con tal de que no perjudique a los demás Estados ni a sus ciudadanos.

La escuela holandesa concretó bastante el problema de los estatutos, pero no encontró la fórmula segura para su aplicación, fórmula que no se ha conseguido aún, puesto que la teoría de los estatutos descansa sobre bases movedizas o incompletas. La aceptación de la comitas gentium para justificar la extraterritorialidad de ciertas leyes es lo que caracteriza a la escuela holandesa.

LA ESCUELA FRANCESA DEL SIGLO XVII

Significa un gran paso en la concepción del derecho internacional privado. Uno de sus representativos más ilustres, Luis Boullenois, en su libro titulado La Realidad y la Personalidad de las Leyes, aclaró la doctrina estatutaria, estableciendo distinciones simplificadas para la aplicación de los estatutos. Cuando el objeto directo y principal de las leyes es regular el estado y capacidad de las personas, se consideran personales. Cuando el objeto directo e inmediato de las leyes es regular los bienes, se consideran reales. Si hubiese duda respecto al estatuto personal del domicilio de la persona y el del lugar donde se encuentre, se prefiere el estatuto del domicilio.

Las leyes personales son universales o particulares. Las primeras rigen todos los actos de la vida civil de la persona, y las particulares rigen los actos de la persona que no se comprenden en las disposiciones legales de carácter general. Ejemplo del primer caso: las disposiciones relativas a la mayor edad; ejemplo del segundo caso: el senadoconsulto Velaiano, que prohíbe a la mujer casada prestar fianza a favor del marido.

Otro de los jurisconsultos de esta escuela, Froland, no solamente propende a darle una extensión amplísima al estatuto personal, sino que —como Rodenburgh— quiere que se aplique aun a los bienes que estén fuera del territorio. "La persona y sus bienes —dice— son dos cosas muy diferentes, y siendo la persona más noble, debe prevalecer sobre los bienes, que sólo son creados para ella". Y establece que cuando un estatuto concierna a la persona y a los bienes debe considerársele como personal.

La escuela francesa culminó con Bouhier, que le dio al estatuto personal una importancia predominante sobre el estatuto real, estableciendo que en caso de duda sobre la naturaleza de un estatuto debe considerársele como personal. Fundamentaba su criterio en tres consideraciones:

1. La supremacía del hombre sobre las cosas;
2. La utilidad general de los estatutos; y
3. La autoridad del derecho romano.

CRÍTICA DE LA TEORÍA DE LOS ESTATUTOS

Indudablemente, la doctrina estatutaria prestó un gran contingente a la ciencia del derecho, ahondando en las cuestiones relativas al conflicto en la aplicación de las leyes de diferentes Estados.

Gracias a la doctrina estatutaria, fue posible la formación del derecho internacional privado, pues en verdad todas las relaciones jurídicas que regula este derecho se reducen a la aplicación del estatuto que conviene cuando existe un conflicto de leyes.

El fracaso de la teoría de los estatutos se debe a la base inconsistente en que descansa. En efecto, los actos humanos, tan complejos y tan diversificados, ora en las relaciones meramente individuales, ora en las relaciones del individuo con la colectividad; las relaciones políticas entre los Estados, el desarrollo de las industrias en manos extranjeras y el más cercano trato de las gentes de diversos países, han establecido relaciones jurídicas de una gran diversidad, y para regularlas, sin detrimento de la soberanía territorial de cada Estado, se les ha dado un fundamento científico: no ya el simple interés, la benevolencia o la cortesía internacional, sino la justicia que debe prevalecer en los pueblos de la misma cultura que están sujetos a la gran ley sociológica de la interdependencia.

La escuela alemana, representada principalmente por el ilustre jurisconsulto Savigny, no concede mayor atención al carácter real o personal de las leyes que pueden entrar en conflicto: el juez, en presencia de una colisión de leyes de distintos Estados, debe analizar la naturaleza de la relación jurídica que ha de resolver, y una vez fijada esa naturaleza, buscar la ley que convenga aplicar, aunque sea una ley extranjera.

Jules Valery, en su Manual de Derecho Internacional, señala dos ideas fundamentales como base del sistema de Savigny:

1ª Toda relación jurídica está naturalmente sometida a la ley que mejor le convenga. Así, habrá que convenir en que los derechos concernientes a un inmueble obedezcan a la ley del país donde dicho inmueble está situado, que un delito caiga bajo la sanción de las leyes del Estado donde fue cometido.

2ª Los pueblos, al menos los pueblos civilizados, forman entre ellos como una gran sociedad en cuyo seno cada uno tiene derechos que ejercitar y deberes que cumplir. Entre estos deberes figura el de administrar justicia sin consideración de personas; pero la justicia consiste en aplicar a toda relación jurídica la ley que le conviene mejor.

En tal virtud, un juez alemán, por ejemplo, no debe en todas las circunstancias ceñir sus decisiones a la ley alemana; si los hechos lo exigen, deberá seguir las prescripciones de una ley extranjera. Si se refiere la acción a un inmueble situado en Francia, lo juzgará según la ley francesa, lo mismo que para decidir si un hecho cometido en Inglaterra constituye un crimen, consultará la ley inglesa.

La teoría de los estatutos no puede responder a este amplio concepto del derecho internacional privado, que se aparta en absoluto de la tradición feudal.

FUNDAMENTOS DEL DERECHO PRIVADO

El gran internacionalista cubano, Dr. Antonio S. de Bustamante y Sirven, en su INTRODUCCIÓN al proyecto de Código de Derecho Internacional Privado, que obtuvo la aprobación de los países americanos reunidos en la Sexta Conferencia Internacional de La Habana, fijó sintéticamente los fundamentos del derecho internacional privado moderno, dando reglas precisas para la aplicación de los estatutos, o sea de las leyes de cada Estado en su extensión a los demás Estados por virtud de las relaciones jurídicas creadas por la presencia de los extranjeros.

Según el distinguido maestro, el derecho internacional privado es el conjunto de principios que determinan los límites en el espacio de la competencia legislativa de los Estados, cuando ha de aplicarse a relaciones jurídicas que pueden estar sometidas a varias legislaciones.

Es el más preciso concepto que se ha dado de la materia.

Procuraré resumir, en breves conceptos, las lucubraciones del señor Bustamante, por el interés que ofrecen como fundamento del Código Internacional Privado que ya es ley de la mayor parte de las naciones americanas[5].

Hay derechos sociales y políticos. Los primeros son voluntarios o personales y necesarios o estáticos; aquéllos afectan sólo a las personas que los ejercitan; y éstos trascienden al orden social. Ejemplo de los primeros: la contratación; de los otros: la patria potestad.

Los derechos políticos son de dos clases: públicos y cívicos. Los primeros garantizan al individuo sea quien fuere; los cívicos otorgan la potestad de contribuir a la organización política y a su funcionamiento. Ejemplo de aquéllos: la inviolabilidad del domicilio; ejemplo de los otros: el sufragio.

No se puede negar a nadie el goce y ejercicio de los derechos voluntarios, ni el simple goce o reconocimiento de los derechos necesarios o estáticos, ni el completo disfrute de los derechos políticos llamados públicos. El goce de los derechos civiles y la seguridad política corresponden igualmente a nacionales y extranjeros. Si algún Estado pretendiere aprovecharse de esta ventaja,

---

[5] Ha sido ratificada solamente por trece repúblicas latinoamericanas.

sin concederla por su parte a los ciudadanos de otro Estado, éste se defenderá con la reciprocidad.

La comunidad jurídica de los Estados agrupa los derechos humanos en nacionales e internacionales. Con los primeros se mantiene la homogeneidad del grupo social y la identidad e integridad del grupo político. Con los últimos se ensancha el grupo Social para que quepan dentro de él todos los hombres y todos los fines humanos, y se ensancha el grupo político para que vivan holgadamente a su amparo y en su esfera los elementos que componen las demás agrupaciones análogas.

Las leyes de la patria se reducen para el nacional que vive en ella a dos grandes categorías: imperativas y voluntarias o supletorias.

El extranjero que viva en el mismo país tendrá de las aplicaciones del derecho local una idea práctica diferente. Observará, sin duda, que no puede eludir los preceptos de ciertas leyes y que en ellas encuentra una garantía tan eficaz y obligatoria para todos como la que puede hallar el ciudadano. Si delinque, la pena del Código vigente caerá sobre él con rigor y necesidad iguales que si se tratara de un regnícola. Si constituye a su favor una hipoteca sobre inmuebles del territorio, sólo perjudicará a tercero cuando la inscriba, como si la hubiere constituido a su favor un nacional. La libertad de conciencia será para él un derecho tan sagrado como para todos los demás. Las leyes imperativas, en su doble carácter de garantía y de sanción, pesarán sobre sus actos y no dejarán campo alguno a su acción arbitraria. Notará también que, como el ciudadano, varias reglas jurídicas están subordinadas a su voluntad. La legislación local, que es para él un derecho extranjero, le brinda como a los nacionales un gran número de reglas potestativas o voluntarias.

Pero en vano querría tomar parte en las elecciones políticas del país, porque la ley electoral no es su derecho. Inútil sería que pretendiera ejercer funciones públicas, porque para ello sólo son capaces los nacionales.

Para el extranjero, el derecho local se divide en tres grupos de leyes: las imperativas, las voluntarias y las inaplicables.

¿Cuál es su situación respecto al derecho del país propio en cuyo territorio no reside? De algunas de sus leyes es imposible que se desprenda, porque lo siguen como la sombra al cuerpo, según la frase consagrada por los escritores estatutarios. Perderá la nacionalidad si acepta un cargo del Gobierno local, sin permiso de la autoridad del país de origen. Si comete contra su patria el delito de traición, la ley de su país habrá de perseguirle y castigarle. Pero si comete en su residencia un delito común, hurto para el caso, será castigado conforme al derecho local. Es admisible que otorgue, según su propia ley personal, un testamento ológrafo, que ordene la sucesión de sus bienes conforme a la ley de su Estado o de su domicilio, y que en algunos casos se presuma la voluntad que para algunos actos o contratos le guía, de acuerdo con las reglas de la legislación personal a que esté sujeto.

El derecho extranjero suele regir actos de individuos que viven en su propio país, aunque nunca hayan salido de él. Por ejemplo, si cometen delitos como los que afectan el crédito de un Estado, éste habrá de perseguirlos sin tomar en cuenta la nacionalidad ni la residencia de los culpables. Si se dedican al tráfico de esclavos con un Estado donde este tráfico se halle prohibido, los delincuentes serán perseguidos y castigados aunque vivan en su propio territorio.

Para la aplicación del derecho local, en las situaciones en que se colocan nacionales y extranjeros, domiciliados y transeúntes, no existen más que tres clases de leyes: unas potestativas, en que el Estado cede su lugar a la voluntad privada, expresa, tácita o presunta, y determina por ellas y para ella las normas a que ha de sujetarse la relación jurídica. Otras, de orden público interno, inspiradas en la necesidad en que el Estado se encuentra de proteger a los nacionales o a los domiciliados fuera de su territorio, a virtud de consideraciones del todo inaplicables a los simples residentes o a los que no tienen con él ninguna clase de vínculos políticos o administrativos. Y otras, de orden público internacional, con fuerza ineludible dentro del territorio para todos, extranjeros y nacionales. Las primeras expresan en cada país las formas jurídicas que adopta con más frecuencia la autarquía personal en materias que no afectan a los intereses colectivos del Estado o a sus deberes sustanciales de protección individual. Las segundas regulan las relaciones jurídicas particulares, cuya eficacia y objeto no dependen del territorio ni de la existencia substancial del Estado. Y las últimas tienen por objeto el Estado y forman su derecho, hasta el punto de que infringirlas o dejar de aplicarlas equivale a lesionar la soberanía y a destruir o lastimar esencialmente sus fundamentos y su organización.

Tales son las ideas fundamentales sobre materia de estatutos en el derecho internacional moderno.

LA DOCTRINA ESTATUTARIA EN NUESTRAS LEYES

Nuestra legislación, bastante avanzada en esta materia, consigna principios generales en armonía con el espíritu de la época. En seguida copio algunos del Código Civil:

La ley es obligatoria para todos los habitantes de la República, incluso los extranjeros (Art. 12).

Las leyes relativas a los derechos y deberes de familia o al estado, condición y capacidad legal de las personas, obligan a los hondureños aunque residan en país extranjero (Art. 13).

Los bienes situados en Honduras están sujetos a las leyes hondureñas aunque sus dueños sean extranjeros y no residan en Honduras. Esta disposición se entenderá sin perjuicio de las estipulaciones contenidas en los contratos celebrados válidamente en país extranjero. Pero los efectos de los contratos celebrados en país extraño, para cumplirse en Honduras, se arreglarán a las leyes hondureñas (Art. 14).

La forma de los instrumentos públicos se determina por la ley del país en que hayan sido otorgados. Su autenticidad se probará según las reglas establecidas en el Código de Procedimientos. La forma se refiere a las solemnidades externas y la autenticidad al hecho de haber sido realmente otorgados por las personas y de la manera que en los tales instrumentos se expresa (Art. 15).

EN LA ASOCIACIÓN DE PRENSA HONDUREÑA

(Discurso de inauguración)

La benevolencia de mis compañeros me ha colocado en el puesto de Presidente de la Asociación de Prensa Hondureña. Yo les agradezco hondamente la distinción de que me han hecho objeto, y espero disponer de tiempo y energías para corresponder, con esfuerzo creciente y constructivo, a la confianza con que me han favorecido.

Reconozco que la tarea de dirigir una agrupación en la cual se han reunido los más valiosos elementos de la prensa nacional le correspondería a una inteligencia superior y a una voluntad de gran prestancia, a una juventud impetuosa y dinámica, vibrante y lúcida, cuyos ideales tuvieran el atractivo radioso del penacho del rey francés.

Yo, compañeros, solamente puedo ofreceros la experiencia de mis años en las lides del periodismo, la cual me ha dado un conocimiento bastante claro de la condición humana, al través de las pasiones individuales y colectivas, formando en mi espíritu una conciencia de serenidad y tolerancia, cuya tersura permanece inmutable frente a la injusticia, a la injuria, al odio, a la ira, a la intriga, al engaño, a todas las manifestaciones de la incomprensión y la maldad humanas. Y me alienta en mis luchas la esperanza de contribuir a suscitar en las almas un anhelo perenne de renovación y mejoramiento, una ansia férvida hacia la luz.

La Asociación de Prensa Hondureña es un campo fértil para la siembra de este sencillo ideal de perfeccionamiento humano, que ha de florecer y ha de fructificar en la universalidad de los hondureños, dando para la Patria una cosecha maravillosa.

En esta Asociación se concentran fuerzas poderosas de la sociedad hondureña y se han acopiado materiales sólidos para la gran arquitectura de civilización y de cultura que los hondureños todos sueñan y que están levantando llenos de ilusión y de optimismo.

En ella figuran los hijos de Gutenberg, los valores del periodismo, escritores, literatos, artistas, hombres de ciencia y de acción, los prestigiosos elementos de la cultura que tienen la imprenta como baluarte, y el periodismo, la revista y el libro como vehículos del pensamiento, unidos todos por una común aspiración: el engrandecimiento de la Patria.

En el ambiente espiritual de Honduras algo nuevo está vibrando. Es una eclosión de ideales, es una divina emanación de lo alto, es una mentalidad fuerte y precisa, es un sentido de claridad, es un sentimiento purificado en el crisol del infortunio, es el horror al pasado sangriento, es un anhelo de superación y el ímpetu irresistible de marchar hacia adelante, hacia horizontes radiosos, por los caminos de la paz, de la concordia y del trabajo fecundo.

Debemos aprovechar esta actitud espiritual del pueblo hondureño para levantar la arquitectura definitiva de la Nacionalidad, asentándola sobre cimientos inconmovibles, para que en un futuro cercano exhiba al infinito sus cúpulas gloriosas.

Permitidme, señores, hacer algunas apreciaciones sobre periodismo, que es el punto central que ha inspirado a los fundadores de la Asociación de Prensa Hondureña.

Aunque algunos eminentes literatos, como don Juan Valera, le han negado al periodismo el carácter de género literario, contra la opinión de Eugenio Sellés y otras elevadas personalidades de la Academia Española de la Lengua, es innegable que el periodismo es literatura, una literatura que no podría confundirse con la poesía, con la oratoria, con la novela, con la historia. Es una literatura típica, dentro de su gran variedad de matices, como lo es la poesía, en sus múltiples manifestaciones de belleza, como lo es la novela, como lo son los otros géneros literarios que se multiplican en formas y armonías dentro de su típica estructura.

La literatura del periodismo se caracteriza por su condición alada, por la rapidez de sus juicios, por la brevedad de sus informaciones, por la condensación de las ideas, por la aportación de las impresiones del momento, por el registro de los acontecimientos diarios, por la inquietud que suscita en los más disímiles espíritus para la apreciación de los problemas y de los sucesos.

Me estoy refiriendo específicamente a la literatura de los diarios y no a la de publicaciones que aparecen con intervalos de tiempo más o menos largos, periódicos o revistas, que —sin dejar de pertenecer al género periodístico— se distinguen por una factura más cuidadosa en la expresión y concretan sus labores al comentario político, científico o artístico, informando al público sobre aspectos determinados de la cultura, sin registrar la noticia palpitante de acontecimientos y actividades que pasan fugazmente a un plano inactual.

El periódico no es una cátedra. Pero lleva todos los días a sus lectores alguna enseñanza sobre moral, política, finanzas, economía, artes, letras, medicina, higiene, religión, psicología, problemas sociales, sobre todos los aspectos de la vida, cuyo conocimiento se resuelve en guía espiritual, en claras directivas, en horizontes amplios, en seguros caminos hacia la perfección.

Nos hemos asociado para realizar una misión de cultura, para coordinar nuestros esfuerzos en la obra de difundir las ideas y de informar sobre los sucesos, para que la Patria alcance la meta avizorada en la fúlgida cumbre de la civilización.

No somos los arquitectos de la cultura. Pero somos los obreros que le ofrecen al arquitecto los materiales que ha de utilizar su audacia creadora. A veces aportamos materiales inútiles, medianos o de valor exiguo. Pero él sabrá aprovechar los de calidad superior, de solidez y de belleza inconfundibles, de matices armoniosos, labrados con destreza de perennidad.

No somos la sabiduría. Pero somos los incansables buceadores de la conciencia humana, los tenaces divulgadores de la ciencia y el arte, de todas las manifestaciones del espíritu, para que la humanidad avance hacia la virtud y el amor, donde la sabiduría reside y extiende su prodigio divino sobre las almas.

No somos el poder. Pero somos el vehículo de las fuerzas materiales y espirituales que constituyen el poder.

Nuestra misión es informar y comentar. Informar es aportar datos. Comentar es enjuiciar las informaciones.

¿Cómo cumplir esta misión?

He ahí la dificultad que el periodista ha de superar y vencer.

Para ello necesita libertad. Libertad de pensamiento, libertad de expresión. Libertad de información.

Pero también necesita saber usar de su libertad.

He ahí que la Asociación de Prensa Hondureña tiene dos finalidades básicas. La primera, luchar por la libertad. La segunda, aprender el ejercicio de la libertad, para no causar perturbaciones en el orden social, para no perjudicar los intereses de la colectividad, para enaltecer las virtudes y anatematizar los vicios, para rendirle culto a la verdad y combatir el error y la mentira, para exaltar las pasiones nobles y condenar las pasiones malsanas.

La libertad no debe ser un instrumento de injusticia, de corrupción y de bajeza. Al servirse de ella, el periodista asume la responsabilidad de utilizarla como buril o como cincel para labrar la obra de perfeccionamiento humano, en metales o en piedras de eternidad.

El señor C. P. Scott, redactor del "Manchester Guardian", sintetizó en el siguiente postulado la responsabilidad del periodista: "Los comentarios son libres, pero los hechos son sagrados".

El periodista que en sus informaciones o en sus comenta ...rios desfigura los hechos no sirve a sus lectores honradamente. El que publica noticias de hechos o sucesos que no han ocurrido o que han sido adulterados por la pasión política, por el interés sectario o por el espíritu sensacionalista, engaña a sus lectores, de cuya credulidad abusa, y ejerce una influencia deletérea en la opinión pública.

La responsabilidad del periodista es mayor que la de cualquier otro profesional. Ivor Thomas, que fuera editorialista del diario londinense "The Times" y que ahora es miembro del Parlamento británico, expresó este concepto de responsabilidad en las siguientes palabras: "Un doctor descuidado puede envenenar a un paciente, pero un periodista descuidado o malicioso puede envenenar la opinión de millones de seres y amargar las relaciones entre los países".

La prensa es libre cuando no obedece a consignas ni se halla supeditada a la pasión política, cuando se encuentra ubicada en plano de altura y de patriotismo, y le da al público informaciones imparciales, comentarios serenos, artículos orientadores, censurando —sin odio y sin violencia— los actos que considere malos relativos a la actuación de gobiernos, a la de instituciones o grupos sociales o políticos, a la de sociedades de cualquiera índole, o a la de individuos interesados en actividades que atañen al bien público.

La prensa libre ha de velar por los intereses del pueblo, ha de reflejar la vida de la Nación en sus múltiples facetas, ha de abordar los problemas políticos, económicos y sociales, orientando la opinión pública hacia la mejor comprensión de lo que el País necesita.

La libertad de prensa es una preciosa conquista de la democracia. Pero su ejercicio, como el de todas las libertades, tiene limitaciones que la ley señala expresamente. Las publicaciones de prensa no deben atentar contra la moral y las buenas costumbres. La injuria y la calumnia están prohibidas por la ley, y quien las usa en sus publicaciones comete un delito. La difamación, en todas sus formas, es una mercancía de mucha demanda, y el vendedor hace su negocio envenenando a los consumidores. Aunque es un negocio ilícito y aunque nadie persigue al delincuente, la impunidad no le da carta de ciudadanía a la difamación, y el difamador será siempre señalado como un traficante en reputaciones, como una lacra social.

La prensa hondureña debe mantenerse libre. La Asociación que ahora inaugura sus trabajos defenderá la libertad de prensa aun en sus extravíos. Los miembros de esta Asociación son solidarios, y cualquiera de ellos que fuere víctima de arbitrariedades o de injusticias encontrará el amparo de los demás. La Asociación no se detendrá a discutir la culpabilidad de la víctima, y solamente tomará en cuenta si se ha cometido un atentado contra la libertad de prensa.

La misión del periódico no es la del estadista, ni la del científico, ni la del artista, ni la del literato, ni la del poeta, ni la del filósofo, ni la del moralista, ni la del industrial, ni la del comerciante, ni la del economista, ni la del agricultor, ni la del financista. Su misión es provocar la inquietud en todos los aspectos de la vida individual y colectiva, para que cada faceta se dé cuenta de su papel en el enorme prisma del trabajo humano. Su misión es de empuje, de roce, de alerta, de advertencia, de estímulo, para que los engranajes de la máquina social no cesen en su actividad, y que no se rompan, y que no se oxiden, y que mejoren su funcionamiento y rindan cada día un trabajo más eficaz.

El periódico no va a redactar un proyecto de transformación social, financiera o económica, pero promueve la aparición de ese proyecto. El periódico no va a transformar las costumbres sujetándolas a normas e imponiendo criterios, pero sus oportunas sugestiones van acomodando el espíritu colectivo a una conducta nueva, que el legislador puede convertir en preceptos legales. El periódico no realiza la transformación política de un pueblo, pero pone en movimiento los factores que han de determinar esa transformación. Es el propulsor, es el monitor, es el promotor, es el principio creador, es la palabra engendradora. Es el verbo.

El periódico no se ha hecho para endiosar a su director, ni a sus redactores, ni a persona alguna, ni para halagar las pasiones del pueblo. Es un ministerio de la virtud, de la verdad y la justicia. Pero como no está en la condición de los hombres ser dueños de la virtud, de la verdad y la justicia, los periodistas suelen equivocarse en la apreciación de ideas y hechos, y honradamente deben rectificar cuando yerran.

El periódico ha de tener una personalidad propia, que no es la del Director, ni la de los redactores, ni la del empresario. Es una personalidad contorneada por la obra que el periódico realiza, que no es la suma de las personalidades a él adscritas, sino una individualidad aparte, diferente de la de cada uno de quienes lo hacen, como la Asociación de Prensa Hondureña no es la suma de las personas que la constituyen. Ella tiene su personalidad propia, con sus aspiraciones, sus ideales y sus normas, que determinan una actuación diferente a la de cada uno de sus miembros.

Un periódico sin personalidad propia es como un individuo sin carácter, sin orientación, sin colorido espiritual, que se adapta a todas las situaciones, amorfo, dúctil y maleable.

Compañeros: os ruego me excuséis por este alarde apostólico. No ha sido mi intención abrir cátedra de periodismo, sino únicamente aportar ideas que pudieran ser útiles para la orientación de la obra cultural que ahora iniciamos, esperanzados y optimistas, con la mirada fija en la Patria y con el anhelo de servirla y enaltecerla.

La presencia del señor Presidente de la República, Dr. D. Juan Manuel Gálvez, nos alienta y nos llena de regocijo, porque significa que él está identificado con nuestros anhelos de superación y de servicio. Hondureño cabal, está demostrando que sus ideales son los mismos del pueblo hondureño, los mismos que nuestra Asociación proclama y por los cuales habrá de luchar para que nuestra Patria pueda verlos florecer en realizaciones estupendas de progreso, de cultura, de civilización y de esplendor material y espiritual.

LEYENDA DE EL PASO DE SANTIAGO

En la serenidad de las horas nocturnas, la india hermosa y arrogante, acurrucada dentro del rancho pequeñito techado de paja y con paredes de hojas secas, se calentaba junto al fuego, meditativa y triste, dándole vueltas en su cerebro a una idea obsesora.

Pensaba ella en su amado, el joven más garboso y valiente de la tribu vecina. Pensaba en la suerte que Tohil les depararía a las gentes de su raza, pues se tenía noticia cierta de que los hombres blancos llegados de muy lejos se acercaban a su territorio. ¿Cómo se defenderían de aquellos invasores terribles que llevaban el trueno en sus manos, que se transformaban en monstruos de dos cabezas, dos manos y cuatro patas? ¿Qué sería del amado, guerrero el más audaz de su tribu, quien debía enfrentarse pronto a los fabulosos centauros? Ella le acompañaría al campo de combate. Ella correría la suerte del incomparable Xotical.

Fatigada y triste, fue a descansar sobre su tapexco de cañas bravas, y durmió con sueño interrumpido por negras pesadillas: ora veía a su padre con el pecho horadado por el rayo implacable que fulminaban los invasores; ora se le presentaba el amado sangrando, como triturado por las patas de acero de los hombres que tenían dos cabezas, hipogrifos o centauros jamás vistos en las regiones tranquilas de Hibueras; ora se encontraba arrullada por la musicalidad verbosa de uno de aquellos blancos hijos del Sol, que la mimaba y la hacía madre de un semidiós; ora veía su choza incendiada, sus campos arrasados, y sus amigos sobrevivientes llevados como esclavos al servicio del rey de España, cuya crueldad cruzaba por América como un estremecimiento de horror.

Así pasó la noche la bella Tinaclatl, india de sorprendente hermosura, de facciones puras y nobles. Frente discretamente pequeña; nariz perfilada, recta, aristocrática; ojos grandes, negros, húmedos y ardientes, de una brillantez deslumbradora, como si fuesen dos Golcondas maravillosos incrustados en la noche negra de sus pupilas; mejillas morenas, casi blancas, con cierta rubicundez

atenuada como si en ellas la púrpura de cañadillas se hubiera posado
levemente, dejando apenas una huella errátil; cabellos de noche negra
como boca de abismo, formando sobre la espalda desnuda una
cascada rutilante, en airosas guedejas onduladas como serpientes,
largas, largas, largas, hasta besar la desnudez sedeña de la opulenta
pantorrilla; el pecho abultado y carnoso, exhibiendo al aire osculador
la tentadora epidermis, que relucía al Sol cual un moreno mármol
caprichosamente labrado, con sus dos eminencias mórbidas, altivas y
orgullosas, tal dijéranse dos colinas trémulas que ostentaran en la
cumbre ligeros copos de niebla a manera de caperuzas plúmbeas
sobre conos de base circular; manos pequeñas y gráciles, flores grises
de cinco pétalos de atrevida orfebrería, manos deliciosas de carne
fresca y sonrosada, cuyas líneas sutiles, cuyos delicados contornos,
cuyas tonalidades vívidas invitaban al beso ardoroso y sensual. Su
paso era rítmico, cadencioso y altivo, como el de una princesa de Las
Mil y Una Noches. Al andar, le temblaban las piernas con cimbreo
tentador, ostentando la maravillosa desnudez apenas disimulada por
una especie de refajo corto prendido de la cintura, tejido de fibras de
plátano al parecer o de mezcal teñido con achiote. Un primoroso
conjunto de hechicería era aquella muchacha cándida y dulce que
soñaba junto al fuego, en su tapexco de varas, temerosa del porvenir.

Llegó el día del combate. Alonso de Cáceres destacó una columna
de veinte hombres de los más aguerridos, al mando del Sargento
Santiago Pérez, a someter a las tribus belicosas del Río Grande, es
decir, los pueblos indígenas situados en las márgenes de dicho río, en
tierras de Lempira, cerca de la que hoy es Ciudad de Gracias, entonces
recientemente fundada por los conquistadores. Las tribus habían
preparado a sus guerreros para la defensa del territorio. Trescientos
guerreros había reunido Xotical, a quien las cuatro tribus de la
comarca habían elegido su General. Joven de veinticinco años,
Xotical se había distinguido como el más osado en los combates, por
cuya razón lo disputaban las bellas del lugar. El indio prefería a la
encantadora Tinaclatl, quien por su parte estaba profundamente
enamorada de él y no le habría cambiado por ninguno de los galanes
de aquella región privilegiada.

Preparadas sus flechas, los guerreros se apostaron en los caminos,
hacia los puntos estratégicos de la ribera, procurando que el enemigo

cayese en una emboscada. Los españoles marchaban cautelosos, pero no pudieron descubrir ningún indicio del enemigo hasta que llegaron a la orilla del río. Súbitamente se vieron acometidos por una lluvia de flechas que salían de los montes cercanos, sin que se advirtiera quiénes las dirigían. El plan de Xotical daba un resultado admirable. Los españoles disparaban sus arcabuces a la ventura, sin hacer blanco. A poco, todos ellos estaban caídos en tierra, acribillados de flechas envenenadas.

Xotical apareció entonces a la cabeza de sus guerreros, dando feroces alaridos de victoria y ultimando con leños y piedras a los heridos que aún conservaban un resto de vida. Xotical iba a descargar un tremendo leñazo sobre el Sargento Pérez, cuando sintió su puño detenido por una mano fuerte. Alzó furioso la cabeza agitada, y quedó sorprendido, alelado, al ver ante sí, en actitud trágica, a su bella prometida, la divina Tinaclatl, quien le decía imperiosa: "No le mates: yo no quiero que muera este hombre blanco". El feroz guerrero obedeció a su amada. Ella se arrojó de hinojos sobre el español, le examinó la herida, y dirigiéndose a varios guerreros de su tribu les ordenó así: "Llévenselo a mi rancho; con la cabeza me responden ustedes de la vida de este hombre blanco". Los indios tomaron al herido cuidadosamente y lo condujeron a la choza de la muchacha. Xotical ordenó que les cortaran la cabeza a los españoles muertos para guardarlas como trofeo de aquella gloriosa jornada. Las testas sangrientas fueron paseadas en procesión entre los gritos de júbilo del pueblo. Después las conservaron colgadas a las puertas de las chozas de los más bravos guerreros.

Pérez estaba a punto de morir, cuando Tinaclatl, arrodillándose a los pies de su padre, con llanto en los ojos, le rogó que le salvara la vida a aquel desgraciado.

—Bueno —contestó el anciano—, porque tú lo quieres.

Tomó en sus manos una pequeña calabaza y extrajo de ella un líquido oscuro de olor fuerte y acre. Con aquel líquido frotó la herida y le dio a beber unas gotas al herido.

Como por encanto, el sargento se sintió reanimado, y le dirigió a su protectora una profunda mirada de gratitud. Tinaclatl, ruborizada, se acercó al enfermo para decirle: "Quiero que vivas, hombre blanco".

No entendió él las palabras de la india, pero sospechando que le dirigía alguna frase de consuelo, le habló así:

—Quisiera vivir aquí siempre, para no dejar de verte ni un momento.

Ella, sin haber comprendido aquella frase de amorosa gratitud, se ruborizó otra vez, y nerviosamente se puso las manos sobre el pecho, exclamando:

—Si no fuera de Xotical quisiera ser tuya...

El sargento fue mejorando rápidamente, gracias a los dulces cuidados de la india. Ella lo hacía salir todas las mañanas de paseo por el campo, sosteniéndole del brazo, y él, en aquella atmósfera de ternura ingenua, se sentía feliz como nunca lo había sido en su vida agitada.

En tan deliciosa intimidad no le fue difícil aprender el idioma nativo. Sus primeras palabras fueron de reconocimiento para aquellas gentes sencillas y buenas a cuyas almas generosas les debía la vida.

Un día, todo tembloroso de pasión, le declaró su amor a Tinaclatl. Ella recibió con alegría la romántica declaración y le contestó francamente:

—Te amo, hombre blanco, y quisiera ser tuya, pero soy la prometida de Xotical, el más terrible de tus vencedores, el más hermoso y valiente de los jóvenes de la comarca.

Aquel aventurero que jamás se había detenido ante ningún obstáculo ni toleraba que se le contradijera, acostumbrado a la violencia y a tratar a los indios como a semovientes, no sentía la acometividad de otros tiempos y se doblegaba dócilmente ante la voluntad suave y tierna de la amada imposible. Se resignó, confiando sólo en el tiempo y en el azar, que acaso le permitirían adueñarse de aquel tesoro, de aquella india rozagante y airosa cuya hermosura superaba a la de las más bellas españolas por él conocidas. Y le habló así:

—Mi corazón ha amado por la primera vez, y está deshecho en lágrimas. Aquí he de vivir para verte siempre, aunque sea en otros brazos.

Xotical, ocupado en la defensa del país, pasaba recorriendo los campamentos, y sólo de vez en cuando iba a permanecer unos instantes al lado de su amada.

El enamorado indio siempre encontraba a Tinaclatl en compañía del garrido sargento español, pero, antes que celoso, se mostraba complaciente y muy empeñado en hacerle agradable la vida al huésped de su prometida.

Un día el sargento le dijo a su rival:

—Pero tú, oh jefe invencible, ¿no desconfías de que yo, enemigo de tu raza, viva bajo el mismo techo de tu amada?

El indio sonrió con un mohín desdeñoso, y contestó así:

—Eres nuestro huésped, hombre blanco. Desde que te vencimos en el combate y te hicimos gracia de la vida, dejaste de ser nuestro enemigo.

—Tienes razón —expresó el sargento—. He querido decirte si sientes celos por la intimidad en que vivo con tu prometida.

El guerrero rió con humor, y exclamó:

—¡Bah! ¡Qué raras cosas tiene este hombre blanco! ¿No sabes que Tinaclatl me ha dado su palabra de ser mi mujer?

—¡Ah, pero podría engañarte, Xotical!

—¿Qué has dicho? Entre nosotros nadie engaña. La mentira mancha los labios y envilece el corazón. ¿Quieres convencerte de que Tinaclatl no sabe mentir?

Y dirigiéndose a la india la interrogó así:

—Oye tú, la divinidad de estos bosques, tú, la bondad hecha sonrisa y amor, dime, ¡oh mi bien amada! ¿Es cierto que amas a este extranjero blanco?

Tinaclatl, sonriendo con un mohín de candor y de sutil coquetería, contestó:

—Sí, le amo.

—Ya lo ves, extranjero —continuó Xotical—, mi prometida te ama, y lo confiesa ante mí, porque ella jamás mancharía sus labios divinos con la odiosa mentira.

—Pero tú, oh valiente entre los valientes, ¿no sientes celos?

—¿Celos? ¿Y por qué? Tinaclatl es mía y no puede ser de otro mientras sea mía, mientras el Sol no haya dejado de brillar para mí.

—Así es —asintió la hermosa.

—No sé si sea virtud o candidez —dijo el español—. Pero vuestro modo de ver las cosas del alma me llena de admiración.

—¿Qué, no te parece natural? —arguyó el indio.

—Me parece divino.

La conversación fue interrumpida por la llegada de un correo portador de graves noticias. Los españoles se acercaban por diferentes rumbos, y pronto asaltarían las posiciones de los indios.

Habían regresado vencedores de Lempira, en Congolón, las huestes de Alonso de Cáceres, y se dirigían a tomar a sangre y fuego el último reducto de la libertad de la raza autóctona: iban a someter a los rebeldes de Río Grande. Estos poseían los veinte arcabuces que ganaron en la primera batalla sostenida tan felizmente contra los blancos. El sargento Pérez les había enseñado el manejo de tales armas, y les había enseñado también lo que eran en realidad los terribles centauros que infundían el pánico entre los indios.

Inmediatamente Xotical partió veloz como el rayo a ponerse al frente de sus aguerridas huestes. Tinaclatl fue de prisa a ponerse su traje de guerrero, y volvió al momento a presentarse vistosamente exornada de metales brillantes, de soguillas de colmillos de coyote y de un airoso penacho de plumas de pavo silvestre. Su garbo marcial y su continente animoso y varonil fueron el asombro del español, a quien ella habló así:

—Voy a combatir contra los hombres de tu raza. Si muero, sé tú un hermano para Xotical; si él sucumbe, yo seré tuya, para que juntos honremos su memoria. Pero prométeme una cosa: tú no volverás nunca a unirte a esas gentes salvajes y crueles de tu raza; tú serás de Tinaclatl, de la tribu gloriosa de Tinaclatl, y nunca más tu fuerte brazo se pondrá al servicio de aquel monstruo a quien llaman rey y que desde su trono de España nos envía el exterminio y la esclavitud en nombre de una civilización que nosotros despreciamos por inhumana. ¿Me prometes no servir más a los tiranos que nos asesinan sin piedad y sin razón?

—Sí, Tinaclatl, te lo prometo. No sólo por ti, ante quien toda voluntad se doblega, sino también por las virtudes de tu raza. Tú has conquistado mi corazón. Las virtudes de tu raza han hecho una revolución en mi espíritu. Soy tuyo, soy de la tribu de Tinaclatl.

—El combate ha comenzado. Vamos, mi querido hombre blanco —ordenó ella.

Y el sargento Pérez, el feroz aventurero de antes, siguió a la india de los ojos de incendio, y con ella fue al campo donde Xotical hacía prodigios de bravura en lid abierta contra los hipogrifos horripilantes.

La batalla se prolongó durante tres semanas. Fue una serie de choques formidables y sangrientos. Los campos se cubrían de cadáveres. Y, como en las épicas jornadas del Ramayana, un enjambre de indias bellas y radiantes de exornaciones, vaporosas y semidesnudas, doncellas puras de la élite autóctona, iban por las praderas de la muerte, por valles y hondonadas, bailando alrededor de los guerreros caídos, y arrojando flores para cubrir con ellas la sangre de los combatientes que humeaba entre la yerba enrojecida.

Los españoles no ganaban terreno ante la resistencia bravía de los indios. Habían perdido muchas vidas de hombres y caballos. Y desconcertados y abatidos, disponían la retirada a su cuartel general, cuando notaron gran confusión en el campo enemigo. Entonces resolvieron hacer un esfuerzo más.

Aquella confusión se debía a que el héroe de los brazos infatigables, así llamado como el Raghuida del gran poema hindú; aquel divino Xotical, el de esplendoroso corazón, el que comunicaba el valor a los guerreros y daba alientos a la libertad amenazada de muerte; el dueño de la india cuya belleza eclipsaba a las más ricas joyas de pedrería; la última esperanza de la Hibueras domeñada por el invasor implacable; aquel glorioso guerrero del Río Grande, émulo de Lempira y de Caupolicán, había sucumbido bajo una lluvia de proyectiles, y su sangre se derramaba sobre la yerba impasible.

El sargento Pérez y Tinaclatl tomaron el cuerpo moribundo del héroe, y lo condujeron a la choza de la prometida desolada. Los guerreros abandonaron el combate, dispersándose en todas direcciones, espantados de dolor, cuando vieron caído para siempre al jefe invencible. Y los españoles se adueñaron de aquella tierra codiciada donde se refugiara el último gesto de rebeldía de una raza abatida y expirante.

Xotical moribundo unió las manos de su amada a las manos del sargento Pérez.

—Sed felices —les dijo—. Aquí termina el destino de una raza que fue brillante y libre, y comienza el destino de otra raza grande y fuerte, pero inhumana.

Y aquellas palabras del héroe expirante fueron como el augurio de una nueva raza y de una nueva civilización.

Los vencedores destruyeron la ciudad de Kelhakhas-ke, cabecera de la región de Río Grande, y se repartieron a las mujeres jóvenes del lugar.

Un Capitán impetuoso y garrido era el jefe de los vencedores. Se llamaba Diego López. Este guerrero se dirigió a la choza de Tinaclatl, y quedó deslumbrado ante la hermosura y la fresca juventud de aquella india incomparable.

Su asombro fue mayor cuando reconoció al sargento Santiago Pérez, vestido a la usanza indígena y en traje de guerrero.

—¿Pero no estoy viendo al sargento Pérez —dijo—, el más esforzado de mi Compañía, el mismo a quien hemos tenido por difunto desde nuestro fracaso del año pasado?

—El mismo soy —le contestó el sargento—. Mi vida se la debo a esta hermosa joven, quien desde hoy es mi mujer.

—Entonces tú has traicionado a nuestro Rey.

—Te equivocas, Capitán. Yo he sido prisionero de los indios, y ahora lo soy de los encantos de Tinaclatl, la más bella de las mujeres, la de los ojos de incendio, como la llaman las gentes de su pueblo.

—Silencio, traidor —rugió el Capitán—. Tú serás prisionero y ante la justicia darás cuenta de tus acciones. Tú enseñaste a estas bestias a manejar el arcabuz. Tú has dirigido la resistencia que nos ha hecho tantas víctimas. ¡Eres un gran criminal!

Y ordenó que el sargento fuera atado y conducido a Gracias. Luego dijo:

—Esta mujer me pertenece.

—Quítame antes la vida —exclamó el sargento—. Pero no me robes lo único que en la tierra adoro, la mujer a quien debo la existencia.

Los soldados se llevaron a Pérez. El Capitán mandó quemar el cadáver del vencido Xotical, y en seguida se dirigió a Gracias con la infortunada Tinaclatl, de altivo gesto indomeñable.

Ella fue guardada bajo cerrojos; y allí permaneció largos días, constantemente amenazada por la insatisfecha lujuria del Capitán López, quien no lograba, ni con ruegos serviles ni con iras violentas, doblegar la resistencia y la altivez de aquella virgen de la selva.

A las urgencias del Capitán, la indomable doncella respondía:

—Mátame, salvaje hombre blanco. Tú no puedes comprender la moral de una virgen de la selva, porque perteneces a una civilización grosera y corrompida. Sólo saciarás en mí tus impuros deseos, ¡oh raptor infame!

—¡Ámame, ¡oh mujer trastornadora de mis sentidos, desquiciadora de mi voluntad! —suplicaba el rechazado—. ¡Debes ser mía!

Y la bella contestaba como la fiel Sita a su raptor Rávana en el poema inmortal:

—Yo no pertenezco más que a un hombre, como la luz no pertenece más que al astro del día.

El sargento Pérez había logrado probar su inocencia, y obtuvo su libertad después de seis semanas de cárcel. Su primer empeño fue por la libertad de su Tinaclatl, y la consiguió al fin como un premio que le otorgara Alonso de Cáceres por los sacrificios que el sargento había hecho por España antes de su cautiverio.

La dulce amada le dijo:

—Huyamos de la corrupción, amigo mío. Volvamos a la selva, a gozar de la pureza del campo libre. Vamos a buscar un rincón oculto donde gozar podamos de nuestro amor, bajo el azul del cielo, a la risueña mirada de la luna y a la luz de las estrellas titiladoras.

Y volvieron a las riberas del Río Grande. Allí ocultaron su amor a las miradas profanadoras. Pérez se hizo jefe de los indios vencidos, y a la cabeza de un ejército de flecheros audaces, se dedicó a hostilizar a los españoles.

Dos años duraron las correrías del rebelde español, que fuera el primer revolucionario de América. Al fin, perseguido y acosado, descendió por las riberas del río, y fue a sostener el último combate en un sitio escabroso que hoy pertenece a la jurisdicción de Copán. Allí la incomparable Tinaclatl presenció el sacrificio de su amado, que se inmoló en aquel trance por la libertad ultrajada de los pueblos sometidos al yugo de la conquista.

Y fue que Santiago Pérez, viéndose acorralado y a punto de caer en manos de sus enemigos, saltó sobre un enorme peñasco que dominaba un profundo recodo del río, y se arrojó de lo más alto como para dar un paso de gigante hacia la otra ribera. Su cuerpo cayó con estrépito sobre las piedras, y las corrientes arremolinadas con ímpetu se lo llevaron a lo profundo de las aguas, que cerraron sus cristales como una tumba clemente, ante la vista asombrada de la desventurada Tinaclatl, la de los ojos de incendio...

En memoria de ese acontecimiento, aquel lugar de Río Grande se denomina aún EL PASO DE SANTIAGO.

Y cuentan los caminantes que todavía, en las noches de luna y bajo el frío de la madrugada, un fantasma de mujer recorre la ribera y plañe su mal en trovas de dolor:

Generoso río, milagroso río,

abre tus cristales, dulce río mago;

dame a mi Santiago, ve que tiene frío,

ve que tiene frío mi pobre Santiago...

Y va y viene por la ribera aquella sombra de mujer plañendo su mal. Y cuentan que es hermosa, y que a la luz de la luna, su sonrisa se dibuja como un arco de ensueño lejano sobre unos labios que semejan un coral labrado con destreza...

UNIÓN DE LAS AMÉRICAS

La idea de unir a los pueblos de América en un organismo político, para la defensa de los intereses del Continente, venía tomando consistencia desde que la emancipación de la América hispana se hubo consumado.

Los Estados Unidos de América habían conquistado su independencia en 1776, y se dieron una Constitución republicana y democrática de 1787. Constituían entonces una federación de trece estados.

Era una República, única en el Continente americano, débil por su escasa población y sus limitados recursos, expuesta a ser víctima de agresiones por la ambición imperialista de las grandes potencias europeas.

Sus estadistas veían en las colonias españolas de América la posibilidad de encontrar aliados, cuando ellas hubieran alcanzado su independencia.

Jefferson, el tercer Presidente de los Estados Unidos, cuando las colonias españolas todavía no habían iniciado su lucha por la independencia, avizoraba la seguridad de la nueva República en las relaciones con España y sus colonias. En carta para su sobrino Peter Carr le recomendaba el estudio del español. "Dedica a esta lengua gran atención —le decía—, y procura adquirir conocimiento exacto de ella. Nuestras futuras relaciones con España y con América española harán de esa lengua una valiosa adquisición".

Cuando se iniciaron las luchas por la independencia en América del Sur, los estadistas norteamericanos alentaban la idea de encontrar aliados en las colonias emancipadas. Ya de 1809 a 1811, según el Dr. Ricardo J. Alfaro, en su Panorama Internacional de América, "hubo pláticas desembozadas acerca de posibles alianzas entre los Estados Unidos y las colonias españolas en el evento de la independencia de éstas, si España era conquistada por Napoleón". Y el General Wilkinson, agente confidencial del Presidente Jefferson en Inglaterra, hizo el siguiente brindis: "Por el Nuevo Mundo gobernado por sí mismo e independiente del Viejo Mundo".

El Presidente Madison, en 1810, cuando empezaba en la América del Sur la lucha por la independencia, envió a Joel R. Poinsett como agente confidencial, dándole las siguientes instrucciones: "Siempre que sea oportuno hará usted difundir la impresión de que los Estados Unidos abrigan la más sincera buena voluntad hacia los pueblos de la América española como vecinos, como pertenecientes a la misma porción del Globo y por tener mucho interés en cultivar relaciones amistosas".

El propio Presidente Madison, en su mensaje de 1811, expresaba que "un sentido de filantropía y una visual clara se unen para imponer a los consejos nacionales la obligación de tomar hondo interés en sus destinos (los de América del Sur), de acariciar sentimientos recíprocos de buena voluntad, de mirar con atención el desarrollo de los sucesos y de estar preparados para cualquier orden de cosas que pueda surgir finalmente".

William Thorton publicó un folleto en 1815, en el cual exponía un plan para establecer "una comunidad política continental denominada Los Estados Unidos de Norte y Sur-Colombia", con una capital llamada la "Ciudad de América", la cual debía estar situada en las saludables colinas que cruzan el Istmo en Panamá o cerca de Panamá, "por donde puede abrirse un canal de mar a mar por medio de esclusas".

El vasto plan de Francisco de Miranda, cuando llevó dos sucesivas expediciones a Venezuela en 1806, iniciando así la lucha por la independencia, consistía en establecer una gran confederación, con el nombre de Colombia, cuya capital debería llamarse Colombo y estaría ubicada en el Istmo de Panamá. La federación se extendería desde las bocas del Mississippi hasta el Cabo de Hornos y desde la Costa del Pacífico hasta la Guayana y el Brasil.

El chileno Juan Martínez de Rozas, en 1810, publicó su Catecismo Político-Cristiano, en el cual excitaba a los pueblos de América del Sur a unirse en un solo Estado.

Más amplio en su visión, otro chileno, Juan Egaña, en 1811, proclamó "la necesidad de que los pueblos de América se unieran para su seguridad exterior y para evitar guerras entre ellos mismos", y proponía "la celebración de un Congreso Americano".

La idea de unidad, parcial o total, de las naciones de América, había sido concebida y expresada por otros grandes hombres, entre ellos el Libertador chileno O'Higgins, en su manifiesto de 1818; Henry Clay, quien sostenía la necesidad de la unión de las naciones libres de América en un sistema "que constituyera el punto de concentración de la sabiduría humana contra el despotismo del Viejo Mundo"; José Cecilio del Valle, con su famoso plan para la unión de las Américas; y el Libertador Simón Bolívar, que concibiera la misma unidad de las Américas en su memorial al Congreso Granadino en 1812, e insistiera en la misma idea en 1813, en su carta a D. Camilo Torres, expresando que "sólo una íntima y fraternal unión entre los hijos del Nuevo Mundo podrá hacerlos formidables a nuestros enemigos y respetables a las demás naciones"; y en su carta profética de Jamaica dirigida a Mr. Heliop, en la cual insiste en los conceptos expresados a Torres y afirma su deseo de ver formada en América la más grande nación del mundo.

Las ideas de unidad continental flotaban en el ambiente antes de la celebración del Congreso americano de Panamá, en 1826, reunido a iniciativa del Libertador Bolívar. Con razón, el citado internacionalista Ricardo J. Alfaro, al hacer el recuento de los antecedentes mencionados arriba, dice lo siguiente:

"Así podemos ver que, desde las riberas del Potomac hasta las del Río de la Plata, la unión era el leitmotiv del pensamiento político. Cuando el Libertador colocó la primera piedra del panamericanismo en el Istmo de Panamá en 1826, él recogió, moldeó y lanzó a la acción internacional ideas que estaban latentes en la conciencia del Nuevo Mundo, fuerzas que tenían su origen en la propia naturaleza de las cosas".

EL PLAN DE BOLÍVAR Y EL PLAN DE VALLE

La convocatoria de Bolívar para el Congreso de Panamá celebrado en 1826 se dirige a las naciones de la América española que habían alcanzado su independencia. No propiciaba una reunión continental.

De la convocatoria tomamos las bases de aquella memorable asamblea:

1.º Que los intereses y las relaciones que unen entre sí a las Repúblicas americanas, antes colonias españolas, tengan una base fundamental que eternice, si es posible, la duración de estos gobiernos.

2.º Que para establecer tal sistema y consolidar el poder de los gobiernos se necesita una autoridad superior que dirija la política de los gobiernos, cuyo influjo mantenga la uniformidad de sus principios.

3.º Que esta autoridad superior resida en una asamblea de plenipotenciarios nombrados por cada una de las repúblicas, la cual "serviría de consejo en los grandes conflictos, de punto de contacto en los peligros comunes, de fiel intérprete en los tratados públicos cuando ocurran dificultades y de conciliador de nuestras diferencias".

Como puede observarse, los fundamentos de la convocatoria al Congreso de Panamá son exclusivamente de carácter político, y la confederación que se trata de establecer no tiene más fines que el resguardo de los intereses mediante las relaciones que unen entre sí a las naciones convocadas.

En 1916, el historiador bolivarista D. Vicente Lacuna publicó un documento, antes desconocido, con el título Un Pensamiento sobre el Congreso de Panamá, en el cual el Libertador trata de señalarle objetivos más amplios al Congreso de Panamá de 1826, complicando su estructura con la participación de la Gran Bretaña como miembro constituyente.

Es una extraña concepción del organismo federal que se trataba de instituir en el Congreso de Panamá. Sin embargo, al enumerar los puntos de la nueva organización, el Libertador le da una amplitud continentalista. Dice en el número 1°:

"El Nuevo Mundo se constituiría en naciones independientes, ligadas todas por una ley común que fijase sus relaciones externas y les ofreciese el poder conservador de un congreso general y permanente".

En el número 5° sugiere la igualdad de los Estados. Dice: "Ninguno sería débil con respecto a otro. Ninguno sería más fuerte".

En el número 7° propicia la solidaridad y la cooperación entre los Estados. Dice:

"La fuerza de todos concurriría al auxilio del que sufriese por parte del enemigo externo o de las facciones anárquicas".

El plan de José Cecilio del Valle es más amplio, más concreto y más científico. Propicia la unión de todos los Estados de América. En el Congreso que se reuniría en Costa Rica o en León (Nicaragua) se apreciaría el estado económico, político, fiscal y militar de todas las naciones de América.

No solamente contemplaba el aspecto político, sino también el aspecto económico, sobre los cuales debería descansar la Federación de todos los Estados del Continente.

Según este plan, el Congreso tendría el carácter de continental, y resolvería dos problemas capitales:

1° Trazar el plan más útil para que ninguna provincia de América sea presa de invasores externos ni víctima de divisiones intestinas;

2° Formar el plan más eficaz para elevar las provincias de América al grado de riqueza y poder a que pueden subir.

Para resolver el primer problema, preveía la celebración de un pacto solemne de socorrerse unos a otros los Estados, en las invasiones exteriores y divisiones intestinas; y que se designase el contingente de hombres y dinero con que debiese contribuir cada uno al socorro del otro que fuese atacado o dividido.

Para resolver el segundo problema, debían tomarse las medidas necesarias y formarse el Tratado General de Comercio de todos los Estados de América, procurando la creación y fomento de la marina que necesita una parte del Globo separada por mares de las otras.

En aquellos tiempos las comunicaciones eran tardías y difíciles. Es probable que D. José del Valle no haya tenido conocimiento de las cartas en que Bolívar había insinuado la unidad de los pueblos que fueran colonias de España, cuando él formuló su plan para la celebración de un congreso continental. Y es posible que Bolívar tampoco haya conocido el plan de Valle, cuando propuso en 1822 la creación de una confederación de Colombia, México, Perú, Chile y Argentina, ni cuando el 7 de diciembre de 1824 hizo la convocatoria para el Congreso de Panamá.

Pero parece claro que, cuando este Congreso se celebró en 1826, los delegados conocieran el plan de Valle, porque las resoluciones de tal asamblea parecen calcadas en el pensamiento del ilustre centroamericano.

En el Congreso de Panamá, que se instalara el 11 de junio de 1826, estuvieron representados los siguientes países: Colombia, Perú, México, Centroamérica, que suscribieron un Tratado de Unión, Liga y Confederación Perpetua, en el cual no se estipuló nada respecto al problema económico de los Estados confederados, pues sólo se atendió al primero de los dos problemas fundamentales propuestos por Valle.

El Tratado de Unión, Liga y Confederación Perpetua sólo fue ratificado por Colombia.

Aunque en la convocatoria para el Congreso de Panamá solamente figuraron los países de América arriba mencionados, el Vicepresidente de Colombia, General Santander, en ejercicio de la Presidencia, convocó también a los Estados Unidos, Inglaterra y Holanda. Los Estados Unidos enviaron sus representantes, pero no estuvieron presentes en el Congreso, uno de ellos, el señor Anderson, por haber muerto en el tránsito, y el otro, el señor Sargent, por haber llegado a Panamá cuando las sesiones del Congreso habían terminado.

Después de aquel memorable Congreso, todos los esfuerzos realizados por unir parcial o totalmente, en una Confederación, a los países de América fueron inútiles. Y se abandonó la idea de formar una confederación.

No fue sino después de la guerra de secesión cuando el Gobierno de los Estados Unidos comenzó a preocuparse de las relaciones comerciales con los países de la América Latina. Y en 1882 se trataba de promover una reunión panamericana en Washington especialmente destinada a asuntos comerciales. Pero no fue sino hasta en 1888 cuando el Congreso de la Unión dio una ley por la cual fue convocada la primera Conferencia Internacional Americana, que se efectuó en Washington del 12 de octubre de 1889 al 19 de abril de 1890. En ella estuvieron representados 18 países: México, Guatemala, Estados Unidos, Honduras, El Salvador, Costa Rica,

Nicaragua, Colombia, Venezuela, Ecuador, Perú, Bolivia, Chile, Argentina, Brasil, Paraguay, Uruguay y Haití[6].

n esa Conferencia, el 14 de abril de 1890, fue creada la Unión Internacional de las Repúblicas Americanas, llamada después Unión Panamericana. He ahí por qué en 1930 se adoptó esa fecha como Día de las Américas, que se celebra en todas las naciones del Continente.

La Conferencia de 1890 trató principalmente de la conservación de la paz y del fomento de la prosperidad de los pueblos del Hemisferio.

Trató, asimismo, de otros temas como la fundación de un Banco Internacional, la construcción de un ferrocarril continental, la codificación del Derecho Internacional Privado; se acordó el repudio de la intervención armada para el cobro de deudas y se condenó el derecho de conquista.

"Los deberes que se señalaron a la Unión Panamericana —dijo el Presidente Roosevelt, en discurso de 1940— fueron sencillos. Consistían en recopilar y distribuir datos sobre el comercio, publicar un Boletín, suministrar información comercial y alentar la obra de mejorar las relaciones mercantiles".

Estos deberes fueron ampliándose en las conferencias interamericanas celebradas después. Pero nunca llegó a tener funciones de carácter político la Unión Panamericana, hasta en 1948, cuando la IX Conferencia Interamericana celebrada en Bogotá acordó la Organización de los Estados Americanos, de la cual la Unión Panamericana es órgano central y permanente.

La Unión Panamericana continúa, dentro de la Organización de los Estados Americanos (OEA), desempeñando las mismas funciones que viniera ejerciendo desde su fundación, como organismo de cooperación internacional. Sus oficinas técnicas y de información siguen fomentando las relaciones económicas, sociales, jurídicas y culturales de las naciones americanas.

El trabajo de estas oficinas se halla distribuido en cinco departamentos, a saber: Departamento de Asuntos Económicos y Sociales, Departamento Jurídico y de Organismos Internacionales,

---

[6] Gran Bretaña y Holanda, que eran miembros del Congreso, deben haber figurado en representación de sus colonias de América, en calidad de observadores.

Departamento de Asuntos Culturales, Departamento de Información Pública y Departamento de Servicios Administrativos.

No tiene funciones políticas específicas. Pero está dentro del engranaje de la Organización de los Estados Americanos y, como órgano central y permanente de este Organismo, necesariamente participa, y de manera primordial, en la política interamericana que éste desarrolla de conformidad con su Carta Constitutiva.

Tiene el carácter de Secretaría General Permanente de las Conferencias Interamericanas, de las Reuniones de Consulta de Ministros de Relaciones Exteriores, de los Organismos Especializados y de las Conferencias Especiales que se celebran conforme a las pautas consagradas o que se promuevan para responder a necesidades surgidas de las relaciones interamericanas.

FUNDAMENTOS DE LA UNIÓN AMERICANA

En las Conferencias Internacionales que de 1890 a 1948 celebraran los países de América se ha estructurado lo que se llama Sistema Interamericano, que ha culminado en la Organización de los Estados Americanos, es decir, en la Unión de las Veintiuna Naciones del Continente.

Los fundamentos principales de esta Unión son tres, a saber:

COOPERACIÓN, SOLIDARIDAD Y NO INTERVENCIÓN.

La Unión de los Estados Americanos no es una federación ni una confederación, como la soñaran los fundadores de las Repúblicas de este Hemisferio. Es la unión de naciones libres, independientes y soberanas, asentada sobre aquellos fundamentos, para mantener la paz y la justicia, para defender la soberanía, la independencia y la integridad territorial de estas naciones, y para promover su desarrollo económico y cultural.

Esta singular unión es una superestructura internacional, que dispone de órganos políticos, económicos, sociales y culturales para llenar sus fines, pero no constituye un superestado, sino una asociación de naciones libres y soberanas, que no dependen de ningún poder coercitivo, y que —en beneficio de todas ellas— conviven bajo leyes de interdependencia para realizar sus objetivos de convivibilidad internacional, sin menoscabo de sus derechos estatales.

No insistiré en hacer el análisis de esta obra magistral con que las naciones de América han dado al mundo el más alto ejemplo de convivencia pacífica.

En esta obra de compenetración material y espiritual de las naciones americanas, debemos destacar como el arquitecto más glorioso al eximio estadista Franklin Delano Roosevelt, cuya memoria resplandece con los vívidos rayos de la inmortalidad.

Antes de 1933, las Conferencias Interamericanas habían realizado una proficua labor de acercamiento, de comprensión, de cooperación, de defensa y de paz entre los Estados de América, logrando crear normas internacionales que constituyeran el Sistema Interamericano.

Pero no habían sido aún declarados, como normas del Derecho Internacional Americano, el principio de solidaridad y el principio de no intervención, que son los más sólidos fundamentos de la Unidad Continental.

El principio de no intervención, proclamado en la Séptima Conferencia Internacional Americana, celebrada en Montevideo, Uruguay, en 1933, fue reforzado en la Conferencia de Consolidación de la Paz, celebrada en Buenos Aires, Argentina, en 1936, y en la Octava Conferencia Interamericana, Lima, Perú, en 1938.

La consagración del principio de solidaridad americana fue obra de la Conferencia Interamericana de Consolidación de la Paz, celebrada en Buenos Aires, en 1936, y fue reforzada en las Conferencias Interamericanas de Lima (1938) y de Bogotá (1948).

La adopción de esos dos principios fue una consecuencia de la Política del Buen Vecino, iniciada y mantenida por el Presidente Roosevelt, con una sinceridad tan cordial que llevó la confianza a todas las naciones latinoamericanas, antes aprensivas frente a la actuación de la política exterior de los Estados Unidos, que durante varios años, antes de la Presidencia de Roosevelt, amparada en la Doctrina de Monroe y en otras políticas de defensa de intereses americanos, se resolvía en amenaza de intervención en los asuntos internos y externos de otras naciones del Continente.

La adopción del principio de solidaridad fue propuesta por las Delegaciones de Centroamérica en la Conferencia de Consolidación de la Paz, en un proyecto de Convención que tuvo el honor de suscribir quien os habla en este momento, como Delegado Plenipotenciario de Honduras.

El proyecto encontró el apoyo decidido de la Delegación de los Estados Unidos y de las demás Delegaciones americanas, excepto de la Argentina. Después de grandes deliberaciones en la Comisión Política de la Conferencia, la Delegación Argentina convino en firmar una Declaración de Solidaridad Americana, en vez de la Convención propuesta por los Delegados centroamericanos. Campeón de las deliberaciones fue el Delegado brasileño, señor Oswaldo Aranha, quien en sesión plenaria decidió la cuestión proponiendo la modificación de una cláusula que objetara la Delegación Argentina, y fue personalmente a conferenciar con el Canciller Saavedra Lamas para que autorizara la aceptación de la enmienda por la Delegación Argentina.

El principio de solidaridad americana, en aquella Conferencia, quedó consagrado en esta forma:

"Las Naciones de América, fieles a sus instituciones republicanas, proclaman su absoluta libertad jurídica, el respeto irrestricto a sus soberanías y la existencia de una democracia solidaria en América. Todo acto susceptible de perturbar la paz de América las afecta a todas y a cada una de ellas y justifica la iniciación de los procedimientos de consulta previstos en la Convención para el Mantenimiento, Afianzamiento y Restablecimiento de la Paz, suscrita en esta Conferencia".

Como se ve, la Declaración se refiere a solidaridad política para la defensa de la paz continental.

En la Conferencia de Lima (1938) fue adoptada la solidaridad económica y cultural, en la Declaración de Principios Americanos.

Cupo a la Delegación de Honduras en esta Conferencia la honra de haber presentado un proyecto de Convención para extender la solidaridad a los intereses financieros, económicos, sociales y culturales. Decía en sus considerandos el proyecto de Honduras lo siguiente:

"Considerando que, en diversas formas y manifestaciones, se ha proclamado el principio de solidaridad americana, especialmente en la Declaración hecha por la Conferencia Interamericana de

Consolidación de la Paz, el 21 de diciembre de 1936, reconociendo la existencia de una democracia solidaria en América y que todo acto susceptible de perturbar la paz del Continente afecta a todas las Naciones Americanas y a cada una de ellas; que la solidaridad comprende —para los fines pacifistas que ella persigue y alienta— tanto los intereses políticos como los financieros, económicos, sociales y culturales, y sólo podrá ser completa y práctica mediante una efectiva cooperación de los Estados que se manifieste en todos los aspectos de la vida nacional de cada uno de ellos; que la ayuda recíproca, como reconocimiento del derecho de asistencia internacional, es una de las formas objetivas de la solidaridad y se halla involucrada en varios pactos interamericanos".

En aquella conferencia no se firmó ninguna Convención, y toda su labor se tradujo en declaraciones, resoluciones y acuerdos, por lo cual el proyecto de Convención propuesto por la Delegación de Honduras quedó virtualmente incluido en la Declaración de Principios Americanos citada arriba, en la cual se amplió la Declaración de Solidaridad Americana, hecha en Buenos Aires, y se reafirmaron los demás principios que constituyen el Derecho Internacional Americano.

Hemos hecho estos recuerdos en ocasión del homenaje a la memoria esclarecida de Franklin Délano Roosevelt, reconociendo que a la inspiración de este genial estadista se debe la culminación de los ideales americanistas en esa colosal arquitectura que se llama Organización de los Estados Americanos.

Un Prestigioso Artista en San Salvador

Buena suerte he tenido al conocer personalmente a un artista español, pintor y arquitecto joven, de cuyas audacias mentales había leído calurosas referencias en periódicos y revistas de España y de los Estados Unidos.

Me refiero a Joaquín Vaquero, llegado a San Salvador hace algunos días, no precisamente como un embajador del Arte, que bien merece serlo de la Madre Patria, sino como un conquistador de sueños que atraviesa los mares para recoger el tributo sentimental que le debe América a su corazón triunfante. El artista unirá su destino, su fama y su nombre al espíritu selecto de una salvadoreña que ha sabido comprenderlo y amarlo.

Vaquero pertenece a una antigua y distinguida familia de Oviedo, España. En su ciudad natal hizo los primeros estudios y comenzó —desde 1919— a golpear fuertemente a las puertas de la gloria.

Mientras hacía sus estudios de Arquitectura en Madrid, los cuales terminó con brillantez inusitada, no perdió ocasión de perfeccionarse en el arte pictórico, y en varias exposiciones de sus cuadros se ha impuesto ante la crítica y ante el público de intelectuales como uno de los más atrevidos vanguardistas en quienes España fija ahora sus ojos esperanzados. Sus éxitos sonoros le han colocado en el pequeño grupo de artistas dilectos, que se hacen notar por el estremecimiento de una fuerte personalidad, cuya técnica original y cuya habilidad creadora constituyen un billete irrecusable para viajar sin tropiezo por las cumbres de la gloria.

Vaquero tiene, además, otro billete: la ambición. Como no duda de su capacidad, afronta con valor la lucha y confía en el triunfo consagrador. Yo le insinué la idea de quedarse algún tiempo en El Salvador, dedicado a la arquitectura, ya que sus conocimientos podrían ser aprovechados aquí con beneficio para él y para el País.

—No puedo —me ha contestado—. Estoy atravesando en España un momento decisivo para mi carrera artística, y debo permanecer allá.

En sus ojos brilla la ambición de conquistar un sitio entre los consagrados de primera fila.

Ya ha probado suerte en París, en Nueva York y en Washington. Y en esos centros de alta cultura ha reafirmado su personalidad, con legítimos laureles. En París exhibió sus cuadros ante un público de selección, y fueron acogidos con caluroso aplauso. En Nueva York, sin recomendaciones y sin propaganda de ningún género, abrió su exposición en las galerías Knoedler, y fue visitada —entre la sorpresa de un hallazgo feliz— por numerosas personas de la élite artística y del gran mundo intelectual. El gran pintor neoyorquino Arthur B. Davis compró dos cuadros de Vaquero para enriquecer su colección de obras modernas. El museo de Brooklyn compró otro, el titulado "La Iglesia de San Andrés en Madrid", destinándolo a su colección permanente. En Washington, bajo el patrocinio del Embajador de España, abrió su exposición Vaquero en la galería Veerheff, causando admiración y sorpresa en los entendidos que la visitaron. La prensa de las dos grandes naciones estadounidenses le ha tributado rendidas alabanzas a la obra del artista español, y algunas notas críticas le consagran como un innovador.

Vaquero es, ante todo, un paisajista. Sus paisanos le encuentran semejanza con Sorolla y con Mir. Al hablarle de estas semejanzas, Vaquero sonríe para decirme:

—Es un juicio sin fundamento. Algunos periodistas me han preguntado quiénes son en España los paisajistas de mi predilección, y les he contestado que Mir y Sorolla. De ahí han inferido las semejanzas. Pero, como usted comprende, no se puede seguir a uno de esos artistas sin apartarse del otro, porque no trajinan por los mismos caminos.

El arte de Vaquero es personalísimo. Es un arte de él: ni clásico, ni modernista, ni futurista, aunque se acerca más a esta última escuela.

Es futurista en cuanto pinta las sensaciones que le producen las cosas y no las cosas mismas. Uno de sus críticos escribió en Washington Star, 27 de mayo último, que "las obras de Vaquero tienen la vitalidad del momento actual, sin ser modernistas, sino esencialmente realistas, pero con el realismo de Sargent: no son una reproducción fotográfica".

No conozco la obra de Vaquero sino por algunas fotografías que el artista ha puesto en mis manos. A juzgar por ellas y por las críticas de quienes conocen los originales, me parece que este desconcertante pintor ha realizado aquel axioma de los futuristas: "El pintor lleva dentro de sí mismo los paisajes que quiere perpetrar en el lienzo".

No pierde de vista la simultaneidad emocional, que es otro de los cánones futuristas. Y se nota el empeño de dar a sus figuras el movimiento que podría llamarse psicológico, realizando aquel precepto de los futuristas: "El dinamismo universal debe darse en la pintura como sensación dinámica". En los paisajes de Vaquero, por más que representen cosas estáticas —un templo, una cabaña, una calle— el fino observador siente ante ellos "una emoción dinámica", justificando la definición de los futuristas: "Un cuadro es la síntesis de lo que se recuerda y de lo que se ve". Es la copia de una simultaneidad de estados de alma en que las formas pasan como en una vorágine y se transforman sin dejar de ser ellas mismas.

Pero no quiero aventurarme en disquisiciones que podrían llevarme demasiado lejos. Mi único objeto es dar a los lectores de este diario una impresión, más o menos exacta y justa, del artista español que es ahora huésped de San Salvador. Puede esta impresión ser demasiado viva, enmarcada como se halla en un sincero y noble entusiasmo, pero carece de contornos hiperbólicos, salvo que se juzguen tales las vibraciones de la realidad artística al través de un temperamento apasionado de lo bello.

San Salvador, 2 de julio de 1928.

LA LENTE OPACA

He leído los cuentos que acaba de publicar don Flavio Herrera, en un pequeño volumen titulado LA LENTE OPACA.

El procedimiento artístico del autor me satisface completamente: corresponde a mi modo de ver las cosas de la naturaleza al través de mi temperamento y de mi cultura estética.

Herrera forma sus cuentos con retazos de realidad, atados de suerte que le resulta un tejido inconsútil, una pieza multicolor, aterciopelada y vistosa, sin ostentación, donde los estados de alma se perfilan en relieves de sentimiento y de enseñanza sutilmente insinuados.

El lenguaje, antes que decir, canta y evoca, sin estrépito de diamantes relucientes ni de radiosos topacios, que las metáforas son gemas de luz suave, las gradaciones gotas de agua que dulcemente tintinean, y las hipérboles surgen como una emoción que se desdoble en visiones reales. Como un manantial de la sierra virgen, fluye musical y cristalino, y corre libre y alegre, sin pugnar contra las asperezas de la ruta, bordeándolas con apacible naturalidad y formando de trecho en trecho irisados remansos cuya espuma es alba y cuya somnolencia está llena de blanda poesía. No huye del artificio tremante, pretencioso y gárrulo que en la joven literatura de la hora sorprende con audacias y poses en las cuales el genio forcejea acribillado de alfileres de oro, entre la brillazón exultante y el humo mágico de la pirotecnia verbal. No huye de ese artificio, porque pasa sin temerle, a distancia, desdeñoso, como un gran Señor que ostenta con orgullo su sencillez vestida de seda, recamada de esmeraldas y exornada de perlas legítimas. Sólo de vez en cuando este lenguaje, de aristocrática estirpe castellana y de inmaculada nieve, por un afán de realismo, ve enturbiada su pureza con algún vocablo de baja extracción, o ve mezclarse a su aroma divino el acre olor de las frases que son abierta redoma de malsanas esencias.

Los argumentos del cuentista nada tienen de extraordinario ni de fantástico; son realidades vividas en un minuto de ensueño, más bien dicho, realidades que la imaginación creara combinando recuerdos de emociones vividas.

El autor aparece como un cronista de sensaciones vulgares, encantadas de ilusión, difuminadas en el azul celeste de la fantasía, matizadas de sutiles evocaciones, en un risueño éxtasis de añoranzas.

No la visión fantasmal y trágica de Poe y de Hoffmann, que va sembrando el espíritu de calofríos y de espantos, obligándole a recogerse tembloroso como al borde inseguro de un abismo; no en el crudo naturalismo de Zolá, emergiendo de la marmórea frase con el penetrante olor del vicio arrancado de la taberna o del prostíbulo para una exhibición de arte maravilloso; no las rápidas y fugaces ánimas risueñas de Catule Mendés, como figuras de cine enmarcadas en oro mental para formar pequeños cuadros ilusorios; no la fastuosa y galopante musicalidad de D'Annunzio, que pasa por el alma como una fascinación; no la delicadeza espiritual y mórbida de Pierre Louys, en que la lujuria ennoblecida se insinúa en giro amable y piruetea en escenarios a media luz; no la fina y punzante ironía de Anatole France, volando a modo de luciérnagas que prendieran su tenue fulgor en el corazón de la media noche; no la sutileza relampagueante de Valle Inclán, disolviéndose en coloridos y etéreas psicologías casi inalcanzables; no la vaporosa visión de Maeterlinck, diluyéndose en saudades de una recóndita filosofía, vuelos alígeros que escapan a la aprehensión anímica. No, el conteur guatemalteco no ha trajinado por ajenos campos espirituales, por extraños jardines aladinescos, para recoger frutos y rocíos y aromas: tiene sus heredades propias, sus verjeles exúberos, donde su alma se nutre de ambrosías y alienta su inspiración al calor de la tierra olorosa, para que su personalidad se destaque, libre de exóticas influencias, integrada con elementos del ambiente nativo.

No obstante, el cuentista regional puede parecer o ser incompleto y descolorido para las exigencias de una literatura netamente chapina a lo Pepe Batres o Pepe Milla. El regionalismo de Herrera se aviene a todos los climas de la América tropical, y su procedencia chapina sólo podría constatarse por uno que otro giro de donaire popular y típico del país.

No diré que los cuentos son perfectos, porque no me siento con derecho para decidir sobre ello. Quede para los maestros, que dan y quitan fama, y hacen y deshacen personalidades en un artículo de periódico; para ellos, claros e ínclitos maestros, cuya autoridad se impone como la vara de los lictores romanos, quede el derecho exclusivo de establecer si los cuentos son perfectos, si hay en el autor un cuentista de pura cepa o un mediocre hilvanador de tonterías amables, si esta narración es pálida y no vibra en ella la vida, si aquella tiene un remate lánguido y si la otra necesita soportes porque cojea y amenaza desquiciamiento.

El ritual artístico del autor me sugestionaba; su emotividad me encanta, su discreción me entusiasma y su vuelo tranquilo, sosegado y orgulloso por el cielo del arte me despierta simpatía y arranca de mi indolencia un aplauso nervioso cuya sonoridad es sincera y leal.

EL LIBRO DE AUGUSTO C. COELLO

Augusto C. Coello es un gran poeta cuya obra pudo alcanzar dimensiones homéricas a no haber sido truncada por la política, que le tomó en plena florescencia primaveral, alejándole del íntimo contacto con las Musas y del comercio espiritual con las deidades del Olimpo propicias al ritmo grácil y a la tersura de los símbolos.

Desde que comenzó a versificar, en su adolescencia, fue un maestro de la rima y del ritmo, sobre todo en sus sonetos lapidarios, de una musicalidad emotiva y de un pensamiento siempre vivo y luminoso, en los cuales no faltan sorpresas que vibran en el espíritu con el golpe mágico de una creación.

Sobrio en la expresión, aquilatado y límpido, su verso sencillo, ajustado a los moldes clásicos, pero tocado de modernidad en la cadencia, es ajeno a la pasión exaltada, al sentimentalismo romántico, que fueron características de la época en que él iniciara su ascenso por la escala diamantina del Arte. Tampoco ha sido deslumbrado por la brillazón de pirotecnia con que muchos ingenios post-rubenianos han venido asombrando al mundo con audacias y poses en las cuales el genio se presenta acribillado de alfileres de oro. Ha pasado a distancia de esas nuevas modalidades del Arte, sin detenerse a contemplarlas en su magnificente ostentación.

Su aristocracia mental no le ha permitido descender a los obscuros fondos donde la vulgaridad se regodea en un festín funambulesco, ni le ha permitido tampoco utilizar en sus versos los recursos de la elocuencia aparatosa que ensordece y deslumbra con la algarabía de sus metáforas y el fausto de sus símiles. Recatado y discreto en el amor como en todos los sentimientos elevados, su verso digno y puro, de contornos precisos y facetas de eternidad, resplandece como una gema solitaria en la literatura hondureña.

Como si hubiera deliberadamente adoptado la máxima de Confucio, "el hombre superior busca cuanto desea en sí", Coello no ha buscado en los demás ni un punto de apoyo ni aderezos para su poesía. Cuando hubo encontrado la pauta de la belleza apolínea, anduvo su camino, viajando con la seguridad y la firmeza de un antiguo conocedor del terreno, sin extraviarse en las encrucijadas y sin caer en las sirtes traicioneras.

Poco ruido ha hecho en las gestas literarias de Honduras, porque no se ha preocupado de poner en relieve su personalidad, ni en los cenáculos, ni en los libros, ni en las revistas. Por indolencia o por orgullo, ha abandonado su obra al azar, publicada en efímeras hojas periódicas o en magazines de escasa circulación, y si muchos de sus poemas son conocidos y aplaudidos fuera de Honduras, ello se debe a la virtud de sus alas que los han hecho recorrer mundos y conquistar cimas remotas.

La primera colección de poemas de Augusto C. Coello es el pequeño volumen que nos ha dado ocasión para este comentario. Ella es suficiente para perfilar una personalidad de artista, pues en cada uno de los sonetos, más exactamente, en cada uno de los versos del pequeño volumen se destaca el artífice que sabe, con palabras corrientes como las que usa todo el mundo, crear selectas armonías, animadas de un fuego interior en el cual crepita la llama pura del Arte, el inefable encanto de la poesía que cautiva y enajena a las almas sensibles al divino aroma del Helicón.

Sin embargo, el artista no alcanza la universalidad que caracteriza a los poetas completos, un Homero, un Dante, un Victor Hugo, un Rubén Darío, en cuyas obras se diseña, a veces fragmentaria, a veces en unidad armoniosa, a veces a fondo, a veces evocada, la sabiduría de la época que, con diferentes matices, es la misma de todos los tiempos: la vida palpitante captada de sus corrientes múltiples en la obra poética.

La poesía de Coello no se aventura por los precipicios de la agitada vida contemporánea, erizada de problemas sin solución. No indaga, no sugiere, no evoca nada que pudiera indicar que el poeta se halle interesado por los problemas que están conmoviendo al mundo desde los tiempos de la Grecia y de la Roma antiguas y que, en este siglo turbulento y confuso, revisten caracteres de una estupenda inquietud y de una incertidumbre desconcertante.

Con su Himno a Honduras, que ha sido consagrado por el consenso popular y por la ley como el Himno Nacional de Honduras, Coello dio la nota del más amplio contenido universal de su poesía y buriló en relieve su personalidad al crear esa canción patriótica que es desde hace más de veinte años la fuente clara en la cual todos los hondureños de la última generación han bebido el licor que inflama sus almas, embriagándolas de amor a la Patria, en un sentimiento unísono y unánime. Y esa nota de patriotismo ha de vibrar perennemente en el corazón del pueblo hondureño, sonora de inmortalidad.

"La cultura —expresó en una entrevista Oliveira Salazar— es un alto desarrollo de la inteligencia en relación con los problemas fundamentales de la vida". Conforme a esta certera visión, los intelectuales, representativos de la cultura, especialmente los poetas, deben interesarse por los problemas de la vida en el sentido humano de esta expresión, contribuyendo con su actividad mental realizada en estudios, en novelas, en obras teatrales, en poemas, en música, en pintura, en escultura, en arquitectura, en toda manifestación de verdad, de justicia y de belleza, al mejoramiento de la colectividad de la cual forman parte.

Un gran poeta que únicamente ha explorado los sentimientos personales y la tersa superficie de líneas, contornos y colorido de las cosas del ambiente, habrá dejado una huella de luz a su paso por la vida y su obra será perdurable, pero no causará en las generaciones futuras la emoción de grandeza perenne que es patrimonio de los poemas de contextura universal, en los cuales se reflejan las pasiones, las ideas, los sentimientos, los dolores, las luchas, las aspiraciones y las esperanzas de una época, siguiendo a las sociedades humanas en su trayectoria de perfeccionamiento, en su impulso de avance hacia un vistoso Eldorado donde los guijarros son diamantes y oro inútiles, y donde el hombre ha conquistado su humanidad en el trabajo, en la justicia, en la fraternidad y en la paz, mediante la comprensión clara y precisa de la vida.

Augusto C. Coello, no sólo en sus sonetos, sino en todos sus poemas es, como Petrarca, un artista equilibrado y brillante, en cuya obra el pensamiento, el amor, la pasión, todos los matices del alma humana en función, se hallan aquilatados dentro de un marco rígido y exacto, sin recargo de colorido y de emoción, sin alardes agresivos, sin combinaciones pedantescas, sin que nada falte o sobre en el cuadro artístico, como lo exige el precepto heleno.

Si él hubiera dedicado más tiempo a su verso y menos a la política, su obra no sería solamente la manifestación inconfundible de un espíritu creador de belleza, sino también el fruto múltiple de una vida pujante, capaz de abarcar en sus facetas innúmeras la sabiduría y las inquietudes de su siglo y de su pueblo.

NÉSTOR BERMÚDEZ

(Prólogo del libro FACETAS)

La obra que ha erigido Néstor Bermúdez en este libro ha dejado en mi espíritu una sensación de ritmos en fiesta, de colores risueños y de aromas gráciles danzando en una superficie de mármoles pulidos.

Como sus hermanos Antonio y Rubén, Néstor Bermúdez, Señor de la Fantasía, conoce el sabio secreto de los símbolos. Materializa las cosas abstractas e idealiza las cosas materiales, tal dijérase un miliunanochesco espectáculo de Mickey Mouse en una pantalla mágica.

Las sonrisas, las miradas, las líneas, los contornos, los ritmos, los crepúsculos, los colores, los perfumes, las melodías, los ensueños, los ritos, las emociones, los misticismos se mueven, cantan y hablan en concierto armónico, sin que la aspereza de un grito ni la estridencia de una pasión ni el rojo clamor de una herida abierta turben la perspectiva diáfana o amenacen la serenidad apacible del cuadro artístico.

Se aparta de sus hermanos en cuanto a la rara visión marmórea y a la musicalidad sedeña de sus símbolos. Antonio más apasionado. Rubén más vibrante. Néstor más parnasiano.

Pareciera que este ungido de la belleza hubiera ajustado su procedimiento artístico al canon de Peter Altenberg: El Arte es a la vez superficie y símbolo.

Para asir una imagen podría repetir la hazaña de Li-Po, pescador de lunas ilusorias.

Como Catulle Mendès, hace pasar sus ánimas risueñas, fugaces y rápidas, sobre la nitidez de un lienzo blanco. Como Pierre Louys, ostenta en ritmos suaves su delicadeza espiritual, pero sin las insinuaciones mórbidas que aquél hacía danzar en escenarios a media luz.

Como D'Annunzio, hace cantar sus metáforas alucinantes, pero sin el estrépito musical con que el mago itálico fascinara las almas.

Su espiritualidad es casta y pudica, su musicalidad es suave y aristocrática, y en la marmórea superficie pulida de la fantasía ostentan su desgaire como acicaladas doncellas temerosas de la vulgaridad y de los faunos grotescos.

ENRIQUE NUILA

Es el Ateneo de Honduras quien —por mi medio— le consagra a Enrique Nuila un recuerdo de homenaje, de pesar y glorificación.

Era Nuila un pensador de treinta años, vibrante de vida, hermoso de alma y cuerpo, de musculatura maciza y conformada como de intento para el servicio de un luchador. Era todo energía y voluntad, diríase el producto concentrado de una generación de hombres fuertes que hubiera pasado por un crisol de probidad.

A la austeridad severa de un anciano que ha visto sus pasiones domeñadas por la edad, reunía la frescura primaveral de la juventud que asiste a un florecer de ilusiones.

Su mente —desbordada de soñares radiantes y generosos— había llegado a la plenitud, propicia a la germinación de mundos nuevos, al despertar de águilas potentes, al reventar de flores poliodorantes, a la gestación maravillosa de cosas bellas, vivas con vida de ensueño y seducción, y buenas con bondad de redención y de paz. Y esa mente comenzaba a brillar en su plenitud.

Era un espíritu de selección. Estos raros espíritus comienzan —sedientos de ideal y de belleza— abrevándose en manantiales de arte, de poesía, sobre todo. Con inquietud desesperante, en todas las fuentes prueban las mieles que recogieran las abejas de la Literatura. Van con Virgilio y Horacio a las fuentes latinas clásicas; con Cervantes y Quevedo, a las hispanas de oro puro; y recorren el mundo bello, de asombro en asombro, ora con Molière, ora con Shakespeare, ora con Chateaubriand, cerrando su éxodo con Verlaine, con la pléyade modernista que ha quintaesenciado el arte literario hasta una estupenda perfección fascinadora. Ahitos de belleza, sutilizados, sensibilizados, dulcificados en la suprema exquisitez mental, sienten más que nunca un profundo vacío. Es que han entrevistado la Verdad, por el arte columbrada, semienvuelta en los pliegues misteriosos de la Naturaleza. Entonces se ven impelidos a emprender un nuevo éxodo al través de la Ciencia, violadora de esoterismos, ojo abierto a todas las radiaciones de la Verdad, cima gigantesca donde moran las nieves de lo eterno y lo inmutable. Y van explorando secretos, hasta encontrarse con el espantoso secreto de la vida, en una enorme rugosidad de aquella cima nivosa: en la Biología. Y la Biología los conduce a la Sociología. Y ésta al problema social, donde terminan su viaje penoso, para colocarse con firme voluntad entre los batalladores que —llenos de convicción y fe— presienten una humanidad redimida, organizada solidariamente —sobre bases de igualdad y de justicia— para la Virtud, para la Verdad, la Belleza y el Amor.

Así viajó el espíritu de Enrique Nuila, sorbiendo mucha luz en cada jornada. Y estaba preparado soberbiamente para echar a los cuatro rumbos su pensamiento, pleno de seducciones y sorpresas, como lluvia acariciadora y fecundante sobre los campos del porvenir, donde el ideal ha de germinar con una exuberancia lujuriante y formidable.

El medio que consideraba más seguro para resolver el grave problema social es la educación del pueblo. Nutriendo con las nuevas ideas a la juventud, ésta tiene fatalmente que cumplir su misión redentora cuando los poderes de la actual sociedad caigan en sus manos. Nuila no pretendía violentar el medio ambiente con trastornadoras propagandas. Su misión se reducía a sembrar en las almas jóvenes gérmenes de redención. Es así que su ideal no podía realizarse sino en un porvenir muy lejano, cuando la juventud por él formada se difundiera por la República, tomara posesión de las escuelas y enseñara el nuevo Evangelio a las muchedumbres. Para semejante obra se necesitan cinco o diez generaciones.

El apóstol comprendía que estaba muy lejos la realidad de sus visiones magníficas. Comprendía que era un luchador aislado. Y también comprendía que la simiente por él regada germinaba con una lentitud desesperante, perdiéndose la mayor parte a causa del medio hostil. La obra penosamente realizada en un año escolar se le desbarataba en las vacaciones al volver los niños a la vida burguesa del hogar, que les parecía mucho mejor que la vida de humildad e igualitarismo preconizada por el maestro.

Imagino que esta lucha sin triunfos le amargaba la existencia, precipitándole en una vorágine de crueles decepciones. Y el apóstol vaciló. Le faltó la energía de las grandes almas solitarias, hechas para la abnegación y el sacrificio, sembradoras de ideas que han de florecer en las generaciones evolucionadas de la futura humanidad. Para precursor, creyó suficiente su obra. Y le pareció llegada la hora del descanso eterno.

En lo cual no procedió conforme a sus ideas. El valor de vivir es primordial condición que exige el apostolado de la época. Los redentores de hoy no triunfan en la Cruz. Su muerte no es ascensión, es una caída. Su sangre no fecunda las almas. Su obra se trunca, y la corriente que animaban con su pensamiento se paraliza.

Lamentemos la desaparición de Enrique Nuila como una pérdida para la humanidad. Honduras todavía no se da cuenta de la gran fuerza que se le ha escapado con la vida de ese joven pensador. Pasados algunos lustros, le hará justicia a su memoria y la presentará glorificada —con orgullo de madre amorosa— ante los héroes cerebrales de otras latitudes. Porque si la producción de Nuila es insignificante por lo exigua, vale mucho como revelación. Juzgada al través del tiempo, en ella se destacará su autor con relieve de iluminado y de precursor.

Es verdad que aún le faltaba purificación. Iba por el camino, pero aún no había escalado la cima. No había cristalizado su ideal, no lo había reducido a cánones definitivos, a formas precisas en que pudiera reflejarse la humanidad futura redimida. Creía encontrar la forma típica de organización en las primitivas comunidades cristianas, en las cuales fue un hecho la libertad individual y la igualdad social, con ausencia absoluta de todo poder terreno. Es decir, el cristianismo de San Pablo.

Tal es el camino, uno de los caminos de redención, pero no es la solución del problema.

El núcleo a que Nuila pertenecía cuenta hoy escasos prosélitos. Ninguno, entre los grandes pensadores de la Reforma. Ha quedado reducido a unos pocos discípulos de Tolstoy, soñadores místicos y buenos, altamente espiritualizados, almas blancas destinadas a perecer estrellándose en la dura roca de una hermosa utopía.

Pero él hubiera evolucionado, y habría sido una formidable columna del Edificio Futuro.

Honduras es el país más propicio a la Reforma. Pero aquí los medios de lucha han de ser diferentes de los que emplean los apóstoles europeos. Aquí se puede llegar fácilmente por una rápida evolución. Lo principal es conservar la paz a toda costa, evitando alharacas por las ilegalidades y extravíos de los Gobiernos. Convencidos de que ningún Gobierno, aunque de ángeles se integre, puede poner en práctica los altos principios de la Democracia Representativa, ¿a qué luchar por simples cambios de personal? Es insensato y criminal azuzar al pueblo, impulsándole a la revuelta. Conservando la paz, todos los ideales tienen campo de acción; y si son verdaderamente humanos y nobles, llevan asegurada la victoria. Nuila era una esperanza en esta época de renovación. Debió haber conservado su existencia para contribuir a la gran obra de cultura y de progreso que ahora se ha emprendido. El pueblo hondureño no está como antes embrutecido y enfermo de caudillaje. Hoy quiere ideales, no caudillos; quiere bienestar económico, no sangre y miseria; quiere trabajo, quiere luz y libertad. Y va derecho a la conquista de su porvenir.

No, no hay que morir todavía. Enrique Nuila hizo mal despidiéndose tan temprano, sin esperar el glorioso amanecer que todos vislumbramos en el horizonte de la Patria.

Respetemos su trágica actitud. Pero no le imitemos. Lloremos su partida dolorosa. Pero enjuguemos las lágrimas, y sigamos adelante, empujando al pueblo hacia la cumbre ansiada.

No seamos luchadores aislados, como ese noble espíritu que nos abandonó. Vamos con nuestros ideales vigorosos y sanos a buscarles realización dentro del Gobierno. La oposición es estéril en esta hora, y puede ser funesta. En vez de echarnos encima el Poder, luchando de abajo a arriba, utilicemos el Poder, luchando de arriba a abajo, para el triunfo rápido y seguro de las nuevas aspiraciones. Al menos, así no se fracasa, y si no se alcanza la victoria, se avanza certeramente, y el camino se ensancha.

Guardemos reverentes la memoria de Enrique Nuila, siempre fresca y triunfal. Pero no sigamos la senda suya, porque conduce al aniquilamiento, a la desintegración. Nosotros debemos seguir una que conduzca a la Vida, a la Energía y al Triunfo.

Tegucigalpa, abril de 1914.

REFORMA UNIVERSITARIA

El Profesor D. Ángel G. Hernández, consagrado Pedagogo, ha escrito la obra PROBLEMAS DE LA EDUCACIÓN UNIVERSITARIA, cuyos originales hemos leído cuidadosamente, con el objeto de dar acerca de ella nuestra opinión.

Presenta el autor una síntesis histórica del proceso universitario, haciendo apreciaciones sobre las modalidades de los estudios superiores en las diferentes épocas, hasta culminar en la fundación y evolución de la Universidad de Honduras.

Anota que la Universidad de Honduras, no obstante el espíritu revolucionario de la reforma de 1881, que la apartara de la Teología y la Metafísica, continuó siendo únicamente un centro docente para la formación de profesionales.

El Código de Educación Pública de 1946, cuya vigencia comenzó en marzo de 1947, les dio a los estudios universitarios un contenido más amplio y una orientación más acorde con el concepto científico y social de Universidad.

En efecto, en dicho Código se propicia la investigación científica, en institutos, escuelas, laboratorios y seminarios, y se abren las puertas a la difusión de la cultura en la masa popular por medio de la extensión universitaria.

No obstante, nuestra Universidad continúa, como antes, formando profesionales, ajena a la función esencial que le corresponde como centro de la cultura general del País.

Hasta 1882, la Universidad de Honduras gozó de autonomía. Elegía sus funcionarios por el voto de los catedráticos y de todos los individuos graduados (Art. 21 de los Estatutos). El Gobierno de la República tenía el Patronato de la Universidad, para darle protección, pero —dice el artículo 10 de los Estatutos— "en ningún caso, ni por pretexto alguno, puede ni debe ingerirse en su administración, ni menos tocar los fondos". Y, conforme al artículo 13 de los Estatutos, de las elecciones y nombramientos de funcionarios se le daba cuenta "al Supremo Gobierno, para su conocimiento".

La reforma de 1881, contenida en el Código de Instrucción Pública que comenzó a regir en 1882, hizo de nuestra Universidad una dependencia del Poder Ejecutivo. Esta reforma sustituyó el espíritu y el contenido de la enseñanza, desligándola de la Teología y la Metafísica, y ubicándola dentro del sistema positivista, bajo la tutela del Estado.

El Profesor Hernández considera que la Universidad es una institución demócrata que no podrá llenar sus fines mientras no goce de autonomía. "La autonomía —dice— es la condición vital para que nuestro centro de cultura superior alcance los objetivos que la realidad reclama."

Las Universidades de la Edad Media, aunque autorizadas por el Papa, por el Emperador o por el Rey, disfrutaban de autonomía. Era la Universidad, como la definió el rey Alfonso el Sabio, "una comunidad de maestros y discípulos", y no podía estar sujeta a los vaivenes de la política ni a la autoridad del Estado.

No obstante el sistema autocrático de la monarquía en los tiempos medievales, la concepción de la independencia universitaria era la expresión de la democracia: libre organización, libre elección, libre funcionamiento. Pero la enseñanza no era libre, porque obedecía a las ideas religiosas de la época. Y así continuó, pasando por el Renacimiento, hasta la Revolución Francesa. Y, aun después de la Revolución, la Universidad, en la mayor parte de los países, siguió bajo la influencia religiosa, católica o protestante, hasta fines del siglo XIX, cuando se suscitara el movimiento revolucionario que ha venido transformando el espíritu de los estudios superiores y estructurando la Universidad contemporánea.

La autonomía, que fuera la norma de las universidades medievales y que ha seguido siéndolo en las modernas, no ha persistido en algunas Universidades de los países de origen latino, por razones de política interna.

La Universidad de París, fundada en el siglo XIII por el rey Felipe Augusto, fue la más célebre de la Edad Media. Tomándola por modelo, veintitrés Universidades más se establecieron en Francia, gozando todas ellas de autonomía. La Revolución las suprimió, y fueron sustituidas por la Universidad de Francia, fundada en 1808, por Napoleón Bonaparte. La Universidad de Francia tenía a su cargo la dirección de la enseñanza superior, la secundaria, la primaria y la técnica, bajo la autoridad y el control del Ministro de Educación Nacional, quien llevaba el título de Gran Maestro de la Universidad.

En 1896 se estableció la reforma universitaria, reconociendo la denominación de Universidad a cada grupo de Facultades. Así se establecieron las Universidades de París, Marsella, Alger, Besanzón, Burdeos, Caen, Clermont Ferrand, Dijon, Grenoble, Lille, Lyon, Montpellier, Nancy, Poitiers, Rennes, Strasbourg y Tolosa, cada una de ellas dirigida por un Rector, con la asistencia de un Consejo Universitario compuesto por los Decanos de las Facultades y otros altos funcionarios de Educación Pública.

Cada Universidad goza de personalidad civil, administra su presupuesto, puede recibir donaciones y legados, abrir cátedras, crear laboratorios, observatorios, escuelas, institutos. Pero el Ministro de Educación Nacional nombra los Rectores y el personal docente y administrativo.

De suerte que las Universidades de Francia son organismos semiautónomos. La enseñanza pública, en todas sus categorías, se halla bajo la dependencia del Ministerio de Educación Nacional. Y la enseñanza privada está bajo el control y supervigilancia del mismo Ministerio.

La autonomía es uno de los fundamentos de la reforma universitaria iniciada a principios del presente siglo, y ya se ha establecido en varios países.

El ideal es la emancipación completa de la enseñanza pública, como lo reconociera nuestro Ramón Rosa en su famoso discurso de 1882, que le sirvió de introducción al Código de Instrucción Pública, según puede notarse en la cita siguiente hecha por el Profesor Hernández:

"Los Gobiernos que gobiernen menos en materia de instrucción pública son los que corresponden o deben corresponder a las naciones más cultas, en que la ciencia es negociado de la sociedad que sólo requiere jurídicas garantías, en que la ciencia tiene un organismo propio, en que —como la religión, como la industria, como el comercio— es una actividad social llena de vida y de poder".

El Dr. Rosa optó, lamentándose de ello, por hacer de la Universidad una dependencia del Estado, debido al atraso en que se encontraba entonces la sociedad hondureña, como él mismo lo expresara diciendo: "Nuestra sociedad, después de las luchas enervantes que han traído consigo una política de parcialidades y de enconados odios, casi ha cegado las fuentes del sentimiento y de las aspiraciones legítimas. Nuestra sociedad aun permanece en ese estado de estupor que sucede a las grandes crisis. Nuestra sociedad vive casi inactiva, y, tratándose de grandes intereses comunes, o es egoísta o cuando menos indiferente".

Siguiendo a Ortega y Gasset, el Profesor Hernández le reconoce tres funciones a la Universidad, a saber:

1°) Transmisión de la cultura.

2°) Enseñanza de las profesiones.

3°) Investigación científica y educación de nuevos hombres de ciencia.

Las explicaciones que da el Profesor Hernández a estas tres funciones de la Universidad son satisfactorias. De ellas se infiere que el profesional universitario, cualquiera que sea la profesión que adopte, debe poseer cultura. Por cultura ha de entenderse el conocimiento de las ideas esenciales acerca del Hombre y del Mundo.

"La cultura no es ciencia, como no lo es la profesión —expresa el autor—. Pero el profesional y el hombre de ciencia o científico deben ser, además, cultos, para poder orientarse en la época en que viven, para proceder conforme a la altura de las ideas del tiempo en que les toca actuar".

El abogado, el médico, el pedagogo, el artista, el literato, el periodista, el veterinario, el odontólogo, el químico, el ingeniero, el agrónomo, que hayan recibido educación universitaria, deben poseer, no solamente los conocimientos que atañen a su profesión, sino también un conocimiento general sobre la constitución del Cosmos y sobre la vida orgánica, especialmente sobre el proceso biológico, histórico y social del hombre.

La Universidad forma profesionales cultos, cualquiera que sea la rama del saber a que ellos van a dedicar sus actividades.

Según Ortega y Gasset, la función primaria y central de la Universidad es la enseñanza de las grandes disciplinas culturales:

1ª) Imagen física del Mundo (Física).

2ª) Los temas fundamentales de la vida orgánica (Biología).

3ª) El proceso histórico de la especie humana (Historia).

4ª) La estructura y funcionamiento de la vida social (Sociología).

5ª) El plano del Universo (Filosofía).

Al mismo tiempo que la Universidad hace del estudiante un hombre culto, debe hacer de él un buen profesional, enseña el filósofo español.

En tanto, el filósofo guatemalteco, Dr. Juan José Arévalo, enseña que "la Universidad ya no debe producir profesionales, debe ser la formadora de hombres en el hermoso significado integral del vocablo".

Aunque el guatemalteco considera al español como un simple periodista de la Filosofía, nos parece más acertado el juicio del último en cuanto a los fines de la Universidad.

Estamos de acuerdo con el guatemalteco sobre el contenido sustancial de la reforma universitaria: libertad de aprender, libertad de enseñar y libertad de acción.

Y también lo estamos en los aspectos de la reforma universitaria: el político, el económico, el social, el cultural, el educativo y el moral.

Algunos reformadores universitarios sostienen que la función de formar profesionales es secundaria y que la función primordial es la investigación científica.

El filósofo español ha dado al respecto una explicación plausible, que se halla ajustada a la realidad. No todos los estudiantes pueden llegar a ser hombres de ciencia, es decir, investigadores científicos. Una escasa minoría de ellos puede dedicarse a la búsqueda de la verdad en laboratorios y seminarios. Pero, en su mayor parte, pueden ser profesionales cultos, es decir, conocer científicamente su profesión y poseer el conocimiento necesario de las ciencias para comprender la estructura del Cosmos y el proceso de la vida humana.

"No es ciencia —dice Ortega y Gasset— aprender una ciencia ni enseñarla. La ciencia, en su sentido propio, es la investigación científica".

En verdad, el conocimiento de una ciencia no es la ciencia misma, y quien lo posee no es un científico como lo es el investigador, aunque éste limite su conocimiento a una rama de la ciencia.

De ahí que la Universidad, si bien debe ser un centro de investigación científica, no tiene por misión hacer de todos los estudiantes hombres de ciencia, sino darles oportunidades a los que tengan vocación y capacidad para investigar.

La obra del Profesor Hernández revela un estudio acucioso de lo que significa Universidad y del contenido de la educación universitaria. Ha fijado con precisión los contornos de la reforma universitaria, sobre bases científicas, dentro del marco de la democracia, y ha establecido con destreza de pedagogo y de político las funciones de la Universidad como organismo nacional vinculado al movimiento mundial de la cultura, bajo el mecanismo de las Naciones Unidas y del Sistema Interamericano, que han creado un nuevo derecho internacional fundado en la solidaridad e interdependencia de las naciones y en los intereses comunes de los pueblos.

"La Nación, América, la Humanidad, la Democracia, la Paz Mundial y las Naciones Unidas —dice— son ahora los horizontes, los campos de acción de la Universidad Nueva Americana. Nada de lo que en esas demarcaciones ocurre de trascendencia, ninguna de las fuerzas vivas —instituciones, personas, ideologías, doctrinas— que luchan, en una concurrencia magnífica, por el progreso humano, pueden ser indiferentes a la Universidad Nueva".

Con una aguda y clara visión, sostiene que la Universidad debe estar libre de toda injerencia política y religiosa, por encima de toda pasión sectaria, y debe gobernarse por las autoridades que ella misma elija, actuando bajo el patrocinio de la Nación. "Sólo así, disfrutando de absoluta autonomía, la Universidad podrá ejercer con amplitud sus funciones".

Ni sectarismo religioso ni sectarismo político. La autonomía universitaria significa independencia, no solamente del Poder Público, sino también del dogma religioso y de los intereses políticos del partidismo. Cumpliendo su augusta misión de formar hombres para la ciencia, para las profesiones, para las letras, para el arte, debe actuar sin ligaduras políticas ni religiosas. La política, la religión y todos los sistemas y doctrinas deben ser objeto de estudio en la Universidad, pero en la región de la Filosofía, de los acontecimientos y los hechos, sin descender al terreno resbaladizo del sectarismo.

La Universidad es la Casa de la Ciencia y de la Cultura, en la cual la juventud desarrolla sus poderes espirituales, preparándose para dirigir su propia vida y la de los demás, en política, en religión, en letras, en arte, en educación, en economía, en finanzas, en la solución de los problemas del Estado y de los problemas sociales, en todos los aspectos de la existencia individual y colectiva.

La misión de la Universidad es formar hombres universal y específicamente preparados para desempeñar en la vida pública el papel que les corresponda, contribuyendo a mantener la libertad, la dignidad y la soberanía de la Nación, promoviendo el bienestar de todos los habitantes del País, elevando el nivel de vida de ellos y dándoles oportunidades para desarrollar sus poderes mentales y materiales y para aplicarlos a la obra magna de la civilización y la cultura.

En las Universidades anticuadas, cuyo objeto se reduce a la formación de profesionales, los alumnos reciben una educación incompleta que no los capacita para asumir la responsabilidad que les corresponde en la vida pública. Su preparación utilitaria los capacita para desempeñar funciones mercantilistas, que atañen a su propio bienestar, pero no al bienestar de la colectividad que les diera el privilegio de adquirir una profesión.

En cuanto a la organización y al gobierno que el Profesor Hernández propone para nuestra Universidad, nos parecen irreprochables, ya que se hallan acordes con la doctrina que él sustenta y con las peculiares condiciones del ambiente nacional.

Debemos reconocer en el Profesor Hernández a un pedagogo bien orientado en las más avanzadas disciplinas de su profesión, a un escritor copiosamente informado, en cuyo lenguaje sobrio, elegante y preciso, las ideas discurren, sin alarde ni estrépito, como en una clara corriente.

ADÁN COELLO

(Prólogo de una colección de sus poesías)

El más típico temperamento de poeta que ha producido Honduras, después de Juan Ramón Molina, es —sin duda— Adán Coello, cuya existencia tormentosa y fugaz no le permitió contornearse con todo el vigor de su espíritu.

Dejó una obra escasa y fragmentaria, y de ella se conservará solamente lo poco que el cariño fraternal ha podido reunir en este pequeño volumen, en el cual —como dijera Maeterlinck de El Infierno de Barbusse— se percibe la presencia grandiosa y emocionante del genio.

Pebetero insaciable de mirras celestes, fue este gran soñador el último esfuerzo de la bohemia refinada y galante que en Honduras hizo irrupción, sonora de ritmos gráciles y raros, al comenzar el vertiginoso siglo veinte.

Alto y flaco, con su hermosa cabeza byroniana y el perfil garboso de un rostro helénico, su cuerpo daba la sensación de un viajero de remotas edades, que, inadaptado al ambiente de esta edad febril, se nutre de un raro maná de ensueño y de prodigio, aspirando el aroma de una saudade florecida en la Grecia de Píndaro, o en la India de Kalidasa, o en la China de Li-Po, mientras desgrana rimas y sonrisas ingenuas al paso de las cosas y de las gentes sordas y distraídas.

Cantó a su paso breve —como un pájaro loco. Erró por la vida enmarañada como un sonámbulo que, a la medianoche, recorre los caminos tropezando en las piedras ásperas y desangrándose en los cactus hirientes, poseído de infinito.

Un día cesó el canto, y su alma se elevó a la Eternidad como un grito espantado.

En el gran silencio de la Muerte hubo un estremecimiento de inmortalidad.

Tegucigalpa, 1928.

MARCOS CARÍAS REYES

(Prólogo del libro Germinal)

El Arte ha sido para mí una pasión obsesionante. Y, aunque las luchas políticas y las urgencias de la vida material me han obligado a relegarlo a un segundo plano, ha sido siempre la íntima delectación de mi espíritu.

Entre las arideces de la política y los cactus sangrantes del periodismo, he consagrado devotamente un rincón de ensueño para el culto de la eternal Belleza.

He estado alerta frente a la evolución y las modalidades de la obra artística, captando maravillas nuevas y, a veces, descubriendo y estimulando talentos que se inician en la semiobscuridad de una primicia.

Y, cuando una figura de artista se destaca en relieve, brillante y fuerte, siento en mi corazón una alegría inusitada, un deseo irrefrenable de aplaudir y de estallar en homenajes.

Y si el artista surge en un medio de incomprensión, saturado de rudos egoísmos y de obscuras envidias, en el cual las juventudes se sienten aplastadas bajo la sonrisa desdeñosa o hiriente de unas cuantas celebridades vacías, se suscita en mi corazón una fiesta de fulgores, en la que arden los inciensos y las mirras en pebeteros dionisíacos, entre la fiebre ritual de las bacantes, y una locura divina ensaya danzas menfíticas, mostrando en ondulaciones de arrebato la púdica desnudez de sus líneas y el donaire de sus ritmos, para celebrar el advenimiento del Enviado del Cielo que, victorioso en la batalla contra aquellos gigantes del medio, viene a ofrecer a la Humanidad un nuevo mensaje de luz y de amor.

Así la fiesta que ha suscitado en mi espíritu el aparecimiento de Marcos Carías Reyes bajo el plafón azul del Arte.

Desde que comencé a leer en revistas y periódicos los cuentos y las crónicas de este brillante joven, comprendí que una promesa cierta había iluminado el horizonte de Honduras.

Y cuando esta promesa —irisada— cristalizó en "La Heredad" con una fastuosa cinitilación de facetas, vi delinearse la figura del artista en la plenitud anunciadora de una gesta triunfal.

Ahora he tenido la conciencia clara y precisa de que Honduras ha producido un gran artista, al leer, coleccionados, algunos cuentos de Carías Reyes, en los cuales la fantasía se ha desatado en pétalos vibrantes y sutiles, trozos de vida y de prodigio, bajo el embrujamiento del misterio hecho ritmos y evocaciones, bronces eginetas, mármoles áticos, vibrantes y agitados a veces en un conflicto dramático o en una conmoción de tragedia.

Yo le he descubierto en la malla lírica de sus visiones, en la rara creación de sus símbolos, en la euritmia de sus frases aterciopeladas o nerviosas, en la plasticidad parnasiana de sus imágenes, en la profusión radiosa de sus gemas, en la firmeza de sus pinceladas ricas de colorido, en el don celeste de convertir las palabras en paisajes, en movimientos, en vibraciones, en espejismos, en emociones rútilas, con una discreción sabia en donaires y elegancias.

Y, sobre todo, lo he descubierto en el noble continente de su persona, toda ella iluminada de modestia, y en la cual jamás han dejado sus huellas las pasiones malsanas. Un alma pura de artista cuya visión lejana pasa, sin alcanzarlos, sobre los egoísmos y los odios, sobre toda la fauna venenosa que se debate en los bajos fondos del báratro.

El lector curioso puede descubrir, leyendo a Carías Reyes, una brillante teoría de figuras superbas: ora un vaso de Klitias, ora una tanagra, ora un Tánatos, ora una Atenea Lemnia, ora un friso corintio, ora un pórtico romano; pinturas, esculturas y arquitecturas, todas palpitantes de vida, como si la mano de Praxiteles, de Fidias o de Vinci los hubiera encendido de divinidad.

Sin intención, sin empeño, sin pretensiones, el artista revela en sus cuentos un dominio absoluto de la Belleza, al través de la mitología y de la historia, mostrándose erudito a lo Pierre Louys para la creación precisa, científica, diríase, de sus personajes y de sus íconos.

Su estilo es amplio y vigoroso, manifestándose con la naturalidad de una corriente que discurre sin tropiezos, en una prosa sonora y cristalina que nos hace evocar a veces a Enrique Rodó y a Juan Ramón Molina.

He encontrado en los cuentos de Carías Reyes la concepción verleniana del Arte: ritmos e imágenes, es decir, la música en sus múltiples vibraciones y la pintura en sus inagotables matices y clarobscuros.

Pero algo más: la concepción de Pierre Louys, para quien el Arte es la expresión de la vida.

Y la sentencia de Barbey d'Aurevilly: lo único verdadero son las quimeras que soñamos.

Crear fantasmas alucinantes, brujerías de colores, de armonías, de claridades y de sombras, dentro de un cuadro humano, idealizando las cosas de la Naturaleza, he ahí el Arte, la verdad suprema de lo bello, que no es el pasto de la razón, que dijera Baudelaire, sino la ambrosía pura de que se alimentan los dioses.

Carías Reyes, en El Ópalo Triste, nos cuenta que "el ópalo estaba tísico por la nostalgia de un lindo dedo pálido, por aquella mano breve donde tanto tiempo vivió cautivo, por aquellas pupilas de aguamarina y aquella boca que tantas veces le dejó el color de un beso apasionado y primaveral; había vivido derramando su fulgor malva y rojo, con encanto crepuscular, sobre los cinco pétalos arborescentes de aquella mano incomparablemente grácil que resucitaba el prestigio extinto bajo el hacha niveladora de los septembristas victimarios de la princesa Lamballe; a ratos era el ópalo una disolución de violetas prisioneras en un rayo de sol convertido en maravilloso estuche, y en el fondo había un brillo incandescente, fúlgido; ora semejaba un estanque microscópico e inmóvil de extrañas coloraciones, desde el oro amarillo hasta el rojo violento de los atardeceres, diríase que la gema vivía, que estaba animada por un espíritu, que palpitaba en ella la conciencia de sus fulgores y se creyera orgullosa por tal motivo y por sentir la caricia obscura de mil ojos sobre su fría consistencia. Puck, señor y mago de las entrañas vírgenes, le había insuflado algo de su ser taumatúrgico y eterno".

Y en La Reina Malva:

"En las leyendas áureas donde hay demencia de mármoles y pórfidos".

Y en El Grumete:

"Un tropel alucinante de ciudades y de puertos".

Y en La Tempestad:

"Ver llegar la noche con una lluvia de diamantes en la cuenca imponderable".

"El trueno rodaba locamente semejante a un desgarramiento de las montañas".

Basta de citas. Los lectores de este libro sabrán hallar en él —en profusión— los cuadros mágicos evocados en los fragmentos preinsertos, y podrán contemplar la Belleza, plena de espiritualidad, mostrando su desnudez helénica, bajo la égida de la virginal Atenea y de la radiante Parsifae.

PRESENTACION DE IZAGUIRRE

(Prólogo del libro DESIERTOS Y CAMPIÑAS)

Juzgar la obra de Carlos Izaguirre me parece una tarea que no está al alcance de la crítica vernácula. Sería necesario el amplio y nutrido criterio de un Saint-Beuve o de un Paul de Saint-Víctor que escribieran en esta época de complicaciones y de sorpresas. Porque —con los instrumentos mentales de que dispone el sentido artístico del ambiente— sería difícil una disección perfecta de la estructura material y espiritual de aquella obra.

En presencia de ese raro libro al que llama Izaguirre Desiertos y Campiñas, el espíritu se siente presa del misterio de las cosas de la Naturaleza evocadas desde un rincón de caverna a media luz o en la semiclaridad de una alucinación fantasmal.

Como en el personaje de Jorge Sand, en Elle et Lui, dijérase que Izaguirre, al incrustar sus filosofías en la fluídica orquestación del verso, se ha propuesto permanecer poeta y creador, estrechando, "sin esfuerzo y sin miedo la potente y majestuosa realidad".

Porque la realidad aparece en los versos como en una angustia de asfixia, estrechada, apretujada, entre los brazos de una ciclópea fantasía, bajo la arrolladora corriente de los símiles atrevidos y las imágenes exultantes.

Para la producción de belleza es indispensable la libertad espiritual. Izaguirre se ha sujetado a este precepto, y es esta sujeción la única que reconoce su espíritu cuando la fantasía ensaya sus vuelos en espirales de misterio a una altura desde la cual puede contemplarse la Naturaleza como una mancha gris sin sentido y sin vida.

Esta apreciación no es un reproche, sino el reconocimiento de una virtud inherente al productor de belleza, y sin la cual la obra de arte resultaría un plagio de las cosas naturales y no habría de estimarse como creación, sino como fotografía incapaz de provocar una emoción estética. Pues, como enseña el sabio crítico de Summa Artis, "la poesía proviene de la sacudida de emoción que nos produce una palabra vulgar con un significado lleno de sentido".

En efecto, las palabras son materia prima de uso común, pero sólo el artista sabe servirse de ellas dándoles un sentido oculto y una virtud sinfónica que producen la sacudida de emoción, por la novedad, por la sorpresa, por la inquietud, por la ternura, por la violencia, por la suavidad, por la plenitud, por la evocación, por la gracia, por el donaire, por el movimiento, en una palabra, por la creación artística.

Las churingas australianas son pedazos de madera que, al ser labrados por el artista, dándoles forma romboédrica y pintando o esculpiendo en ellos un bajorrelieve, les incorpora el espíritu ancestral, y he ahí el misterio de su transformación en reliquias sagradas. Tal la obra poética. Aunque las palabras se combinen rítmicamente, y aunque aparezcan tocadas de sonoridades y de pensamientos, no constituirán poesía mientras el artista no les incorpore el espíritu capaz de producir la conmoción reveladora de un estado de belleza.

No importa la forma que se le dé a la expresión —verso o prosa— con exornaciones fastuosas o sobrias, con riqueza de colorido y de ritmos o con la simplicidad cristalina de una límpida corriente. El secreto se halla en el fuego sagrado y en la vívida llama que animan a las palabras por el sortilegio de las imágenes en un intento feliz de eternidad.

No pretendo hacer un análisis de la obra de Izaguirre. Me propongo únicamente poner en relieve la personalidad del autor, vista al través de un prisma de comprensión y de imparcialidad.

No se ha dado en Honduras el caso de un poeta como Izaguirre, quien no sigue ninguna de las tendencias futuristas hasta hoy conocidas, ni sigue tampoco a los clásicos, ni a los románticos, ni a los modernistas rubendarianos, no obstante que en la factura de sus versos se encuentra con frecuencia el tipo clásico, como el modernista y el futurista.

En los poemas que constituyen el volumen que motiva esta presentación, el autor ha respetado la rima y el número de versos del soneto clásico. Pero en el contenido artístico de las estrofas, la libertad de las palabras y de las ideas se manifiesta en una cadena de sorpresas que a veces causan una preocupación particular en quien las aprecia, porque rompen —sin temor y sin pena— los moldes consagrados por las escuelas y las tendencias literarias de todos los tiempos.

A veces Izaguirre nos da la impresión de un artista oriental, desgarbado y tumultuoso, en el uso de una libertad sin reparos. El artista occidental, pintor, escultor o poeta, toma las cosas de la Naturaleza y las presenta en el lienzo, en la estatua o en el poema con precisión de líneas, contornos, sonidos e ideas, con un sentido lógico inconfundible, en tanto que el oriental las toma como simples motivos para despertar en el espíritu creador imágenes y mitos que no son sino realidades subjetivas al servicio de una creación fantástica.

Basta comparar las figuras de un ceramio griego con las de un ceramio persa, aunque representan la misma escena, para establecer la diferencia entre el arte occidental y el oriental.

Izaguirre —en ciertos momentos— es un poeta oriental a lo Omar Khayyam. Pero en seguida se presenta razonador, lógico y revolucionario, con admoniciones y advertencias optimistas de una filosofía profundamente humana, tal un Juan Jacobo Rousseau. Y no es posible distinguir a veces si el poeta es un filósofo o si el filósofo es un poeta, porque amalgama de tal modo el conocimiento de la Naturaleza con la fantasía creadora, que es difícil saber si la belleza es un resultado del esfuerzo del artista o de las lucubraciones del pensador.

El título de una obra de Marinetti, fundador del futurismo en literatura, La Imaginación sin Hilos o Las Palabras en Libertad, podría convenir con exactitud a ciertos poemas de Izaguirre, en los cuales —a pesar de la rima y del ritmo— se transmutan los valores filosóficos y poéticos como en una alquimia desconcertante.

"Antes de nosotros —escribía el poeta futurista Armando Mazza, en su libro Firmamento (1920)— los hombres han cantado siempre con Homero, con la sucesión narrativa y el catálogo lógico de los hechos, imágenes e ideas". Y así es en verdad, a pesar de las escuelas que se han sucedido con alardes innovadores. Solamente las tendencias derivadas del futurismo se han apartado, para no acercarse más, de la técnica juiciosa y de la expresión narrativa y lógica de Homero.

Los movimientos literarios denominados cubismo (Apollinaire), nunismo (Birsot), dadaísmo (Tzara), ultraísmo (Cansinos-Assens), concrecionismo (Huidobro), expresionismo (Becher), imaginismo (Pound), con todo y sus abracadabrantes concepciones y sus disparates y absurdos, han sido verdaderamente innovadores, creadores, con una originalidad innegable, y han dejado una huella profunda en las literaturas neolatinas.

De esos movimientos han surgido las numerosas tendencias artísticas innominadas, con pretensiones de exclusividad en la creación poética, que en los últimos años se han manifestado en España y en la América Hispana, con una estupenda variedad de procedimientos que no son otra cosa que manifestaciones de la libertad conquistada por el futurismo.

Izaguirre, quizá sin haber tenido una determinación al respecto, ha sido influenciado por esos movimientos libertarios. Y así se explica que en un mismo poema suyo se encuentren estrofas o versos de corte clásico, versos que hubieran escrito Lope de Vega o Garcilaso; versos que son verdaderos hexámetros homéricos; versos que evocan a José Asunción Silva; versos de una libertad de ritmo y de pensamiento que sólo se concibe en un futurista o vanguardista quintaesenciado. Pero el conjunto de la obra no permite asignarle a Izaguirre una casilla entre los filiales de tal o cual iglesia literaria.

Del soneto La Gruta son estos versos de tipo clásico:
La gracia que vertiera el Sol en tus collados,
el beso de la Luna cayendo en tus jardines,
¿no son en tu silencio rincones embrujados,
agujas que te orientan por todos los confines?
Es una estrofa de versos alejandrinos que pudo escribir el propio Lorenzo de Segura o el Maestro Berceo.
Del soneto Florecido son estas estrofas:

Yo estremecí los silencios con clamores y arpegios
e iluminé sus congojas con mi límpida plegaria,
ellos se fueron poblando de cantos y sortilegios,
pero mi vida quedóse desolada y solitaria.
Yo increpé claridades, crepúsculos y celajes,

el bramido de los mares, el rumor de los boscajes
en un sincero entusiasmo de alejarme de las cosas.

He aquí una muestra de versos modernistas, en los cuales se ha
conservado el metro clásico, pero se han subvertido los valores
prosódicos, resultando una cadencia que carece de la monótona
uniformidad del verso clásico y que da al poema una musicalidad
parecida a la que resulta de la adaptación que hiciera el gran poeta
centroamericano Francisco Gavidia del ritmo del verso francés al
castellano, la cual le sirvió de base a Rubén Darío para su revolución
literaria tan resonante. En cuanto al fondo de las estrofas copiadas,
hay un soplo inequívoco de modernidad.

La siguiente estrofa es del soneto Música:

¿De qué playa desierta secuestró tu locura
la nota que a la vida de fervor inflama?
¿De qué filón de ensueño desprendió tu tristeza
el rugido que en las cuerdas —de impotencia— brama?

El primero de estos versos es un alejandrino de factura impecable.
En el tercero hay un hemistiquio de seis sílabas. En el cuarto, un
hemistiquio es de ocho sílabas y el otro de seis. En ambos la cesura
ha cambiado de sitio, y tanto por esto como por haberse
menospreciado "la tiranía cronométrica del ritmo", la música de estos
versos, como la de muchos otros del libro, es una manifestación de
libertad futurista. Pero no por eso los poemas pierden su belleza. No
se trata de una falta de armonía, sino de haberle dado a ésta
movimiento y novedad.

Algunos versos de Izaguirre son verdaderos hexámetros
combinados con yámbicos, es decir, su ritmo no está subordinado al
número de sílabas ni a la distribución de los acentos en ellas, sino a
la cantidad prosódica contenida en las palabras y que se cuenta por
pies breves y largos, los cuales se combinan armónicamente para
formar los versos, como en los poemas de Homero y los de Horacio.
Rubén Darío, por intuición, hizo uso del ritmo del hexámetro en
algunos de sus poemas, antes de conocer el poema Los Argonautas,

en el cual el citado polígrafo Gavidia explicara la técnica de la adaptación del hexámetro al castellano.

Fuera de la libertad que se refiere a la forma y cadencia del verso, aun dentro de las limitaciones del soneto, hay que hacer notar en los poemas de Izaguirre la libertad en que se mueven sus creaciones mentales, con un desenfado y una audacia en las comparaciones y en las imágenes, que desconciertan y asombran si el espíritu no se halla preparado para apreciar —dentro de la trama artística— las incoherencias, paradojas, antinomias y hasta ilogismos que suelen asomar en los versos, aquí y allá, como en las fiestas olímpicas una tropa de centauros entre las carrozas de líneas perfectas y movimientos rítmicos, tiradas por caballos ágiles y alados.

Léase en el soneto REDENCIÓN:

Señor, yo vengo a ofrendarte mis ternuras y mis cuitas,
este tedio que me abruma con sus gélidos albores,
la gama de mis demencias que sólo Tú resucitas
y este vellón de ensueño en busca de tus fulgores.
Señor, ya la fragancia se ha ido de mi vida solitaria,
y el rincón que iluminaba la gracia de mi plegaria
se ha quedado solo, solo, como un templo abandonado.

Y en CLEPSIDRA:

Clepsidra de los Siglos, llena de polvos de ensueños
que se han ido acumulando como un legado silente,
se han quedado en el sudario de copos negros, sedeños,
o se han hundido en la nada abrumadora y doliente.
Grano a grano van cayendo, grano a grano van pasando.
Traen del cielo el murmullo y del misterio la lumbre,
van de una copa a otra, en su cárcel arrullando
el temblor de los espacios dorados de mansedumbre.
Ya la alta copa no tiene más granos que ir vertiendo,
mientras la baja, repleta, se estremece presintiendo
que ya ha sonado la hora letal de vivir soñando...
Mas una mano invisible la clepsidra ha invertido.
Torna el ritmo de los sueños y se oye el mismo latido...
Grano a grano van cayendo, grano a grano van pasando.

Podría citar muchos otros poemas en que se realiza el prodigio de la belleza enmarcada con originalidad en un soneto cuyas ideas, desconectadas o incoherentes en ciertos versos, producen, sin embargo, la sacudida de emoción que sólo provocan en el ánimo las palabras tocadas de espiritualidad y transfiguradas por el fuego sagrado del arte. Y es que —como sentencia el Maestro José Pijoán— "el fenómeno artístico está por encima de la razón".

Ciertas concepciones mitológicas que han sido elevadas al rango de creaciones artísticas están indudablemente por encima de la razón, lo cual en nada influye para que sean expresiones afortunadas de la eternal belleza. Las leyendas del Minotauro y de las Gorgonas, idealizadas en bronce por Mirón, no han perdido su encanto en más de dos mil años, y seguirán siendo en los museos una perenne manifestación del arte heleno anterior a Fidias.

En la poesía de Izaguirre tiene un lugar preferente la tendencia educativa. Puede decirse que en los poemas de este singular poeta se destaca en relieve una filosofía docente.

En la nota en prosa que lleva cada soneto del libro se manifiesta con claridad el afán de enseñar, a veces con admoniciones proféticas o con declaraciones solemnes extraídas de premisas fulgurantes.

En CULTIVA TU HUERTO se juntan la enseñanza y la exhortación:

Tú llevas la tierra.
En el cielo están las semillas.
El agua está en tu pensamiento.
Purifica tu agua. Enciende en el laboratorio de tu espíritu
la vela que trajiste al nacer. Esa luz será suficiente
para operar el milagro de la purificación!

Y en SUEÑA, el consejo prometedor:

Si soñáis, que sea así, y si el práctico cortejo se atreve
de repente a clavar sus ojos irónicos en tu cuerpo,
aprisionado en las redes de tus vuelos, arrójale las piedras

de tus cantos y el manojo de saetas de tus sueños.

Se sorprenderán cuando broten rosas de liberación sobre sus frentes y llamaradas de exultación en sus conciencias.

Y en CRUCIFICA, la admonición evangélica:

Hermanos, empezad a sacrificar.

Hermanos, elevad las cruces para enclavar en ellas los instintos envilecedores.

Y empezad a elevar, con la flor y con el fruto, con el agua y con el fuego, los altares redentores.

No hay para qué continuar haciendo citas. Casi todos los poemas de Izaguirre ostentan un fondo filosófico que tiene por objetivo despertar anhelos de perfección espiritual, mostrándole al lector los caminos iluminados y rectos por los cuales se llega a la plenitud moral y mental.

Es la característica más saliente del poeta, la cual no empequeñece la finalidad artística, antes bien le da un resplandor que dijérase proviene de la llama pura de Epicteto y de Marco Aurelio.

La tendencia docente y evangelizadora completa el contenido artístico de la obra de Izaguirre para dar el concepto integral que Navarro Ledesma explica con una oportuna comparación. "Nosotros —dice— participamos de la creencia de que la Poesía es cosa natural y espontánea como un árbol. Pero el árbol unas veces sólo da hojas, otras da hojas y flores, y otras da hojas, flores y frutos. En cualesquiera de los tres casos, el árbol es igualmente sagrado y digno de ser cultivado por los hombres".

La poesía de Izaguirre es un árbol que ostenta sus hojas de esmeralda exornadas de líneas y contornos llenos de vida; sus flores, plenas de aromas, con sus múltiples matices; sus frutos, con sus jugosas pulpas para nutrir las almas, y la diversidad encantadora de sus formas sugerentes.

La exornación fastuosa del follaje es suficiente para producir deleite en los espíritus sensibles a las manifestaciones de lo bello.

La decoración florida enfestonando el árbol de una maravilla sedeña y aromática es también, ella sola, suficiente para encender el alma de emoción y de ensueño. Pero la eclosión divina de las flores que muestran el fruto, y el prodigio de los frutos en sazón, alimento de los dioses, da la plena conciencia de una creación integral que resume los tres grandes factores de la belleza plena.

CONSTANTINO SUASNÁVAR

(Introducción a un poemario suyo)

Temperamento cuya mórbida inquietud suele desbordarse en armonías, es indudablemente uno de los más relevantes de la lírica hondureña.

Su poesía, serena, suave, sin complicaciones, emerge espontánea, con la naturalidad de una corriente enmollecida bajo la tímida caricia de un sol montañés.

Suasnávar es un poeta inclasificado. No es feligrés de ninguna iglesia literaria. Su musa, en cualquier cantarera, siente la dicha de cantar.

Clásico, romántico, modernista, su verso se ajusta a la euritmia del ritmo, y toma sus vibraciones de la sonoridad undívaga de una remota fontana.

Aquí hay rumor de música lejana

Este verso del pequeño poemario que Suasnávar ha puesto en nuestras manos da una idea clara del contenido de su poesía: un rumor de música lejana.

Su poesía semeja un blando lecho de holandas y de plumas, donde —como en el verso de Shakespeare— dormiría dulcemente la clara luna.

Es como el resol de una superficie bruñida, que ilumina sin quemar y brilla sin ardor, o como la delicada soldanella que abre su corola pálida a los fríos rayos del sol alpino.

Música de lejanía, fulgor de atardecer.

Del poema Imagen de Púshkin es la siguiente estrofa que da la tónica de la poesía de Suasnávar:

Él está ahí, sobre la misma nieve,
con su cabeza de perfil antiguo.
Con sus ojos celestes
y su perfecto corazón de niño.
Mientras, la niebla hace cantar su pena

entre la negra soledad del frío.

En sus poemas de amor, no se escucha el grito febril ni el urgente alarido sensual. Arroja su almadraba con desgaire de pescador cansino, y entre las olas plácidas, tranquilo espera la redada de ilusiones brillantes a la luz de la esperanza.

Una muestra de su musa erótica:

Llueve sobre Tegus, María,
y yo estoy triste,
con una danza trágica
dentro del corazón.
Pienso que cuando muera,
tu pecho ¡tan alegre!
tal vez haya aprendido
la última lección.
Porque sé que me quieres
con un amor antiguo,
porque sé que te quiero
escribo esta canción.
Llueve sobre Tegus, María,
y yo estoy triste,
muy triste, hasta la muerte,
junto a tu corazón.

No brilla en sus versos eróticos el arrebol de las nubes ensangrentadas, sino el blanco vellón de los cirrus en zarcillos de suave tersura.

1950

CARTA INÉDITA SOBRE LA NOVELA TRÓPICO DE MARCOS CARÍAS REYES

(No publicada aún).

Tegucigalpa, D. C., 15 de abril de 1949

Señor Dr. D. Marcos Carías Reyes
Tegucigalpa, D. C.

Mi querido amigo:

Ha querido usted que le dé, confidencialmente, mis impresiones acerca de su novela TRÓPICO, cuyos originales se ha servido enviarme. Yo habría deseado dárselas públicamente a todos los hondureños que se interesan por las cosas del espíritu.

Su obra no es la revelación del novelista, porque usted ya se había revelado en La Heredad y en otras producciones suyas como creador de personajes extraídos de las entrañas palpitantes de la vida hondureña, símbolos vivientes de nuestra historia ensangrentada, a quienes, con nombres diferentes, los hemos visto actuar en la sociedad y en los campos de la política y del trabajo.

Tampoco hay revelación en la factura artística de su TRÓPICO, porque lo que fuera acierto en el lenguaje y expresión creadora de sus obras anteriores, en esta viene a ser una reafirmación consagratoria del artista que hay en usted.

Sin embargo, encuentro en TRÓPICO una revelación. Es una obra revolucionaria, en el sentido humano de esta palabra. Es un grito clamatorio de la justicia social. Pinta, con simplicidad desnuda, la tragedia del trabajador hondureño, en que alternan la miseria, la explotación, la inseguridad, el desamparo, las enfermedades, los accidentes, los vicios, las revueltas y la muerte, a merced de las intemperancias, los caprichos y las arbitrariedades de capataces implacables, de políticos desorientados y demagogos sin conciencia.

El personaje principal de la novela, Lorenzo Gallardo, es una creación estupenda. Representativo del hondureño, inteligente y audaz, altivo y digno, héroe en nuestras inútiles guerras civiles y en las tremendas batallas de la vida, que sucumbe cara al sol, como han caído muchos hondureños en la vorágine de nuestras montoneras.

Su obra es un retazo de nuestra historia, no por la realidad de los personajes que llenan la escena, sino por los actos y los hechos que realizan y que son los mismos que hemos presenciado o cuyos relatos hemos leído o hemos escuchado. Por lo cual puede decirse, aplicando la frase de Alfonso Reyes al referirse a la obra de Pérez Galdós, que en TRÓPICO la imagen del pueblo hondureño queda trazada para siempre. La imagen del pueblo altivo, noble, romántico, inteligente, actor en una tragedia continuada de crímenes, de rapacidad y destrucción, conducido por líderes ambiciosos y egoístas y alucinado por demagogos enfermos de un redentorismo a ultranza.

El pueblo que ha dado a la Patria héroes obscuros o brillantes, en las arduas luchas por una libertad; desangrado, empobrecido y hambriento, víctima de explotadores inhumanos, extranjeros y criollos, que lucha en el desamparo, flagelado por la vida y amenazado a toda hora por la muerte. El pueblo que, en medio de sus fracasos y de sus penas, no ha perdido las virtudes fundamentales del ser humano, y vibra y se estremece encendido de nobles anhelos de superación, ofreciéndose como un material precioso a los cultores de la Patria.

En su TRÓPICO, el pueblo hondureño también se revela en el idealismo de sus representativos y en los misterios de Afrodita Urania y de Afrodita Pandemia. Una vibración completa de la existencia humana en el estrecho marco de la tierra hondureña.

Al leer esta novela se siente una loca admiración por Honduras, por esta tierra pródiga en riquezas naturales, por el temple de los hondureños, por la epopeya que éstos han escrito con sangre, y a la vez se siente una gran pena por el esfuerzo derrochado inútilmente en las gestas patrióticas, por la riqueza destruida en las revueltas intestinas y por la que hemos entregado al extranjero porque somos incapaces de utilizarla con nuestros propios medios, a causa de haber estado entretenidos en defender la libertad y en disputarnos el Poder.

A pesar del mestizaje, los hondureños conservan la esencial virtud de la sangre española, que ha sido y es la determinante de nuestros sueños, de nuestras pasiones y de nuestras luchas estériles. Y nos alcanza de todo en todo la epifonema de Pérez Galdós refiriéndose a España: "Da dolor ver tanta energía empleada en la guerra de hermanos. Y cuando la raza no se ha extinguido peleando consigo misma es porque no puede extinguirse".

En la descripción de paisajes y de estados de ánimo aparece en usted el artista inconfundible, y si es verdad que en prosopografía usted se limita a los rasgos más salientes de sus personajes, la virtud capital de su creación se halla en el dinamismo, en la sencillez, en la naturalidad con que ellos actúan, manifestando el colorido de su psicología en el marco preciso de su personalidad.

No es usted un pintor indianista a la manera de José de Alencar. Usted ve al indio absorbido en el conjunto étnico que ha sido integrado por la influencia española en el mestizaje con el aborigen y el negro, y en la incorporación de la raza indígena al conglomerado integral por el sentimiento religioso y la dirección educativa, lo que constituye la raza hondureña, apasionada, viril, sentimental y soñadora, llamada a grandes destinos.

Usa usted sobriamente las expresiones populares, sin recargar el lenguaje con palabras y dicharachos del bajo pueblo, como lo hicieran Euclides da Cunha y Rómulo Gallegos, en un afán de nacionalizar la dicción.

Al margen de tantas excelencias, tengo la pena de decirle que no me satisface la tendencia de presentar en su cruda expresión las realizaciones del amor y ciertos aspectos de la vulgar tragedia de la vida sexual, que, si bien no son ajenos al arte y han sido materia artística en una extensa y vigorosa producción literaria, como en las fábulas milesias, de las que es un clásico ejemplo El Asno de Oro, de Apuleyo, y algunas maravillas de la dramaturgia griega y de gran parte de la obra de los clásicos españoles y franceses, son recursos que han ido perdiendo prestigio artístico y cayendo en desuso en la producción moderna que, no por mojigatería, sino por reivindicación espiritual, trata de embellecer con símbolos y atenuar con sutilezas y donaires la cruda realidad de los instintos en eclosión.

En cuanto a la exposición, me gustaría que apareciera dividida en capítulos, con sus respectivos encabezamientos, para darle más expresión al conjunto y simplificar la lectura.

Y una última observación, acaso inoportuna. Me parece que la novela quedaría bien terminada con las palabras:

—Herlinda... Ángel...

O bien incluyendo el interesante episodio que termina así:

"Lo mismo opinaba Armando, y ambos convirtieron al belicoso primo en un sujeto de orden y trabajo metódico".

Fraternalmente, JULIÁN LÓPEZ PINEDA

SEMBLANZA DE HONDURAS

Es un libro de 260 páginas, que contiene una selección de escritos en prosa y verso, hecha con pulcritud y esmero, por Rafael Heliodoro Valle, para dar a conocer, en variadas síntesis, algunos interesantes aspectos de nuestra Patria.

Impresiones de viajeros, cronistas coloniales, arqueólogos, naturalistas, historiadores, geógrafos, escritores y poetas, inspirados por el encanto de la naturaleza hondureña, en su tierra próvida, en su orografía, en sus selvas, en sus paisajes, en su flora y su fauna, y también en la semiobscuridad estupenda de nuestra civilización maya, en el prodigio de nuestra riqueza minera, en las radiantes facetas de nuestra historia, en la gloria fúlgida de héroes y próceres que han hecho vibrar la inmortalidad bajo el límpido cielo de la dulce Honduras.

Aparte las informaciones útiles, las indagaciones científicas, las narraciones históricas, la pintura de almas y de cosas, hay en la obra modelos de belleza, destacados sin alarde, en marco puro y discreto, por la mano sabia de Heliodoro, que podrían servir de pauta para la elucidación del esoterismo que solamente se adivina por la rara y grata emoción que enciende los espíritus en presencia de una concepción artística.

Vamos a mostrar algunas frases de autores hondureños, las cuales podrían servir de guía en la iniciación de niños y adolescentes que, en escuelas y colegios, otean desorientados, en la maraña gris de los sueños, con la esperanza de un sol.

De Juan Ramón Molina. — En el fondo de las selvas intrincadas, los palmerales alzan a las nubes su follaje de oriflamas y abanicos, entre los cuales resaltan racimos de nueces, nueces grandes y cabelludas que encierran una pulpa sustanciosa y un licor semejante a la leche de Juno.

De Paulino Vanegas. — Es un laurel de martirología, cuyas hojas parecen sortijas de púrpura profunda torturadas en un vértigo de dolor. Fue este, acaso, el laurel patibulario que orló la frente de Morazán el 15 de septiembre de 1842.

De Inés Navarro. — Confundidos en el silencio de la bóveda infinita los cielos y la tierra.

De Paulino Valladares. — Y es que la arboleda es intensa poesía, íntima y permanente sonrisa de la naturaleza pródiga que nos revela así un aspecto de sus múltiples amores.

De Rubén Bermúdez. — Una parte de América desapareció bajo las aguas caribeñas, dejando en alto sus protuberancias más vigorosas, sus mesetas tendidas en las elevadas regiones de las cordilleras, o los picachos austeros en donde antaño, como ahora, las nubes retozan en los lánguidos atardeceres en que, al misterio del crepúsculo, se cuajan en policromías fervorosas las ilusiones más hondas de los celajes.

De Salatiel Rosales. — Hay montañas que tienen vientres de agua. De sus entrañas vírgenes, como de un vientre inexhausto, manan multitud de ríos claros, alegres, murmuradores y espejeantes que se desparraman, refrescándolos y edenizándolos, por los valles anchurosos.

De Joaquín Soto. — Al reinar el silencio, se acercaba al altar del Nazareno. Por la ventana era la luz de la luna, que iba al rostro del Señor. La monja amanecía en oración. Cuentan que hablaba con Jesús en el lenguaje de los ángeles.

De Froylán Turcios. — En un pálido crepúsculo de oro vuelvo a verte, y siento florecer en mi alma una profunda canción al rumor de tus aguas, bajo tu cielo cerúleo y entre la fragancia balsámica de tus brisas.

De Ramón Rosa. — Ora jugueteaba en sus labios la picante sonrisa del epigrama, ora la dulce sonrisa de la mansedumbre, de la benevolencia cristiana para todos sus hermanos, los hombres. Tales facciones resaltaban en el fondo de su color trigueño, palidecido por las vigilias del estudio y por las meditaciones y éxtasis de la oración.

De Álvaro Contreras. — La sombra de Morazán estará moviéndose inquieta hasta que un espíritu de los suyos vuele como la paloma de Noé, llevándole el mensaje de la resurrección de la Patria, mientras llega la procesión de los nuevos mártires que deben ir a confundirse con él en la inmortalidad.

De Jeremías Cisneros. — Su mirada era penetrante y profunda, y tenía algo de fascinante que obligaba al interlocutor a apartar la suya. Todo concurría en aquella singular persona a revelar la superioridad de que lo había dotado la naturaleza.

De Mariano Vásquez. — Tierra del árbol sagrado que embalsama el aire. Tierra de las arenas de oro que arrastran los inmensos ríos, y del ópalo que brilla, sonriendo en mil colores, al contacto de la luz. Serás, sin duda, en lo futuro, la tierra de promisión en Centroamérica.

De Eusebio Fiallos V. — Los castillos son los baluartes en que se puso a prueba el valor indomable de la raza aborigen, ante cuyos muros se estrelló muchas veces la furia del conquistador. Las herramientas son el reclamo constante que la Patria hace a sus hijos, invitándolos al trabajo, para forjar la conciencia nacional en el yunque del honor.

De Luis Andrés Zúñiga. — Cantemos al árbol, donde las aves hacen sus palacios, y entre cuyas frondas armoniosas resuenan más divinamente, como dirigidos al cielo, los cantos de los ruiseñores.

De Marcos Carías Reyes. — Fernando había visto zumbadoras largas y finas, micas que se entierran para barrer con sus formidables colazos todo lo que encuentran, cascabeles venenosos, corales y boas gigantescas.

De Timoteo Miralda. — Nubes florecientes como jardín de clavellinas y de rosas fragantes. Nubes como el manto de las Minervas griegas y la púrpura de los terribles emperadores.

De Carlos Izaguirre. — Llegaron a la Cuesta Grande cuando el día empezaba a caldear el extensísimo valle de Comayagua, que daba en esos momentos la impresión de un inmenso mar cubierto de grandes copos de espuma sobre cuya blancura caían, como una lluvia de oro, las claridades del sol.

De Ulises Meza Cálix. — El panorama que presenta el Yojoa es de belleza incomparable. Los bosques y las praderas que lo circundan, siempre verdes; las altas montañas vestidas de una vegetación prodigiosa alimentada por aquella tierra de fertilidad extraordinaria; la limpidez de su cielo; el canto melodioso de multitud de aves o la variedad de los colores de su plumaje; los hermosos cuadros que forman a la vista las albas garzas, las cigüeñas, los pelícanos, los patos, diestros pescadores. Todo embarga la atención del visitante en esta creación suprema de la naturaleza.

De Esteban Guardiola. — Era talentoso, de clara visión y de buen criterio. Poseía una gran cultura: teólogo, exégeta, orador sagrado, hombre de ciencia y también insigne políglota e inspirado poeta. Sus acciones extraordinarias, juzgadas al calor de la fe, contribuyeron a que se le tuviera como un taumaturgo.

De Juan B. Valladares R. — Adornan la peana siete cabezas de ángeles, repujados de plata, representando a los espíritus celestes del octavo coro. Circundan toda la imagen unos rayos de plata sobredorada, engastados con piedras, que se cierran en forma de número ocho.

De Arturo Mejía Nieto. — Se respiraba un aire tan fresco, se ofrecía un horizonte tan dilatado, se distraía tanto el espíritu contemplando las casitas lejanas en la llanura.

De Fausta Ferrera. — Era un artista que, sin más auxilio que sus dedos ágiles, daba al barro mil formas perfectas. Yo creo que cuando murió y lo enterraron, la tierra debe haber besado con unción sus manos encallecidas.

De Argentina Díaz Lozano. — Para proteger los pies de las espinas y guijarros del camino que ora va hacia arriba en empinada cuesta, ora serpentea estrechísimo falda abajo, en cuyo fondo brilla al sol un arroyuelo que canta su más agradable canción para los hombres y animales sedientos.

De Visitación Padilla. — Zenzontles del valle de Comayagua, jilgueros de la montaña de San Juancito, oropéndolas de los vergeles de Yoro, chorchas de cantar melancólico y toda la familia multicolor de plumajes suntuosos que adornaran la frente de las antiguas princesas del reino de Lempira.

De Mercedes Laínez. — Elevado el espíritu, ninguna senda fatiga ni es lejano ningún destino.

Hemos tomado del libro de Heliodoro ciertos donaires de expresión en que la palabra se halla ennoblecida por la euritmia y la elegancia, dentro de una sencilla espontaneidad que regocija el alma con una sensación de clara corriente y de rumores de fronda.

Hemos prescindido del verso, cuyas alas rútilas vibran en SEMBLANZA DE HONDURAS, porque habría sido necesario destinarles un marco más amplio, donde se alzaran fulgurantes los nombres de José Trinidad Reyes, Luis Andrés Zúñiga, Alfonso Guillén Zelaya, Juan Ramón Molina, Manuel Molina Vigil, Ramón Reyes, Jerónimo J. Reina, Joaquín Soto, Augusto C. Coello, Ramón Ortega, Froylán Turcios, Guillermo Bustillo Reina, Manuel Escoto, Fausta Ferrera y Guadalupe Gallardo, panidas hondureños de cuyos ritmos ha tomado el autor algunos matices que responden al objeto del libro.

Tampoco hemos aprovechado en nuestra selección de frases la profusión de bellos pensamientos, informaciones y relatos que figuran en la obra sobre asuntos históricos, geográficos y folklóricos, de autores hondureños, entre ellos, Dionisio de Herrera, José María Cacho, Máximo Soto, José María Medina, Yanuario Girón, José Cecilio del Valle, Álvaro Contreras, Jeremías Cisneros, Antonio R. Vallejo, J. Antonio López G., Marco Aurelio Soto, Rómulo E. Durón, Miguel Ángel Navarro, Alberto Membreño, Esteban Guardiola, Luis Landa, Félix Salgado, Fernando P. Cevallos, Próspero E. Meza, Gustavo A. Castañeda, José Inestroza Vega, Eduardo Martínez López, Calixto Marín, Rosendo Contreras, J. M. Tobías Rosa, Jesús Aguilar Paz, Marcos Carías Reyes, Arturo Mejía Nieto, Pompilio Ortega, Perfecto H. Bobadilla, Carlos Conrado Bonilla, Leopoldo Aguilar O., Ibrahim Zúniga Idiáquez, Simón Soto C., Abraham Bueso, Raúl Agüero Vega, José R. Castro, J. M. Escoto C., Luis Amílcar Raudales y otros hondureños, que han dado su aportación valiosa al libro de Heliodoro.

Es de gran interés el concurso de varios extranjeros que han contribuido con sus escritos a dar a conocer a nuestro país y que figuran en SEMBLANZA DE HONDURAS, con relieve magistral, revelando aspectos vívidos de nuestra historia y de nuestra cultura.

Este nuevo libro de Rafael Heliodoro Valle constituye un acierto educativo en que la figura del maestro exhibe una nueva faceta de su gran espíritu impregnado de su amor a Honduras, haciendo una paciente selección de valores mentales que han tenido el anhelo de enaltecer a nuestra Patria y de ofrecer al mundo una revelación de lo que ella significa por el prodigio de su naturaleza y por sus afanes de engrandecimiento.

Febrero de 1948.

209

SILUETA DE COELLO HIJO

(Prólogo de un libro no publicado aún)

Entre los hijos de Augusto C. Coello, poeta y escritor maravilloso, le ha tocado a Augusto C. Coello hijo la responsabilidad de mantener en alto el blasón literario de la familia.

Aunque él tiene la humildad orgullosa de considerarse exclusivamente periodista, como de Lugones dijera Ventura García Calderón, yo he descubierto en sus prosas nerviosas y desgarradas una inequívoca vibración apolínea, un incipiente arroyuelo cuyas linfas sonoras vienen de la fuente Castalia.

Generalmente, cuando los jóvenes empiezan a sentir en su espíritu la presencia de un resplandor de gemas procedente de la llama divina, un sentimiento de superioridad se apodera de ellos y los hace ver con desdén misericordioso los esfuerzos mentales de quienes no marchan por la misma senda ni llevan la misma antorcha.

Lo cual no le ocurre a Coello hijo. Se presenta humilde, lumbramiento de aquel resplandor celeste. Es que comprende caminos para acercarse al Olimpo y hacerse grato al armonioso Apolo. Comprende, con Marco Aurelio, el estrecho parentesco de cada hombre con el género humano, no por la sangre, sino por la participación común en la misma inteligencia. Y no se ofusca ni se envanece por su rayo divino. Sigue su ruta confiado en que, al escalar la cumbre avizorada, la Gloria no habrá de esquivarle su mirada rútila, como Venus a Anquises, en el monte Ida, atraída por un suave fulgor de juventud.

Me gusta la actitud serena y luchadora de este joven ante el futuro incierto. Escribe una crónica o publica un libro con la misma simplicidad que un árbol da la flor y madura el fruto, sin preocuparse por la suerte que ha de correr su producción.

Como a Sócrates lo guiaba un geniecillo, como a Numa le instruyó la Ninfa Egeria y a Mahoma el Arcángel Gabriel, yo creo que cada creador mental tiene un director invisible y autoritario, a veces exigente y hasta cruel. Y creo que solamente asciende y perdura en la inmortalidad el que sabe ser dócil al consejo y al impulso de ese amo implacable. Yo espero que Augusto C. Coello hijo, a pesar de su loca inquietud de muchacho, habrá de oír sumiso la palabra inefable de su geniecillo familiar. Espero que nadie dirá de él lo que dije de su tío Adán Coello: "Erró por la vida enmarañada como un sonámbulo que —a la media noche— recorre los caminos tropezando en las piedras ásperas y desangrándose en los cactus hirientes, poseído de infinito". De él habrá de decirse: "Siguió su camino, con los ojos abiertos a la claridad del día, apartando obstáculos y avanzando en un alarde impetuoso hacia la cima encantada". Porque el talento no tiene derecho de fatigarse ni de quedarse atrás o detener su marcha para contemplar los contornos gráciles y los movimientos lúbricos de las Bacantes en las fiestas de Dionisos.

Las prosas de Coello hijo, como se ha de constatar en el libro que motiva estas líneas augurales, revelan, con su estilo suelto y galopante, a un espíritu apegado a la realidad mental de la hora, que no se aviene a las innovaciones desorbitadas de un vanguardismo a ultranza, pero que sigue —comprensivo y optimista— a la caravana llena de fe y esperanza o tripula valeroso la barca de Jasón, sin importarle arribar a la Canaán prometida o la Cólquide suspirada.

EL PROBLEMA GLOBAL Y FUNDAMENTAL DE NUESTRA PATRIA

(Discurso en nombre de la Municipalidad de Tegucigalpa)

No obstante que el aniversario de hoy marca el nacimiento de la República en la América Central y se trata de celebrar el cumpleaños de la Patria, el pueblo les tiene aversión a los discursos del 15 de septiembre. Y es por un instinto de defensa. Porque suelen ofrecérsele piezas de una pesadez aplastante, repujadas de patriotismo y exornadas de erudición; piezas huecas y efectistas, como las cañas de los juegos de artificio; o piezas de pedantería, radiosas de oropel y de fantásticas hechicerías.

Deberían los oradores del 15 de septiembre aprovechar la oportunidad de ponerse en contacto con el alma popular para ofrecerle sugestiones que puedan servirle de orientación en la vida.

Como, al dirigiros la palabra, estoy representando a la Municipalidad de Tegucigalpa, y como la Municipalidad es la representación genuina del Municipio y el Municipio es el organismo básico de la Sociedad, me creo obligado a decir al pueblo de Tegucigalpa algunos conceptos que atañen a su bienestar y a su dirección espiritual.

¿Qué significa la independencia política de un pueblo?

Significa que ese pueblo ha dejado de ser patrimonio de otra Nación y ha adquirido el derecho de gobernarse por sí mismo.

Los pueblos de Centroamérica eran una colonia de España, y estaban gobernados bajo el régimen monárquico. Al independizarse, el quince de septiembre de 1821, comenzaron a gobernarse bajo el régimen republicano. Hubo un cambio de sistema político, inspirado en los principios democráticos de la Constitución de los Estados Unidos, dándole al pueblo participación en el Gobierno.

Cuando se declaró la independencia de Centroamérica existía la esclavitud como institución del Estado, es decir, había una clase de hombres sin derechos que pertenecían en propiedad a otros hombres, igual que las bestias. La República abolió la esclavitud, estableciéndose la igualdad ante la ley.

Durante muchos años después de la independencia política, la Iglesia Católica fue una institución del Estado. La República separó la Iglesia del Estado e instituyó la libertad de cultos, o sea, el derecho que tienen los hombres de adorar a Dios en la forma que les plazca siguiendo el culto que más se acomode a sus sentimientos religiosos o no siguiendo ninguno.

Así, la segunda independencia del pueblo centroamericano fue la independencia religiosa. Como una consecuencia de esta emancipación se estableció la enseñanza laica, según la cual el Estado no está obligado a enseñar ninguna clase de religión en sus escuelas. No es que el Estado haya proscrito la enseñanza religiosa ni perseguido la práctica de los cultos, como generalmente suele apreciarse la institución de la enseñanza laica. Es que el Estado, sin desconocer que la religión es uno de los más eficaces instrumentos de la cultura humana, no puede intervenir en la dirección de las conciencias en materia religiosa, porque invadiría el terreno que únicamente corresponde al sacerdocio y a la familia, abandonando su papel de regulador de la vida social para colocarse en la condición de sectario de una iglesia.

Hemos conquistado la independencia política y religiosa. Pero nos queda por conquistar la independencia espiritual y económica.

Espiritualmente, somos esclavos de la ignorancia, cuyas cadenas —llamadas errores, prejuicios, convicciones políticas, demagogia, sectarismo, intransigencia— nos mantienen sujetos a extrañas voluntades y nos conducen por los caminos extraviados de la violencia, del crimen, de la revuelta, de la opresión, de la miseria, del vicio y la disolución.

Al pueblo le hemos dado ideas hechas sobre los más complicados problemas de la vida, y así como hemos formado lo que él llama sus convicciones —que no son otra cosa que los errores y los prejuicios, los sectarismos y las pasiones que hemos sembrado en su espíritu mediante trucos a los cuales hemos dado en llamar derechos—.

Aun los que gozamos el privilegio de saber leer y escribir, si nuestra instrucción, como generalmente ocurre, no alcanza a darnos claridad suficiente para distinguir el bien del mal, estamos condenados a depender de los que más saben, de los que tienen una visión más clara de la vida. Estamos condenados a ser conducidos, y si nuestros conductores, como también es lo general, se hallan a merced de sus pasiones sectarias e impulsados por sus intereses personales o de partido, vamos con seguridad al fracaso, a caer ensangrentados en los campos de muerte, a perder nuestras vidas, nuestros bienes y los atributos de nuestra nacionalidad, en luchas de hermanos contra hermanos, haciéndonos la ilusión de que combatimos por nuestras convicciones y por el triunfo de la libertad, el derecho y la justicia.

Y si este es el destino de la mitad de los hondureños, de los que saben leer y escribir, ¿qué les espera a los que no poseen ese instrumento privilegiado de emancipación espiritual? Estos son como ciegos de nacimiento, que sólo conocen el terreno que pisan por el impulso y la dirección que reciben de sus conductores.

De ahí que el problema fundamental que debe resolver una República que merezca este nombre es el de la difusión de la cultura por medio de la escuela, capacitando así a los hombres para su emancipación espiritual. Sólo de esta manera se constituye una Nacionalidad verdaderamente libre y fuerte. La potencialidad de una Nación no se mide por su poderío militar ni por sus riquezas, sino por la bondad de sus instituciones y sus leyes, practicadas, cumplidas y respetadas, conscientemente, por gobernantes y gobernados.

¿Qué esperanza tenemos nosotros de resolver ese gran problema, con una población escasa y dividida en partidos a cuyos componentes los nutrimos con odio y alcohol, envenenándoles la mente y el organismo, para que el instinto sustituya a la conciencia, y se hallen así dispuestos a pelear y exterminarse en hecatombes ofrecidas al ídolo que se presenta como un salvador de la Patria?

Los Gobiernos se suceden a los Gobiernos, y el problema sigue en pie. La cacareada enseñanza nacional solamente ha servido para la formación de una clase dirigente, privilegiada y dominadora, cuyos ideales de regeneración popular son trampas vistosas para la caza de incautos o escalas mágicas para colocarse en posiciones encumbradas, desde donde, con el instrumento del Poder, dedica sus actividades a explotar al pueblo a quien le ofreciera redención.

Una clase dirigente atiborrada de doctrinas renovadoras, de principios avanzados, de conocimientos científicos, literarios y artísticos, pero sin una orientación para organizar las fuerzas constructivas que harían la felicidad del pueblo, por la salud, por la cultura, por la producción de riqueza. Una clase dirigente que no ha sabido más que disputar el derecho de gobernar, con valentía y decisión en los comicios y en los campos de batalla, pero que se ha manifestado hasta hoy incapaz de implantar una reforma social justa y humana.

Si la independencia espiritual de nuestro País es una visión casi fantástica, una idealidad difícil de concretar en hecho real, no sucede lo mismo con la independencia económica, la cual puede obtenerse, sin mayor esfuerzo, mediante la voluntad inteligente de los gobernantes.

Todos los que aspiran al Poder hablan de fomentar la producción de riqueza, por el cultivo de la tierra y la industrialización del País. Pero, una vez han colmado su aspiración de gobernar, se abandonan en brazos de la rutina soñolienta. Y el pueblo continúa su vida triste y monótona, cultivando la tierra con métodos primitivos, criando su ganado a la buena ventura, manejando sus talleres y sus fábricas con un empirismo paleolítico, consumiendo energías en una faena agotadora, para comer mal, vestir mal y alojarse en cuchitriles, indefenso, desamparado, bajo la acción de las miríadas de enemigos de la salud que lo acosan y le matan sin misericordia. Porque los Gobiernos no han encontrado los medios de enseñarle a producir racionalmente, de proporcionarle crédito para financiar su producción, de guiarle y defenderle en la dura faena.

Y es que los Gobiernos saben que es bueno fomentar la producción de riqueza. Pero no saben cómo han de organizarse las fuerzas económicas del País, y dan disposiciones fragmentarias, sin orden, sin método, que muy bien pueden llamarse palos de ciego. Y, fracasados, como es natural por su ignorancia, se lamentan de no haber encontrado eco en sus aspiraciones o de no haberles permitido realizarlas la pobreza del Erario.

No hay disculpa para el fracaso. Porque nuestro País ofrece todos los medios que necesita un Gobierno capaz para hacer la reforma económica, mediante la organización de las fuerzas productoras.

Estoy creyendo que los propósitos, ciertamente encomiables, de los Gobiernos, seguirán siendo propósitos durante muchos años, mientras el pueblo hondureño no se dé cabal cuenta de su situación y reclame un cambio de frente, rechazando el partidismo retrógrado y aniquilador y uniendo sus fuerzas espirituales en una sola aspiración: el bien colectivo.

Tengamos presente que el problema global y fundamental de nuestra Patria es la independencia espiritual y económica.

Para obtener la primera, el pueblo hondureño, prescindiendo de la acción de los Gobiernos o aprovechándola en la parte que sea posible, debe consagrarse con todo ahínco a aprender a leer y escribir, a instruirse por medio de este instrumento maravilloso, liquidando para siempre las esperanzas de redención con que le aturden los Mesías de nuestra política logrera.

Me sentiría dichoso si por una feliz casualidad o por una clara visión del pueblo hondureño, llegara al Poder un hombre capaz de resolver ese problema, capaz de cortar las coyundas de la ignorancia y la rutina, que nos impiden movernos para alcanzar el supremo bien de la cultura y de la riqueza.

La capacidad no consiste en el genio ni tan siquiera en la ilustración del gobernante, sino, principalmente, en la voluntad y en el amor a su pueblo. Un gobernante mediocre y hasta ignorante puede, con su voluntad y su ideal, transformar a nuestro País en un emporio de luz y bienestar.

Lo que nos ha mantenido en atraso secular es la rutina, es decir, el conservatismo estratificado de los gobernantes. Y al hablar de gobernantes, no me refiero sólo a los Presidentes de la República, sino también a los Diputados, que son los encargados de legislar para organizar todas las fuerzas vivas de la Nación. Y me refiero también a los jueces, que son los encargados de aplicar las leyes para el mantenimiento de la justicia. Pero es indudable que un Presidente de la República es el motor de toda reforma y de todo progreso, y es el llamado a cortar la cabeza de medusa de la rutina.

En este día glorioso, en esta fecha de luz, en el aniversario de nuestra independencia política, ofrezcamos los más fervientes votos por el advenimiento próximo de nuestra emancipación espiritual y económica. Ofrezcamos nuestros votos por que el pueblo de

Honduras acierte en su elección llevando al Poder a la Capacidad, a la Honradez, al Patriotismo, triángulo mágico en que ha de asentarse la nueva arquitectura nacional.

Tegucigalpa, 15 de septiembre de 1932.

BREVE EXPLICACIÓN DEL PLAN DE ORGANIZACIÓN DE CENTROAMÉRICA

En la Conferencia de Dumbarton Oaks fue estructurada una organización con el nombre de LAS NACIONES UNIDAS, la cual tiene por objeto el mantenimiento de la paz y la seguridad internacionales de tal suerte que no sea posible una nueva guerra mundial.

Esta organización no podría comprender a todas las naciones del Mundo al terminarse la guerra. Tendría que comenzar con el concurso de las que actualmente luchan unidas para vencer a los países del Eje. Pero la aspiración es formar una comunidad de Naciones en la cual tengan representación las vencedoras y las vencidas en la guerra, así como las neutrales o no beligerantes. De tal suerte que todas ellas se encuentren sujetas a las leyes internacionales, bajo la dirección de una autoridad mundial dotada de las facultades y de la fuerza necesarias para mantener la paz y la seguridad en el Mundo.

Natural es que las naciones de la Comunidad Mundial se mantengan en una interdependencia que ya existe y que irá fortaleciéndose por las vinculaciones políticas, económicas y culturales, cada día más estrechas. A la altura de civilización que los pueblos han alcanzado, no existe país, por grande y poderoso que sea, capaz de vivir aislado en un alarde de orgullo autárquico. He ahí la interdependencia que existe de hecho y va a consagrarse en la Comunidad Mundial de Naciones, la cual dispondrá de órganos eficientes para llenar sus fines. Los órganos principales serán, según las resoluciones de Dumbarton Oaks:

— Una Asamblea General
— Un Consejo de Seguridad
— Un Tribunal de Justicia Internacional
— Una Secretaría.

La Conferencia de Dumbarton Oaks, celebrada entre las más grandes potencias de las Naciones Unidas, Estados Unidos, Gran Bretaña, Unión Soviética y China, ha dejado resueltos en principio casi todos los problemas relativos a la organización y funcionamiento de la Nueva Entidad. Las resoluciones de esa Conferencia serán sometidas al criterio de las demás naciones unidas. Ellas constituyen un proyecto surgido del estudio minucioso y científico de la vida de las naciones y de la humanidad en la posguerra.

Entre los estudios sobre la organización de la paz y la seguridad de las naciones parece el más documentado y el más acucioso el que, desde hace cuatro años, ha venido haciendo la Comisión para Estudiar la Organización de la Paz, instituida en 1939 por la Dotación de Carnegie para la Paz Internacional. Esta Comisión publicó su Cuarto Informe en noviembre de 1943. Es de observarse que las resoluciones de Dumbarton Oaks están calcadas en este maravilloso estudio de la mencionada Comisión.

En el Cuarto Informe, la Comisión, al esbozar los principios fundamentales, trata de las organizaciones regionales en esta forma: "Las organizaciones regionales actualmente existentes o que puedan ser creadas deben ajustarse a los mismos propósitos fundamentales de la organización general internacional y cooperar con ellas en su cumplimiento".

Entre las organizaciones regionales existentes debemos mencionar la más importante, que es la Unión Panamericana, o sea la Unión Internacional de las Naciones Americanas, la cual es una organización de paz y se ajusta perfectamente a los mismos propósitos fundamentales de la organización general internacional que se está planeando.

Siguiendo los principios fundamentales y el mecanismo de la organización mundial de las naciones, cabe en Centroamérica una organización regional integrada por las Repúblicas de Costa Rica, El Salvador, Guatemala, Honduras, Nicaragua y Panamá, cuyos territorios forman un todo geográfico en el istmo centroamericano. La base principal de esta Unión Centroamericana sería la igualdad de soberanía, es decir, cada una de las Repúblicas actuales conservaría los mismos atributos de soberanía dentro de la Comunidad que se estableciera. La limitación de la soberanía en la organización mundial como en las organizaciones regionales es inevitable para la convivencia internacional en una situación de interdependencia de las naciones, en la vida política, en la vida económica y en la vida social.

En las organizaciones regionales, basadas en los fundamentos de la organización mundial, habrá, indudablemente, algunas diferencias relativas a las condiciones políticas, económicas y sociales de los países que las integren, con más o menos limitaciones a la soberanía de cada miembro de la organización.

Así, tratándose de la organización regional de Centroamérica, las actuales Repúblicas cederían la representación diplomática exterior para que la ejerza y dirija el Consejo Ejecutivo de la Unión, y, en cuanto a las funciones de la Asamblea General, del Consejo Ejecutivo y del Tribunal de Justicia Centroamericanos, habría de tomarse en cuenta los matices característicos de los pueblos del Istmo, así como los problemas políticos, económicos y sociales de cada República.

Para evitar perturbaciones debidas al cambio de instituciones, leyes y procedimientos administrativos, las Repúblicas de Centroamérica entrarían a la Unión sin modificación alguna, y seguirían funcionando como en la actualidad en todos los aspectos de la vida nacional, sin perjuicio de sujetarse a las disposiciones de carácter general que emanaran de las autoridades de la Unión.

MEMORÁNDUM PARA UN PLAN DE ORGANIZACIÓN DE CENTROAMÉRICA

Siguiendo los lineamientos de la ORGANIZACIÓN DE LAS NACIONES UNIDAS acordados por los Estados Unidos, la Gran Bretaña, la Unión Soviética y la República de China, en las reuniones celebradas en Dumbarton Oaks, para el mantenimiento de la paz y la seguridad internacionales, convendría considerar la posibilidad de establecer un organismo centroamericano que comprendiera las Repúblicas de Costa Rica, El Salvador, Guatemala, Honduras, Nicaragua y Panamá, las cuales tienen intereses afines por su posición geográfica, por sus instituciones democráticas, por sus leyes, por su economía, por su cultura y por sus ideales panamericanistas, aparte sus nexos históricos y el común origen de su civilización.

CARÁCTER DEL NUEVO ORGANISMO

Se establecería un organismo internacional llamado CENTROAMÉRICA, cuya constitución se haría conforme a las siguientes bases:

I

Las seis Repúblicas entrarían a formar el nuevo organismo conservando sus nombres y la organización que actualmente tienen.

II

La unión de las Repúblicas centroamericanas descansaría sobre el principio de igualdad de soberanía.

III

El organismo centroamericano tendría los siguientes cuerpos directivos:
— Una Asamblea General
— Un Consejo Ejecutivo
— Un Tribunal de Justicia.

IV
ASAMBLEA NACIONAL DE CENTROAMÉRICA

La Asamblea General se denominaría ASAMBLEA NACIONAL DE CENTROAMÉRICA, y estaría integrada por cinco representantes o diputados de cada una de las seis Repúblicas, los que tendrían sus respectivos suplentes. Todos serían elegidos popularmente. La Asamblea dictaría la Constitución de Centroamérica, y convocaría a elecciones para Diputados de la misma, para miembros del Consejo Ejecutivo y para Magistrados de la Corte de Justicia.

V

Además de la Constitución, la Asamblea Nacional de Centroamérica emitiría las leyes de interés general centroamericano, crearía instituciones y organismos sobre asuntos políticos, económicos y sociales, siguiendo el espíritu de las disposiciones que dictare el organismo mundial llamado LAS NACIONES UNIDAS y tomando en cuenta las especiales características de los pueblos centroamericanos. Para la regulación de las finanzas centroamericanas, podría decretar una moneda de circulación obligatoria en Centroamérica, sin perjuicio de las monedas locales, y también la creación de un Banco de Centroamérica que se encargaría de emitir la moneda y de regular su circulación.

VI
CONSEJO EJECUTIVO DE CENTROAMÉRICA

El Consejo Ejecutivo de Centroamérica sería integrado por un representante de cada una de las seis Repúblicas, elegidos popularmente, con sus respectivos suplentes, para un período de seis años. Los miembros del Consejo no podrían ser reelegidos para el período siguiente al de sus funciones. Cada uno de los miembros del Consejo ejercería la Presidencia del mismo por un año, en orden alfabético de las Repúblicas representadas. Los demás miembros ejercerían las Secretarías que la Constitución estableciere.

Para los trabajos de organización de la nueva Entidad habría un Consejo Provisional constituido por seis representantes, uno por cada República, nombrados por los respectivos Gobiernos. Este Consejo Provisional se encargaría de redactar un proyecto de Constitución de Centroamérica, de convocar a elecciones para designar a los representantes de las seis Repúblicas en la Asamblea General y en el Consejo Ejecutivo, así como para los miembros de la Corte de Justicia de Centroamérica. Dictaría también las disposiciones necesarias para la organización, instalación y funcionamiento de los tres cuerpos directivos.

VII

El Consejo Ejecutivo tendría a su cargo la representación diplomática de Centroamérica. El personal de cada Misión sería integrado por ciudadanos de cada una de las seis Repúblicas, a propuesta de los respectivos Gobiernos, y los jefes de Misión serían escogidos entre los ciudadanos de cada una de las seis Repúblicas. Cuando hubiere más de seis Misiones, el jefe se designaría por sorteo entre los candidatos propuestos por cada una de las Repúblicas.

El Servicio Consular continuaría como actualmente, es decir, cada una de las Repúblicas nombraría libremente las Misiones

Consulares que tuviere a bien, pero éstas estarían bajo la vigilancia y el control de las Misiones Diplomáticas en sus respectivas jurisdicciones.

En la Asamblea General de las Naciones Unidas, Centroamérica tendría un representante con el personal subalterno que fuere necesario. Este representante sería escogido por sorteo entre los candidatos presentados por cada uno de los Gobiernos. En el personal subalterno deberían figurar ciudadanos de los diferentes países de la Unión. Cualquiera otra representación exterior sería designada en la misma forma.

VIII

El Consejo Ejecutivo se encargaría de dictar las medidas convenientes para el mantenimiento de la paz y la seguridad de las Repúblicas Unidas, procurando prevenir y eliminar amenazas por conatos o actos de agresión o por cualquier otra manifestación que pudiera perturbarlas, y propiciando por medios pacíficos la solución de conflictos o controversias internacionales. Conocería de las consultas o de las quejas de alguno de los Gobiernos respecto a amenazas de guerra civil de parte de una o más de las Repúblicas que integran la Unión y acordaría las medidas para evitar o contener actos violatorios del principio de no intervención en los asuntos internos de cada una de las seis Repúblicas. Presentaría a la Asamblea Nacional de Centroamérica iniciativas para limitación de armamentos, para el desarme, para el establecimiento de una policía internacional y para cualquier otra medida que tendiere a afianzar la paz y la seguridad de cada una de las Repúblicas Unidas.

IX
TRIBUNAL DE JUSTICIA INTERNACIONAL

El Tribunal de Justicia Internacional se llamaría CORTE DE JUSTICIA DE CENTROAMÉRICA. Sería integrado por seis miembros, uno por cada una de las Repúblicas Unidas, con sus respectivos suplentes. Tanto los propietarios como los suplentes serían elegidos popularmente. Los miembros de la Corte ejercerían sus funciones por un período de seis años, pudiendo ser reelegidos para varios períodos.

X
LA INICIATIVA DE LEY

Para la emisión de las leyes tendrán la iniciativa los miembros de la Asamblea y el Consejo Ejecutivo.

XI
LA CIUDADANÍA CENTROAMERICANA

Los ciudadanos de cada una de las Repúblicas Unidas son ciudadanos de Centroamérica y pueden ejercer sus derechos de ciudadanía en cualquiera de los países donde residan temporal o permanentemente.

XII
LA UNIÓN INTEGRAL O PARCIAL

Con la adhesión de no menos de tres Gobiernos centroamericanos al presente plan podrá constituirse el Consejo Provisional, en el que estarían representados los Gobiernos adherentes.

Si alguno o algunos de los países centroamericanos rehusare su concurso para la realización de este plan, la Unión se haría con las Repúblicas que lo desearen, quedando libre el acceso de las demás para que pudieran ingresar a la Unión, en cualquier tiempo, con sólo manifestar su deseo de hacerlo.

XIII
EL CASO DE LA UNIÓN PARCIAL

Si la Unión se realizare con el concurso de tres, cuatro o cinco países, los miembros de la Asamblea Nacional, del Consejo Ejecutivo y de la Corte serían en proporción al número de Repúblicas unidas, y el período de sus funciones sería de tantos años como países integraren la Unión.

XIV
LA CAPITAL DE CENTROAMÉRICA

La capital de Centroamérica se establecería provisionalmente en cualquiera de las capitales de las Repúblicas unidas, prefiriendo a Tegucigalpa o Managua, para mientras se construye una ciudad que tenga el carácter de Distrito Central. Esta ciudad sería construida en el terreno que al efecto cedieran la República de Honduras o la de Nicaragua, o ambas a la vez, procurando emplazarla en un lugar céntrico y adecuado por sus condiciones climatéricas, por la facilidad de construir vías de comunicación y por los recursos naturales indispensables para los servicios higiénicos y sanitarios. La construcción de la capital de Centroamérica sería objeto de un convenio entre las seis Repúblicas, tanto para escoger el sitio conveniente como para la aprobación de planos y el prorrateo de los gastos que la obra exija.

Managua, D. N., diciembre de 1944.

CARLOS IZAGUIRRE EN LA VOZ DE LAS SOMBRAS

En la familia de los dioses, Baco es el último en llegar al Olimpo. Pero, según la frase consagratoria de Paul de Saint-Víctor, no hay olimpiano que le aventaje en nobleza divina.

En la familia de los poetas hondureños de su generación, Carlos Izaguirre es el último en llegar. Arribó tardíamente. Pero su presencia se hizo sentir como un deslumbramiento. Y fue, con la seguridad de quien ejerce un derecho, a colocarse en el sitio prominente entre los miembros de la familia urania.

Su ubicación como poeta, en un repliegue sonoro del Parnaso de América, ha sido obra de la crítica, y ya no se discute, sobre todo después de La Voz de las Sombras.

Su obra poética, de una singular contextura y de una sorprendente potencia creadora, acaso todavía no ha encontrado su marco definitivo. Es una anunciación. Es un augurio. Un resplandor que emana del esoterismo divino que el poeta comienza a develar y que habrá de surgir —radiante— en la desnudez estatuaria de Afrodita.

Como Frínico introdujo a la mujer en la tragedia griega, Izaguirre ha introducido en el verso la elocuencia del ritmo, y si aquél llevó al drama un elemento de ternura, de piedad y de amor, Izaguirre ha llevado al poema un lirismo tonante que viene de las revueltas marejadas de la vida y estalla en armonías y en sentimientos viriles de un romanticismo sereno y sin lágrimas.

El verso de Izaguirre no es la concreción marmórea de símbolos en la majestad inmóvil de una armonía mortecina y lánguida. Es, como el ditirambo heleno, "la oda en estado de embriaguez", cuyos ritmos encendidos florecen entre relámpagos en una vibración que, como en el pensamiento de Masferrer, asume "la forma de zigzag, de rotación, de oscilación, de ondulación, de espiral", manifestándose, múltiple, en sonoros oleajes, en matices varios, en evocaciones de una edad legendaria en la cual los hombres y los dioses alternaban en las épicas luchas.

APÉNDICE: APRECIACIONES SOBRE LA PERSONALIDAD DEL AUTOR DE ESTA OBRA

LÓPEZ PINEDA EN LA LIGA DE LAS NACIONES

Por ESTEBAN MENDOZA

Por primera vez en la historia de la Liga de las Naciones la voz de Honduras se ha hecho oír en el augusto recinto del areópago ginebrino. Y nuestro orgullo de hondureños debe sentirse halagado al comprobar que en esta ocasión ha tocado exponer el sentir y el pensar del Estado de Honduras, no a una de esas mediocridades encumbradas por el torbellino de la política, sino a un compatriota de positivos méritos. Julián López Pineda, al hacer partícipe a la comunidad internacional reunida en Ginebra sobre la actitud de Honduras en el conflicto italo-etíope, ha sabido hacerlo con maestría y tacto diplomático, que no sólo le honran personalmente, sino que ponen muy en alto el prestigio de nuestra cara Patria. Y la indiferencia de los hondureños ante la actuación de nuestro Delegado no le resta en lo mínimo prestigios a aquella actitud.

Tenemos a la vista varios números de los importantes rotativos L'Humanité, Le Populaire y L'Ami du Peuple, diarios parisienses, en los cuales se comenta encomiásticamente el discurso que López Pineda pronunció ante la Liga. Comentaristas de tópicos internacionales, tan afamados como Stephan Laussane y Saint-Brice, tienen calurosos elogios para López Pineda, quien, en nombre de Honduras, supo afirmar la lealtad de este país a los principios contenidos en el Pacto de la Liga. La lejana república centroamericana que antes sólo era conocida en los círculos europeos por sus desventuras, ha demostrado, gracias a la actitud de López Pineda, que no sólo no permanece indiferente ante los intrincados problemas de la hora, sino que está dispuesta a aportar el contingente que como nación civilizada le corresponde para la resolución pacífica de los conflictos internacionales. Esto nos honra y dignifica ante los ojos del mundo civilizado.

Sin embargo, aquí donde todos están listos para comentar las cursis sensiblerías de cualquier corresponsal poblano, se ha guardado en esta oportunidad un silencio y una indiferencia que serían ultrajantes, si no fuera ya costumbre muy nuestra enmudecer cuando de aquilatar valores auténticos se trata.

No sólo los periódicos parisienses hablan de López Pineda, cuyo discurso, transmitido por radio, es hoy día conocido en el mundo entero. Un amigo nuestro nos remite desde Ginebra un número del importante diario Le Journal des Nations, correspondiente al 16 de septiembre último, el cual, haciendo honor a los méritos de los discursos que se pronuncian en la Liga, publica diariamente dos de los pensamientos de los Delegados que más han sobresalido. Pues bien, en el número citado, aparece en la tercera página y abarcando toda la plana, un pensamiento de López Pineda a la par de otro de Maxim Litvinoff, Comisario de Relaciones Exteriores de la Rusia Soviética. Dice López Pineda:

"Para mantener los principios esenciales de la Liga de las Naciones, todo sacrificio será recompensado en el porvenir, porque de esta prueba, la Institución saldrá fortificada con un poder moral incontestable."

Y dice Litvinoff:

"El país que yo represento, a nadie le cederá su puesto en la ejecución de las obligaciones internacionales que él ha asumido."

Esta distinción hecha a nuestro compatriota significa que a los ojos de las naciones comprensivas, López Pineda ha adquirido un prestigio moral e intelectual que lo coloca en cierto modo a la altura del Delegado de Rusia.

Sólo existe una pequeña diferencia, y es que mientras al Sr. Litvinoff le aguardan a su regreso los elogios y homenajes de sus compatriotas, López Pineda apenas tendrá, como recompensa de sus afanes, la satisfacción del deber cumplido y la complacencia de haber contribuido eficazmente a cimentar el prestigio internacional de nuestra Patria.

(Publicado en EL CRONISTA, de Tegucigalpa, martes 29 de octubre de 1935.)

LA REFORMA CONSTITUCIONAL DE HONDURAS

Por MARCOS CARÍAS REYES

Acogimos con un rebosante ¡Eureka! el libro de Julián López Pineda. Libro donde no gime el amante desdeñado, ni se cantan baladas a ninguna Julieta o Lucía, ni riela la luz de la luna en las aguas románticas y morbosas, ni divaga un Hamlet postizo ante inofensivos fantasmas. Un verdadero libro de sólido pensamiento y amplias proyecciones, en el que exprimió el autor sus conocimientos, sus observaciones y sus anhelos, inspirándose en el sano y elevado sentimiento patriótico que anima a quienes deseamos ver construida, con el movimiento evolucionista iniciado, la Honduras fuerte, libre y rica.

Es doloroso, pero cierto, que nuestros varones de cultura más sólida y dilatada experiencia casi nada han legado en enseñanza para las generaciones subsiguientes. Poco quedó de Valle, Lindo o Ramón Rosa, además del grato recuerdo. Posteriormente han vivido muchos hombres de quienes era lógico esperar, aun exigir, legados ideológicos o científicos. Muy pocos se acordaron de hacerlo y ni el Derecho, ni las Humanidades, ni la Filosofía, ni la Historia, etc., recibieron el óbolo de los demás. No son raras las celebridades nacionales consagradas que marcharon a la posteridad sin decir palabra. No es injusto, por tanto, preguntarse si fueron aquéllos, o si son los vivos, Faustos o Pachecos. Cuanto al estudio de nuestros problemas, con base en las disciplinas científicas, en el análisis y la investigación, ha sido ajeno a la mente de nuestros hombres eminentes, preocupados en la disputa del poder unos, o encastillados en un hermetismo inabordable, otros. Es razonable que si los preparados abandonan esa sagrada obligación, la tomen por asalto los empíricos y los advenedizos.

Al verso ramplón, a la literatura empalagosa, a la filigrana vacía, preferimos el concepto macizo y documentado que resuelve una duda o abre una interrogación. Es decir: hacer pensar. Alimento nutritivo que fortalece el cerebro.

Julián López Pineda aborda en este libro los problemas básicos de nuestra organización, con criterio avanzado. La claridad de la exposición hace más accesibles sus tesis y más fáciles sus conclusiones. Como patriota sincero quiere para Honduras una nueva vida, dentro de la democracia, el orden y la libertad, no en la desorganización, el libertinaje y la demagogia, que hará desaparecer la acción evolucionista principiada ahora bajo los auspicios de la Constitución recientemente promulgada. Trata con maestría el problema económico, esencial a nuestra prosperidad, el agrícola y el industrial. Contempla con espíritu de equidad la posición del obrero y del campesino evitando en sus soluciones el contacto comunista, pero alejándose del prejuicio liberal. Le merece especial cuidado la asistencia social que garantiza a la mujer, al niño y al inválido. Estimula la iniciativa particular, pero concede al Estado las facultades necesarias para dirigir la economía nacional, abriendo cauces a la riqueza y sustituyendo la envejecida fórmula liberal: "dejar hacer, dejar pasar", que en Honduras ha sido lema de regímenes disolventes, por la milagrosa palabra "acción", divisa de hombres y sistemas constructivos.

No es nuestro propósito hacer un análisis crítico de este libro. Él será leído y discutido ampliamente. Más que a su contenido, asaz variado e interesante, queremos referirnos al hecho de que causa verdadera novedad en nuestra literatura y a la necesidad que existe, en Honduras, de obras de difusión doctrinaria que tanta falta nos hacen para demoler prejuicios y abrir rutas a la inteligencia. Nuestra mentalidad no evolucionará mientras vivamos apegados al fetiche teórico, creyendo en la buena nueva de evangelios que han sido descartados en muchos países, por gastados y reacios; o que han sufrido tantas modificaciones que resulta difícil reconocerlos; anacrónicos evangelios que nada nuevo nos ofrecerán ya, y que sirven de refugio al demagogo ambicioso para agitar un trapo, o hacer alarde de fraseología ampulosa que, en estos días de realidades escuetas, provoca hilaridad.

La misión de hacer luz en las tinieblas de nuestro ambiente político-intelectual nos interesa y subyuga sobremanera en los libros que, como el de López Pineda, van a derribar, con iconoclastía patriótica, las viejas catedrales de la mentira convencional. Y aplaudimos su arribo, bastándonos que sea algo novedoso y útil, antes de elogiar sus benéficos alcances o discutir las ideas en contradicción con nuestros personales puntos de vista.

Esta obra admirable por su fondo doctrinario y por su impecable estilo, se formó sin propósito anterior y rápidamente. No es, por tanto, definitiva. La preparación y el talento del autor nos conceden el derecho de esperar otras de gran trascendencia, que indiscutiblemente merecerán bien del Porvenir.

París, Primavera, 1936.

"LA REFORMA CONSTITUCIONAL DE HONDURAS": POR EL EMINENTE ESCRITOR JULIÁN LÓPEZ PINEDA

Estar a tono con su siglo, abordar valientemente los problemas sociales que a todo país civilizado deben interesar en los actuales momentos, es tarea que se imponen los hombres cuyas actividades mentales se encaminan a trazar la ruta en el intrincado laberinto de lo que ha de venir.

En nuestro país, de cultura incipiente y aspiraciones altamente republicanas, son muy pocos los que se apartan del sendero trillado de la política criolla, para encararse con la labor constructora y con las nuevas ideologías, colocando el interés del futuro sobre la montaña de prejuicios y la rutina semifeudal que nos envuelve como una camisa de fuerza, desde que somos libres, soberanos e independientes, según reza la hermosa leyenda de nuestro Escudo.

El Dr. López Pineda viene a demostrarnos que hay en Honduras, además de simples imitadores de leyes, viciadas de inadaptabilidad, tipos de mente despejada, de ilustración y espíritu capaces de presentar un nuevo frente a la evolución social de este pequeño pero grande rincón del Istmo, donde la cultura y las ideas modernas se van filtrando lentamente, a pesar de nuestros desastres.

Su libro es una lección de civismo que todos los hondureños debíamos llevar en el bolsillo, no para darnos la gloria de la exquisita dedicatoria de un intelectual como López Pineda, sino para grabar en nuestra mente la grandiosa perspectiva que constituye, desde el momento que, como la fuerza incontrastable de su tendencia altamente renovadora, nos arranca la tupida venda, ampliando hasta lo infinito el horizonte de nuestro porvenir, con la clarinada febril de quien ama de verdad, y de verdad se empeña en levantar muy alto el estandarte del Derecho y la Justicia, sobre las elevadas montañas de ignorancia que nos cerraban el camino.

En la página 90 del libro en referencia, dice:

"En nuestro país las mujeres se han resignado a la inferioridad política, pasivamente, a causa de la tradición hogareña que nos legara España. Y a causa también de que nuestras MUJERES INTELECTUALES JAMÁS SE HAN PREOCUPADO DE ESTUDIAR LOS PROBLEMAS QUE ATAÑEN A LA DIGNIFICACIÓN DE SU SEXO. NO HA HABIDO ENTRE ELLAS UNA REPRESENTATIVA QUE RECLAME LOS DERECHOS QUE LES CORRESPONDEN EN JUSTICIA; AL CONTRARIO, HA HABIDO QUIENES HAGAN CORO A LOS SOSTENEDORES DE LA ESCLAVITUD DE LA MUJER, que la adulan endiosándola como criatura divina, destinada únicamente al cálido refugio del hogar doméstico y a las excelsas funciones de la maternidad."

Y en la página 91, dice: "¿Por qué no piden a gritos, con todo el poder de sus lágrimas, un poco de piedad a los legisladores, exigiéndoles que organicen los servicios sociales para protegerlas contra la brutalidad, la ignorancia, la corrupción y el vicio de los hombres?"

Palpita en los párrafos que anteceden, con tan reales colores, la triste verdad de lo que vivimos, y es tan humano el legislador que pone el dedo en la llaga al dejar al desnudo la tremenda indiferencia con que hemos contribuido a remachar nuestras propias cadenas, que cualquier grito femenino encuentra la incomprensión y la befa como única respuesta. Nuestros hombres se quedan indiferentes, cuando no en actitud hostil, ante las mujeres que se han adelantado a su época, y anhelan enfrentarse con la evolución saliendo del círculo vicioso de una moral equívoca y atrabiliaria, en cuyos moldes se desfiguró la personalidad de nuestras abuelas, y hay mucho camino que andar para convencer a la fémina enmarcada en las doctrinas unilaterales, de lo que fue y es estrecho campo de acción de la mujer, en que apenas tiene derecho a lamentar errores sociales que bien podría contribuir a despejar, puesto que, como energía y cerebro, tiene la misma capacidad que el hombre para marcar derroteros y abrir fuentes insospechadas al engrandecimiento de su país.

Pensar que las mujeres proceden en todos los momentos, en perfecta armonía con lo que dicta el amo secular, no quiere decir que esté desprovista de voluntad ni de pensamiento, ni que la sumisión que le imponen las circunstancias anule su personalidad. Lo que resulta es que en toda mujer preparada hay una entidad que se repliega en las reconditeces de su yo, por temor a desentonar, y la entidad corriente y vulgar que la confunde con el montón anónimo, en todas las actividades donde la empuja el destino que le trazara el capricho de la suerte.

La mujer lleva sobre sus hombros la carga de la especie, la ignorante lo mismo que la intelectual. Ella sabe embellecer y suavizar la vida de los suyos, da todo lo que tiene y a veces no recibe en cambio más que malos tratamientos. Si se vuelve frívola a veces, es por agradar a su señor, y si la vanidad la presenta como un mueble de lujo, es porque otra vanidad superior la muestra al mundo como si se tratara de un caballo de pura raza, o como un diamante de raro corte que todos deben envidiar. Razón de estar altamente reconocidas con el dilecto poeta y pensador López Pineda, la tenemos de sobra las mujeres hondureñas, y si su hermoso libro pasa inadvertido para muchas que debieran leerlo y comentarlo, yo no quiero pertenecer a ese número; antes por el contrario, quisiera que todas las que sabemos la fatigosa labor que se impuso el compatriota, sereno y fuerte, para darnos esta campanada llamándonos a formar parte de la vanguardia femenina del mundo civilizado, le tributáramos el homenaje de simpatía y gratitud a que se ha hecho acreedor.

La permanencia de López Pineda en la heroica Francia nos llena de las irradicaciones que su espíritu altamente dotado pudo atesorar para proyectarlas, con inequívoca sinceridad y con cariño, a su amada Honduras, que esta vez se ufana de haber dado un hijo preclaro, que, al rasgar nieblas milenarias con la antorcha del talento enfocado hacia el futuro, nos hace presentir hermosas realidades para cuando las nuevas generaciones contemplen la gesta grandiosa de otra Honduras, que hoy duerme en las entrañas de la mujer del porvenir.

Páginas del código de la más elevada justicia son las que se refieren a las Bases de la Reforma (93, 94, 95, 96, 97, 98, 99 y 100), donde los hondureños debían enfocar sus sueños de redención. No basta que la población se duplique, lo interesante es que esa población sea sana y fuerte, pues ya lo dijeron todos los humanistas, antiguos y modernos: con un pueblo de enclenques ni Alejandro ni César hubieran deslumbrado al mundo; con un pueblo de mendigos nada se puede emprender; con desfiles de tuberculosos, sifilíticos y alcohólicos ninguna conquista material ni política ni intelectual hay que soñar, y habrá de ser integral el desenvolvimiento de Honduras cuando nuestros legisladores digan: Aquí están las leyes constitutivas que debemos adoptar, porque López Pineda no ha querido hacer gala de erudición al presentar su libro, sino beneficiar a su país trazándole el camino de la cultura integral, tal como su espíritu diáfano y nobilísimo la concibe para esta su amada Honduras, en quien, como en la novia lejana, ni un momento ha dejado de pensar.

Comentando este libro, bien pudieran escribirse muchas páginas. Mas, para las que quieran despertar, basta con un signo...

ÁNGELA OCHOA VELÁSQUEZ.
Marzo 2 de 1937.

MÁS OPINIONES SOBRE JULIÁN LÓPEZ PINEDA

LA REFORMA CONSTITUCIONAL DE HONDURAS

El Doctor Julián López Pineda, periodista insigne, intelectual de altos vuelos, mentalidad hondureña formidable, nos acaba de enviar un libro. Este libro contiene algo importante sobre la reforma constitucional de Honduras. No es un libro de simplezas o literatura regional. Es un libro en donde el pensador hondureño ha recopilado sus observaciones filosóficas para poder contribuir, como en efecto contribuyó, a las reformas constitucionales verificadas en Honduras.

Julián López Pineda, ese valor positivo en las lides del pensamiento escrito, es para nosotros uno de los escasos valores auténticos de la patria hondureña. Es maestro de periodistas, maestro de escritores, maestro de cronistas, y ¿quién lo duda? la única luz que por ventura nos queda en el cielo huérfano de la patria hondureña. Decimos luz, porque él es luz en la tribuna de la prensa, luz en la colaboración de Estado y luz en la conciencia de los pueblos.

Algo y mucho de lo que el libro de López Pineda encierra ya lo hemos publicado nosotros en las columnas de LA ÉPOCA. Este libro, impreso en talleres tipográficos de París, nítido en todas sus páginas, aprisiona en ellas las esperanzas y anhelos de un pensador, de un luminoso pensador y patriota.

Con la atención que nos merece todo lo que sale de la pluma fuerte y brillante de López Pineda, hemos leído este libro, que no sólo honra a la patria en sus fronteras, sino que sale de ellas para decir que Honduras tiene capacidades como las de este varón severo en las altas disciplinas de la ciencia y el saber humano.

Agradecemos a su ilustrado autor el envío de tan patriótica contribución. Agradecemos al colega admirado su fina dedicatoria y con nuestra profunda admiración le acusamos recibo.

Diario LA ÉPOCA, de Tegucigalpa, 17 de abril de 1936.

"DIARIO DE GUATEMALA" Y EL DOCTOR LÓPEZ PINEDA

Hemos tenido el cuidado de leer detenidamente, así que nos llega, el periódico "Diario de Guatemala", que edita en la capital guatemalteca el Dr. don Julián López Pineda, afamado diarista en todo Centro América y escritor de nota en el Continente.

Su periódico de hoy, como sus otros hijos naturales o adoptivos de la prensa que ha creado o dirigido, el último de los cuales fue "Excelsior", que dejó para editar el de que nos ocupamos ahora, es un diario en todo el concepto del vocablo, que honra por igual a Guatemala y al doctor López Pineda, quien es además verdadero literato y poeta exquisito, sociólogo y jurisconsulto, político y revolucionario de las buenas causas, hombre de selección como de ideas y de palabras, luchador impetuoso y entusiasta, extraña mezcla de todo a lo Benvenuto Cellini.

Diario de gran formato, esencialmente informativo y noticioso, lleva la palpitación diaria mundial y de Guatemala a sus lectores, con el comentario constructivo y educador del momento, defendiendo siempre los intereses sociales e inculcando en el espíritu público ideas de orden y de justicia, de moralidad y de progreso.

Sus columnas presentan, sin ningún esfuerzo, a primera vista, la síntesis abreviada en dos o tres líneas a lo sumo, de lo que en ellas se trata más adelante y circunstanciadamente, sin omitir el detalle más importante de la noticia en interesantes títulos llamativos, tal y como lo hacen los grandes periódicos de la Argentina y Norte América.

La colaboración científica y literaria es de primera clase, oro de dieciocho quilates, y de oportunidad y al gusto del estudioso lector, que poniendo al lado el libro, toma el periódico y descansa con la variedad de su lectura amena.

Su editorial es el toque maestro. Para quien conoce a Guatemala, las personas y su historia, las cosas y los hechos, encuentra mucha verdad y acierto en lo que él dice y mantiene, campeando en todo la razón, el buen decir y un conocimiento perfecto de las necesidades de la República, a la cual rinde alto homenaje siempre.

Felicitamos al doctor López Pineda y sólo lamentamos que su patria de origen, Honduras, no se haya aprovechado de sus buenos servicios y aptitudes descollantes.

EL AMIGO DEL PUEBLO, diario de Ahuachapán, Rep. de El Salvador, 1925.

DE JUANA DE IBARBOUROU

Juana de Ibarbourou saluda al distinguido y alto poeta Julián López Pineda, y le agradece profundamente el precioso obsequio de sus ÁNFORAS, plenas de los néctares gratos a los dioses en la dedicatoria invocados. Apolo, agradecido, le ha dado la inspiración; Afrodita, la llama. Ánforas de oro con vino de pasión y de ensueño, de poesía pura y de vida triunfal.

¡Que los dioses sigan amparando y bendiciendo al poeta!

Montevideo, octubre 2, 1936.

(NOTA: — El libro ÁNFORAS le fue enviado por la casa editora a la gran poetisa uruguaya, quien tuvo la gentileza de dirigirle al autor las líneas preinsertas).

PERFILES FUGACES

Julián López Pineda es un periodista de combate —que lleva con nobleza el título de orientador de multitudes— y es también un poeta de gran fuerza que tiene en la inquietud espiritual maravillosas alboradas, exaltados mirajes, fascinadores espejismos, jardines saturados de aromas, rosales coronados de rosas, estanques poblados de nenúfares, boscajes rumorosos de trinos, panales rebosantes de mieles, ánforas consagradas a Hebe "con la esperanza de que aquella diosa encuentre en ellas néctares gratos al radioso Apolo y a la encendida Afrodita", finas piedras preciosas temblorosas de luces, regios mantos nocturnos cuajados de luceros, altas cimas ingentes cubiertas de fulgores y vastas florestas armoniosas por donde pasa en plácido desfile la caravana jubilosa de amor de las canciones.

NÉSTOR BERMÚDEZ/Revista TEGUCIGALPA, N.º 489 de
24 de mayo de 1936.

"ÁNFORAS" DE JULIÁN LÓPEZ PINEDA

Héme aquí con otras "ÁNFORAS" en las manos. Ánforas llenas de raros y deliciosos licores, dignos de ser escanciados por el bellísimo doncel, copero de Júpiter, en los banquetes de los mágicos jardines del Olimpo.

Pero no sólo los dioses de la mitología deben gustar los divinos néctares. También a los mortales séanos dado abrevarlos en una deliciosa y comprendida sensación de arte.

Julián López Pineda no necesita de elogios para cimentar su fama de literato y de poeta continental. Bien lo expresa él, consciente de su valer, en "EL RETORNO DE LA PRIMAVERA":

«En la fragante tierra de mi vida
florecían los árboles sonoros
ofreciendo sus ramas extendidas
al esperado beso de la Gloria».

Es vidente en "MADRE TIERRA" y filósofo en "EL ESPECTRO". Pero, para mí, "LA SONRISA DE AFRODITA" y "PRESENTACIÓN" son los más hermosos poemas de su libro.

No menos poeta que el poeta José Santos Chocano, a quien le cupo el honor de presentar —en nombre del "Ateneo de Honduras"— pone de relieve al lírico león peruano, magistralmente, en una apología rimada, merecedora de la firma del nunca muerto rey del Parnaso Americano: RUBÉN DARÍO.

He terminado de escanciar el rico contenido de "ÁNFORAS". Plena de poesía, en ellas he puesto un ramillete de fragantes flores para que lleven al poeta el testimonio de mi admiración y de mi gratitud.

LUCILA GAMERO DE MEDINA.

EL CRONISTA, 16 de enero de 1937.

DOS PALABRAS SOBRE EL ÚLTIMO LIBRO DE VERSOS DE JULIÁN LÓPEZ PINEDA

Bellamente impreso en "velín de puro hilo de Marais" y con una dedicación fraterna para nuestro Director, llegó hace algunos días a nuestra mesa de redacción el último tomo de versos del gran periodista —esta vez gran poeta— hondureño, don Julián López Pineda. No es la primera vez que su pluma nos hace el presente de su emoción lírica. Caballero de adarga reluciente y yelmo empenachado de ensueños, ya otra vez nos había llevado de la mano por los predios espirituales donde él cultiva con solícito afán de jardinero el jardín de las rosas musicales... el perfume trocado por maravilloso malabarismo en ritmo puro, fuerte, optimista, sereno y resonante.

"Ritmos Dispersos" se bautizó el primer intento editorial de sus versos; dispersos, como palomas en desbande que a la hora del atardecer se recogen bajo el ala amiga del palomar para encubrir el dulce pecado de su amor, regocijado y dulce; dispersos como el enjambre de abejas doradas que se expande en mil rutas diversas, que irradia por todos los ámbitos floreales, y que vuelve, al conjuro de la luz crepuscular, a la colmena de mieles inefables, en un afán integral y eternizante; versos tirados al azar, dispendiosamente, cuando la juventud nos empuja a ser descuidados, pero recogidos más tarde en un cuerpo bibliográfico, cuando un balance de autocrítica nos hace comprender la necesidad de articular las vértebras de nuestra obra espiritual, y ponerla como abono en el tiesto donde mañana habrá de crecer el recuerdo de lo que fuimos y ya no seremos.

"Ritmos Dispersos" fue el heraldo de lo que vendría después y que todos esperábamos, el introito de la obra futura, como si dijéramos la antesala de lo que hoy tenemos en nuestras manos y frente a nuestros ojos, bajo el asedio de nuestro espíritu: "ÁNFORAS". Ánforas talladas por mano de artífice, suntuosas, riquísimas en la finura de la filigrana, pero mucho más ricas aún en la esencia de lo que en ellas rebalsa: la emoción. Emoción dilatada y madura que, sin embargo, no ha perdido y conserva en plenitud la fuerza juvenil de la primera emoción.

En el primer poema del tomo que comentamos, que se llama "El Retorno de la Primavera", el poeta nos dibuja con trazo elegante el curso de su parábola emocional. Nos habla de sus primeros versos, nos habla de los últimos y establece entre ellos las diferencias, sin dejar de señalar los puntos en que todavía se contactan. Oigámosle:

"Era un tiempo mi alegre poesía —como una campesina rozagante— que muestra la desnuda pantorrilla —opulenta de carne sonrosada".

Y dice más adelante:

"Y fue después mi blanda poesía —como la delicada soldanella— que entre la nieve de la cumbre alpina —extiende triste su corola pálida".

Y más adelante aún:

"En la agotada tierra de mi vida —la primavera ha vuelto, y he notado— que aquella rozagante campesina —retorna con su lírico desgaire— mostrando la opulenta pantorrilla —a profanar la castidad del aire".

En este mismo poema el autor todavía nos hace un augur lírico, cuando nos habla de una canción apenas presentida, que ha de cantar más tarde y que él nos anticipa en esta forma rotunda y grave:

"Es la nueva canción, la canción única —la canción de milagro que se inicia— apenas balbuciente en tonos leves, —pero que ha de asombrar a los panidas— con el sonoro fausto de sus ritmos".

ÁNFORAS es, pues, con ser lo que es —obra lírica madura y completa—, un estado transitorio, un punto de referencia, una estación en la ruta del poeta; ruta luminosa de rieles áureos sobre la que más tarde habrá de pasar el convoy cargado de maravillas que él mismo nos promete: "la canción única".

ABEL A. CUENCA.
EL NORTE, diario de San Pedro Sula, 8 de noviembre, 1936.

"ÁNFORAS" DE JULIÁN LÓPEZ PINEDA

Ya no se trata de los ensayos sociales contenidos en LA REFORMA CONSTITUCIONAL DE HONDURAS. Quedan en la frialdad del gabinete los arduos procesos de la meditación científica, la inspección analítica de los hechos humanos, las interpretaciones lógicas y toda esa labor a un tiempo delicada y llena de potencialidad que precede a la estructuración de una obra doctrinaria. Ahora es el palpitar cordial, la alegría y el dolor estéticos, el remanso poético, la fresca vereda florecida con lozanía que sabe hurtarse a los martilleos trágicos de la lucha vital y que no lleva rumbos de egoísmo porque transitando por ella se remoza la voluntad, se afirman los grandes sentimientos y se estilizan los designios trascendentales.

En la madurez de su carrera periodística y de su ideario político, Julián López Pineda regala a sus lectores un libro de versos. Nada extraño, nada para asombrarse, porque el autor ha sido siempre y antes que nada un poeta, un poeta que jamás traicionó su estirpe, ni aun cuando las tremendas exigencias del partidismo lo obligaron a empuñar la tizona. Se es artista como se es matemático. Y sobre todos los conceptos, sobre todas las actitudes intelectuales —como una reivindicación soberana del espíritu— triunfa, más tarde o más temprano, la esencia artística, el hálito estético, el temblor de belleza que toda alma grande esconde en su fondo.

ALEJANDRO CASTRO,
en EL CRONISTA, 15 de octubre, 1936.

EL REGRESO DE LA DELEGACIÓN HONDUREÑA

En la Octava Conferencia Panamericana recientemente celebrada en Lima, el Jefe de la Delegación, doctor Julián López Pineda, fue considerado como uno de los grandes valores en la literatura y diarismo continentales, colocándolo a la par de los máximos maestros del buen decir y de la gaya ciencia. De manera que nosotros los hondureños, conocida como es la larga actuación del doctor don Julián López Pineda, tanto en el campo de las letras americanas como en la diplomacia y finanzas nacionales, podemos sentir el legítimo orgullo de tener todavía hombres de este valor, que no solamente son una gloria de nuestro país, sino honra de toda nuestra raza latinoamericana.

"EL NORTE", diario de San Pedro Sula, 10 de enero de 1939.

"ÁNFORAS" DE JULIÁN LÓPEZ PINEDA

Encabezado por un retrato a lápiz del autor, obra del notable dibujante ginebrino Oscar Lazar, mi admirado amigo Julián López Pineda me hace el obsequio de su último libro "Ánforas", en preciosa edición de la casa Nouvelles Éditions Excelsior de París. Como todo lo suyo, la lectura de esta obra inspira ansiedad desde las primeras páginas, sensación que no desaparece aun terminado el volumen.

Como valor múltiple y auténtico de nuestras letras, sus nuevos poemas confirman su justo mérito. Sinceramente, pocas veces se ha dicho la verdad como cuando en Honduras, al referirse a su obra, se ha dicho que es orgullo y prestigio de la intelectualidad del país. "Ánforas" es un nuevo y refulgente anillo que se agrega a la brillante cadena de sus triunfos.

En sus obras se acumulan inspiradas poesías, crónicas, ensayos filosóficos, políticos, jurídicos y estudios polémicos y político-sociales, novelas, comedias y dramas que hablan muy alto de Honduras a través de su recia, vibrante y preparada pluma.

JORGE FIDEL DURÓN.
"EL CRONISTA", noviembre 17, 1936.

HONDURAS COMUNICA SU RETIRO DE LA SOCIEDAD DE LAS NACIONES

Honduras fue miembro fundador de la Sociedad de las Na-ciones. Después del primer año en que fue representada, no volvió a tener ninguna Delegación. Sin embargo, en el último año ha to-mado gran participación en los trabajos de la Sociedad de las Na-ciones y el Jefe de la Delegación, el Ministro en París, López Pineda, particularmente estimado en los círculos diplomáticos, pronunció un brillantísimo discurso sobre el conflicto italo-abisinio y que fue con-siderado como uno de los mejores oídos en la Asamblea.

(Traducido del NATIONAL-ZEITUNG, importante diario de Basilea,

Suiza, del 12 de julio de 1936).

DE LA REALIDAD DE LOS PUEBLOS CENTROAMERICANOS

Al llegar a Honduras, lo primero que se divisa en el campo de su vida cívica y en el seno de la cultura y de lo espiritual, es la figura de relieve de Julián López Pineda, Doctor en Derecho por las palmas universitarias y por su sensibilidad creadora, diplomático por su exquisito don de gentes y por su ilustración, amigo por su elevada condición de hombre superior.

En el Uruguay, hace pocos meses, se publicó una antología de poetas americanos. Los versos de Julián López Pineda figuran a la par de los de Juan Ramón Molina; en España, en 1940, el A. B. C., de Madrid, hizo elogios muy merecidos de Julián López Pineda, re-conociendo en él su destacada posición en el mundo de las letras.

Hay tan alto conocimiento de la personalidad del Doctor Julián López Pineda, que, en su misma Patria, sus adversarios políticos lo respetan y le rinden homenaje. En Honduras, la juventud de todas las tendencias políticas le quiere y lo discute.

JOSÉ RAFAEL ROJAS Y JARQUÍN
Diario NOVEDADES, Managua, abril 5, 1948.

EL LIBRO DE VERSOS DE LÓPEZ PINEDA

Ánforas es el título del libro de versos de Julián López Pineda.

Las ánforas son recipientes sedientos, tal éstas de López Pi-neda, en lo que hace a poesía y emoción.

Sabía poeta a Julián López Pineda. Su mérito estriba en su ver-sación y en su vasto conocimiento literario. Es un erudito amable que divaga en renglones cortos impregnados de poesía.

Canta los celos y les llama "nudos de sombra sobre el abismo, trágicas serpientes retorciéndose en un apocalipsis de veneno". El propio poeta los ha sentido y "...ha resistido los embates pérfidos asido a los pezones voluptuosos de la Esperanza".

Sobre el mar —que sugestiona también a este divulgador— re-conoce que "es un fauno. Sacude su crin impregnada de olor ger-minal"—dice con admirable exactitud.

Pero donde aparece poseído es hablando del Arte. Los sacer-dotes artistas "fuman opio de melodías".

"Y los cirios son Sirios" —dice, en un juego de palabras, de lo terrestre a lo sidéreo.

"Los copones son hongos de azur, las hostias hojas de lirios", y con ellas oficia el sacerdote del Arte.

En la Apoteosis del Poeta, irrumpe con esta estrofa rotunda:

"El poeta es un alma generosa e ingenua,
un extraño mendigo vestido de fulgores,
un potentado de la tristeza,
dueño de todos los dolores".

Cuando habla de los viejos cantores alude a "las quejas letales diluidas en la angustia de versos inmortales".

"Sabed ¡oh profanos! Vuestros corazones no deben sufrir. Es un derecho el dolor otorgado al poeta solamente." Tal un privilegio.

¡Es verdad! "El poeta es un lago sin desagües. En él caen todas las amarguras, y se estancan para siempre, mientras en sus orillas flo-recen las ternuras". Magistral afirmación.

Asegura que "él prodiga su luz y marcha a tientas".

Y ratifica una realidad hasta blasfema, cuando dice: "...Pero él está solo. Como Dios está solo..."

Después de estas transcripciones que hago con entusiasmo y ad-miración, excuso otras. Dispongo de poco espacio para cantar a este cantor, pero ya lo hice en un monólogo y con un bello libro entre las manos.

G. ALEMÁN BOLAÑOS.
Julio de 1937.

EL CENTENARIO DE LA PRENSA HONDUREÑA

"Ahora el periodismo hondureño, con el Doctor López Pineda al frente, ha emprendido una amplísima labor revolucionaria y re-constructiva, en el más amplio y verdadero sentido de estas pala-bras. Realiza el Dr. López Pineda una obra de verdadera trascen-dencia para la economía, la sociología y la política de la República hondureña".

EL ESPECTADOR, San Salvador, 26 de mayo, 1930, editorial tra-tando del Centenario de la Prensa Hondureña.

DE LÓPEZ PINEDA, HONDURAS

Julián López Pineda, poeta y escritor hondureño. Es abogado y conocido ampliamente en Centroamérica. Reside en Tegucigalpa, y ha ocupado honrosos puestos en su país y en el exterior. Ha ac-tuado con éxito en el periodismo centroamericano y luchado con brillo en la política unionista y hondureña.

Entre sus obras publicadas figuran Ánforas (poemas), La Reforma Constitucional de Honduras y El General Francisco Morazán, en prosa, tres libros valiosos que han merecido la acogida de la crí-tica istmeña.

Ánforas contiene un puñado de poesías selectas de última hora, donosas y traviesas, ágiles y fuertes, vaciadas en las mejores for-mas y sobre motivos diversos de carácter modernista. Daremos al-gunas a publicarse en breve.

La Reforma Constitucional es un examen de la economía de su país y un conjunto de ideas nuevas y documentadas que forman juicio para la reforma. Valiosa obra.

El General Francisco Morazán es un estudio completo biográ-fico del héroe de Centroamérica. Obtuvo primer premio en el Con-curso promovido en Tegucigalpa, en el primer centenario del nata-licio del libertador. Es una gran obra.

EL IMPARCIAL, San Salvador, 9 de mayo, 1948.

LA POESÍA DE JULIÁN LÓPEZ PINEDA

La poesía de Julián López Pineda es poesía vivida. Y todo aquello que se vive y que se siente, no puede pasar inadvertido —cuando se ha dado a la estampa— ante los que van viendo los pai-sajes de la existencia a través del arte en sus diferentes formas y expresiones. No se puede menospreciar esa poesía que está vi-brando en estrofas que son sangre de una noche trágica en los ana-les de la vida de un ser: sangre que se convirtió en verso y verso que va a esparcir la esencia de aquella sangre por los cuatro puntos de la indiferencia —si se quiere.

Y ¡cuántos! —afirmo yo— ¡cuántos de esos que se creen con gran fama de poetas, ya quisieran —para la crítica que se ajusta al análisis y que pasando de éste llega a la síntesis y de aquí se in-merge en el minuto luminoso— una de tantas poesías de Julián López Pineda!

Versos sencillos los de López Pineda, algunos; otros, salidos de las complicaciones de lecturas, cuando ellas le dijeron lo que otras mentes pensaban; pero que, vividos siempre, le impresionó en un instante, en una o en otra parte, el cuadro entrevisto en aquellos libros. Algunos versos son a manera de motivos momentáneos; acua-relas naturales que se desdibujaron para los otros; pero que él supo aprisionarlos y darles vida; quizá esa vida muerta de los versos para los que no entienden de las cosas de la mente.

JUAN FELIPE TORUÑO.

DIARIO LATINO, San Salvador, Rep. de El Salvador, 22 de enero de 1938.

ESCRITOR ROTUNDO

Julián López Pineda es una de las personalidades más discuti-das de la intelectualidad hondureña. Poeta, dramaturgo, novelista, catedrático, periodista, jurisconsulto y diplomático, sus manifestacio-nes poliédricas y su agitada vida pública lo han llevado a la plata-forma de los hombres más combatidos —a la vez— de los más res-petados.

En mi concepto, el Dr. López Pineda es el producto y el resul-tado de esa situación compleja y tan nuestra, la excepción que prueba la regla en estos países del centro de América.

Quien lea La Reforma Constitucional de Honduras se dará cuenta inmediatamente de la personalidad proteica del autor, tendrá una revelación de sus alcances, de sus facilidades, de su prepara-ción, de su cristalino pensamiento, de su expresión serena y clara, de todas las cualidades que, en Honduras y fuera de ella, lo con-vierten en el escritor rotundo.

JORGE FIDEL DURÓN/EL CRONISTA, 22 de abril de 1936.

PERFILES NACIONALISTAS

Mi admiración y simpatía hacia el notable periodista Dr. Julián López Pineda, me ha inspirado de una manera sorprendente. Y es que el Dr. López Pineda posee dos características, no comunes en todos los hombres: su caballerosidad y su preparación intelectual en todas las ramas del saber. Como jurisconsulto es orgullo del Foro Hondureño, profundo visionario en la ciencia de la Estadística, y como periodista de méritos indiscutibles está colocado en el ápice entre los hombres del Continente.

El Dr. López Pineda es inteligente y bueno; en su faz se refleja la grandeza de su alma.

Ha ocupado puestos de la mayor responsabilidad, tanto en esta patria, como fuera de sus fronteras.

En fin, el Dr. López Pineda es un jurista hábil, diplomático sagaz, internacionalista de fuerte envergadura y, sobre todo, un patriota.

MARIO BARDALES MEZA.

NOTABLE OBRA QUE SE NOS ENVÍA

De París hemos recibido el valioso envío de un ejemplar de la profunda y bien meditada obra La Reforma Constitucional de Hon-duras, creación del inmenso intelectual Dr. Julián López Pineda, la que consideramos de incalculable valor científico e ideológico, así como de verdadera trascendencia práctica, pues será, a no dudarlo, el fecundo abrevadero de las actuales juventudes, que bien imbuí-das de sus principios fundamentales, lucharán por convertirlos muy pronto en derecho positivo de la República.

Agradecemos la gentileza del Dr. López Pineda y al propio tiempo lo felicitamos cumplidamente por el brillante triunfo biblio-gráfico apuntado.

EL PUEBLO, N.° 2, de Santa Rosa de Copán, 21 de mayo de 1936.

"ÁNFORAS", ÚLTIMO LIBRO DE VERSOS DEL
DOCTOR JULIÁN LÓPEZ PINEDA

Con muy atenta y significativa dedicatoria nos ha enviado el fecundo escritor nacional, Dr. Julián López Pineda, un ejemplar de su reciente obra de poesías, intitulada Ánforas, cuya primera edi-ción se hizo en los talleres "Nouvelles Éditions Excelsior, 7, Rue des Grands-Augustins, de París, Francia".

A manera de prólogo el autor de tan precioso conjunto de poe-mas sutiles y románticos, tal fuera un báculo en que apoyar su haz luminoso de pensamientos exquisitos, habla así: "Os ofrezco estas ÁNFORAS ¡oh divina Hebe! con la esperanza de que encontraréis en ellas néctares gratos al radioso Apolo y a la encendida Afrodita".

Nada tan armónico y seductor que estas rosadas palabras del excelso panida. Su verbo, con acendrado conocimiento de la vida espiritual, del azul infinito y de los dioses mitológicos, va corriendo pausadamente como un raudal de bellezas por las páginas tacho-nadas de ideas, que se agitan para dar vida a la armonía del que ha sabido fructificarlas.

ÁNFORAS es una colección de poemas ungidos por el óleo amable de la belleza de las cosas fluidas. Cada verso es, en verdad, un poema. Cada poema, un ardiente y perpetuo florecer del ideal indefinible del poeta: aquí el embrujamiento del dolor, allá el mis-terio de la sonrisa ingenua, más allá la caricia tierna y dulce de la diosa melancolía.

Su primer poema, EL RETORNO DE LA PRIMAVERA, en el cual la poesía se perfila por los senderos de la escuela literaria moderna y grandiosa, es una filigrana de muchos quilates, porque, tal como el autor lo dice, "es la nueva canción, la canción única, la canción de milagro que se inicia apenas barbotante en tonos leves, pero que ha de asombrar a los panidas con el sonoro fausto de sus ritmos".

En LA NUEVA CONSTELACIÓN, el segundo conjunto de fas-tuosos idealismos poéticos, se ofrece la idea de nuevas naturalezas llenas de gracia y luminosidad al cantar así: "Los celos, nudos de sombras sobre el abismo, trágicas serpientes retorciéndose en un Apocalipsis de veneno. Yo he sentido la garra de la sombra hun-diéndose en la carne de mi vida, y he sentido las lenguas finas, ríspidas, de las serpientes frágicas emponzoñándome la abierta he-rida".

El poema LA SONRISA DE AFRODITA es la obra acabada en la eternidad del ritmo. En él está la cadencia floreciente de la vida que huyó entre el oro de la Ilíada. El canto es un gorjeo maravilloso. "El poeta Aben-Ahr, hijo del Cielo, que había triunfalmente recorrido todas las cumbres en edad temprana, se sintió abatido. Y cuando la virgen Li Ta Fou, ardiendo, le confió su amor, el Hijo del Cielo re-firió su historia. Ella se embriagaba de un dulce pavor".

ÁNFORAS trae un retrato al lápiz del poeta nacional, tomado del álbum de la Sociedad de las Naciones, obra del dibujante gine-brino Oscar Lazar.

Agradecemos infinitamente el obsequio que de tan valiosa obra de versos nos hiciera su autor, el Licenciado don Julián López Pineda.

LA ÉPOCA, 14 de noviembre, 1936.

"ÁNFORAS", DE LÓPEZ PINEDA

López Pineda, Julián. — ÁNFORAS. — París, 1936. — Vol. de 126 páginas. — Es un bello libro de composiciones en verso. Verdaderas ánforas rebosantes de ambrosía para que gusten de ella las almas sensibles y comprensivas.

Hay en ellas ideas trascendentes, imágenes seductoras, toques de sensibilidad exquisita, ritmo y colorido.

"López Pineda es un modernista en el más alto sentido de la palabra. Sin caer en extravagancias, propias de un neurasténico o de un enfermo mental, usa nuevos procedimientos para dar no-vedad e interés a la expresión del pensamiento.

Todas las composiciones que contiene este volumen son pri-mores de arte; pero merecen citarse especialmente El Retorno de la Primavera, Mi Presente y Soy un Pino Sonoro, por referirse a la personalidad del poeta y a la evolución de sus sentires desde que principió a manifestarlos hasta la hora presente.

Nos enorgullecemos de que nuestro ilustre compatriota haya realizado ya una fecunda labor literaria en la que culmina su pre-cioso libro de versos Ánforas, cuya benévola dedicatoria mucho agradecemos."

ESTEBAN GUARDIOLA

Notas Bibliográficas, REVISTA DEL ARCHIVO Y BIBLIOTECAS NACIONALES. Noviembre de 1936.

UN DESTACADO HOMBRE PÚBLICO DE LA REPÚBLICA DE HONDURAS SE ENCUENTRA EN ESTA CAPITAL

Una destacada figura de Honduras encuéntrase actualmente en esta capital. Trátase del Dr. Julián López Pineda, cuyo nombre es bien conocido en los círculos diplomáticos del Continente y de Eu-ropa, que aprecian debidamente la eficacia con que en tantas oca-siones cumplió misiones de importancia representando a su patria y su probada versación de internacionalista. Ha venido ahora a Buenos Aires en un rápido viaje de paseo, terminada ya su gestión de Presidente de la Embajada extraordinaria hondureña en la reciente transmisión de Chile, pero estuvo antes aquí varias veces, una de ellas en 1936, frente a la misión que acreditó esa nación centroame-ricana en la inolvidable Conferencia de la Consolidación de la Paz, que contó con la presencia del propio Roosevelt. Otras reuniones de significación internacional contaron con su aporte.

Diplomático, político, profesor universitario y economista, nues-tro huésped es también abogado y periodista. Atiende su bufete con las intermitencias que imponen sus otras tareas, y en cuanto a su vinculación con la imprenta, es la que más emociona a este hombre de tan múltiple dedicación. Fue como periodista, efectiva-mente, que empezó a trabajar, cuando apenas contaba 17 años, y desde entonces ha dirigido, en diversas oportunidades, hojas informativas o publicaciones especializadas. Una de estas últimas, "Foro Hondureño", está actualmente confiada a su experiencia, a esa experiencia que determinó que hace poco se le eligiera Presidente de la Sociedad de Abogados de Honduras.

Tal es, muy ligeramente trazada, la vigorosa personalidad del doctor Julián López Pineda, cuya preocupación por ser útil a su pa-tria no queda detallada con lo anotado —bastante de por sí, sin duda alguna—, pues incansable, afanoso, trabajador e insaciable estu-dioso, pone su inteligencia al servicio de otros nobles intereses, como el lograr una mejor legislación social para las clases obreras de Hon-duras, lo que llevó a preparar un código del trabajo que está a consideración del Congreso. En su conversación, ágil, fluida, de un sostenido valor, el viajero, tras de destacarnos algunas facetas de la situación de su país, como la de la moneda nacional, que se conserva sana, sin haber sufrido los embates que dejó la guerra, y el ferviente deseo del pueblo hondureño de mantenerse siempre en la orientación que lo determinó a alinearse al lado de las Naciones Unidas, nos expresó también la gratitud, simpatía y admiración que tiene para la Argentina.

El sábado próximo emprenderá el regreso el Dr. López Pineda, si bien se detendrá por pocos días en Santiago de Chile y en Lima, y por más tiempo en Bogotá, ciudad ésta en la que asistirá —periodista al fin— al Congreso Interamericano de Prensa, representando a un par de diarios hondureños.

De LA NACIÓN, el gran diario de Buenos Aires, noviembre 14, 1946.

DEMOCRACIA Y REDENTORISMO

Pocos libros he leído que hayan despertado en mí tanto interés como éste. Y es que, como ensayo en donde se expone una magní-fica sabiduría política y una fe eminentemente democrática y cons-tructiva, no puede ser superado por ningún otro en nuestros días. La realidad democrática, vista con ojos de filósofo, con inquietud de renovador, aparece aquí sin velos, magnífica dentro de su acción, rica en su esencia, grande en su verdad.

Comienza haciendo un análisis de la democracia en el tiempo, es decir, la evolución de la democracia al través de las edades; y aquí recuerda que "la democracia fue considerada en la antigüedad como la forma de gobierno más natural, más humana y más justa". Sigue hablando de la democracia griega, de la medieval y compara aquellos sistemas, defectuosos todavía en algunos puntos, con la democracia moderna; pero sus ideas se revelan más firmes y ga-llardas al hacer la síntesis del tipo perfecto de república democrática, y es aquí en donde con sobrada justicia asegura que "la República de los Estados Unidos del Norte de América es el tipo de república democrática que no ha sido aún superado".

ROMUALDO ELPIDIO MEJÍA.
26 de agosto, 1942.

ÁNFORAS

"Nomen sit omen" decían los latinos: "El nombre sea tu gloria". Ánforas responde con su nombre a su precioso contenido: un libro saturado de ambrosía poética, de ideas y figuras sutiles, de versos cadenciosos que llevan en las entrañas de su estro el metro de los antiguos vates, del pasado glorioso de la musa castellana... Lope... Tirso... Calderón... y tanto más me entusiasma la lectura de Ánforas cuanto es un libro de latidos de un corazón recio en las experiencias del ritmo, y avezado en la lucha noble de las Letras. Pues en estos tiempos en que a todo se le quiere dar un molde nuevo por puro prurito de revolucionar, el bello metro antiguo aver-güenza a nuestros poetas noveles y tienen por martirio sujetarse a las reglas de la métrica castellana, camino luminoso "por donde han ido los pocos poetas que en el mundo han sido...".

RAFAEL MORENO GUILLÉN
Canónigo 1936.